趣 读 兵 家 经 典　传 承 千 □ □ 慧

趣读 三十六计

走为上计

王宇鹤 主编

北京工艺美术出版社

图书在版编目（CIP）数据

趣读三十六计 . 走为上计 / 王宇鹤主编 . -- 北京 ：
北京工艺美术出版社，2023.11
ISBN 978-7-5140-2632-0

Ⅰ . ①趣… Ⅱ . ①王… Ⅲ . ①《三十六计》－儿童读
物 Ⅳ . ① E892.2-49

中国国家版本馆 CIP 数据核字 (2023) 第 100924 号

出 版 人：陈高潮　　策 划 人：杨玲艳　　装帧设计：弘源设计
责任编辑：周　晖　　责任印制：王　卓

法律顾问：北京恒理律师事务所　丁　玲　张馨瑜

趣读三十六计　走为上计
QUDU SANSHILIU JI ZOUWEISHANGJI

王宇鹤　主编

出　　版	北京工艺美术出版社	
发　　行	北京美联京工图书有限公司	
地　　址	北京市西城区北三环中路6号　京版大厦B座702室	
邮　　编	100120	
电　　话	(010) 58572763 （总编室）	
	(010) 58572878 （编辑室）	
	(010) 64280045 （发　行）	
传　　真	(010) 64280045/58572763	
网　　址	www.gmcbs.cn	
经　　销	全国新华书店	
印　　刷	天津海德伟业印务有限公司	
开　　本	700 毫米×1000 毫米　1/16	
印　　张	8	
字　　数	59千字	
版　　次	2023年11月第1版	
印　　次	2023年11月第1次印刷	
印　　数	1～20000	
定　　价	199.00元（全五册）	

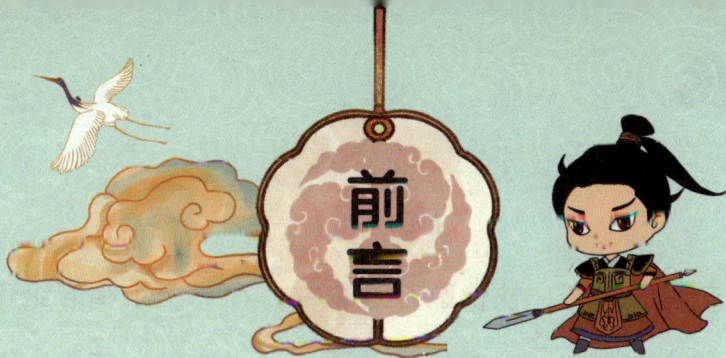

《三十六计》素以"谋略奇书"之名享誉世界，是我国军事史上的宝贵财富。

在现实生活中，如果提起"三十六计"，相信大家都能列举出其中的几个计谋，如打草惊蛇、声东击西、调虎离山等。但真正能准确地指出三十六计的来龙去脉及其中蕴含的智慧精髓，且能够恰如其分地加以应用的人并不多。

三十六计被广泛应用于古今中外的各种军事战争中，也常被应用于政治、经济、外交等诸多领域，甚至在人们的日常生活中也经常使用，可见三十六计的影响力和实用价值。

斗转星移，山河变迁。如今，三十六计中的一些计策已不符合当代社会的核心价值观，但为了使读者了解三十六计的历史全貌，本书仍做收录，读者应理性分析，去粗取精地学习。

本书以小故事的形式讲解了三十六计各计的来源，并且介绍了各计策的含义和运用等知识，其中包括每计对应的经典战例。插图生动有趣，语言通俗易懂，图文并茂，旨在带领读者领略三十六计的智慧与精妙。

亲爱的读者，快快翻开这本书，在一个个精彩绝伦、睿智经典的小故事中，全方位地领略"三十六计"的魅力以及古为今用的大智慧吧！

目录

第二十九计 树上开花

计谋故事…………… 4　　赵襄子水淹智伯………… 7

计谋解析…………… 6　　田单火牛阵破燕………… 11

经典战例…………… 7　　张良妙计安太子………… 14

第三十计 反客为主

计谋故事…………… 22　　唐高祖反客为主………… 25

计谋解析…………… 24　　郭子仪单骑退回纥………… 28

经典战例…………… 25　　火并王伦占梁山………… 31

第三十一计 美人计

计谋故事…………… 38　　周幽王烽火戏诸侯………… 41

计谋解析…………… 40　　西施舍身报国………… 44

经典战例…………… 41　　信陵君窃符救赵………… 48

第三十二计 空城计

计谋故事…………… 54　　叔詹计退楚军………… 58

计谋解析…………… 57　　李广巧用空城计脱险………… 61

经典战例…………… 58

目录

第三十三计 反间计

计谋故事 ·············· 68
计谋解析 ·············· 70
经典战例 ·············· 71

吕蒙智降郝普 ·············· 71
温峤反间钱凤 ·············· 74

第三十四计 苦肉计

计谋故事 ·············· 80
计谋解析 ·············· 83
经典战例 ·············· 84

申包胥哭来秦兵救楚国 ··· 84
孙膑诈疯巧归齐 ·············· 86
周瑜设苦肉计大破曹军 ··· 91

第三十五计 连环计

计谋故事 ·············· 98
计谋解析 ·············· 101
经典战例 ·············· 102

刘锜大破金兀术 ········· 102
吴用智取生辰纲 ········· 105

第三十六计 走为上

计谋故事 ·············· 112
计谋解析 ·············· 114
经典战例 ·············· 115

范蠡功成身退成富商 ··· 115
姜维屯田巧避祸 ········· 118

第二十九计

树上开花

树上开花指本来不开花的树木，却可以人为地制造一些假花装点上去，让不知情者一眼看去，难辨真假，以为是真的鲜花挂满枝头。用在军事上是指敌强我弱，我方在遭受强敌攻击的情况下，要通过各种办法，制造假象来壮大自己的声势，迷惑敌军，将其引开、击退或歼灭。

思维导图

制造假象来壮大自己的声势，迷惑敌军，将其引开、击退或歼灭 ─○ **定义**

出自《碧岩录》，由成语"铁树开花"演变而来 ─○ **探源**

战场情况瞬息万变，通过布置假象、虚张声势，可以慑服甚至击败敌人。在己方较弱时可以借助各种因素来壮大声势 ─○ **解析**

树开

敌人被迷惑后，必须果断趁虚而入，不可延误时机

必须根据战场形势用计，不能根据兵书生搬硬套 ─○ **运用**

该计的成功要以正常的用兵原则为前提

上花

经典战例

赵襄子水淹智伯
- 智、韩、魏三家联合攻打赵家
- 智伯挖渠引水，水淹赵襄子
- 赵襄子破坏堤坝，反败为胜

田单火牛阵破燕
- 燕国攻打齐国，包围即墨城
- 田丹放出流言，燕国临阵换将
- 田丹以火牛阵夜袭燕军，反败为胜

张良妙计安太子
- 汉高祖想改立太子，吕后求助张良
- 张良献计，求贤辅佐太子
- 太子保住地位，登基称帝

计谋故事

　　本计的计名由成语"铁树开花"演变而来。出自宋代圆悟克勤禅师的《碧岩录》："休去歇去，铁树开花。"意思是不可能开花的铁树竟然开花了，形容极难实现的事情实现了。在军事上一般指当己方处于弱势时，通过制造假象或利用某种手段来壮大自己的声势，以迷惑敌人或将其歼灭。

　　三国时期的猛将张飞就曾施展"树上开花"之计。

　　刘备起兵之初，与曹操交战多次失利。刘表死后，

刘备在荆州（今湖北荆州）势孤力弱。这时，曹操领兵南下，直达宛城（今河南宛城），刘备慌忙率荆州军民退守江陵（今湖北江陵）。由于老百姓跟着撤退的人太多，所以刘备撤退的速度非常慢。

曹军一路追到当阳（今湖北当阳），与刘备的部队打了一仗，刘备败退，在乱军中与自己的妻子和儿子失散了。为了躲避曹军的追击，刘备无奈只能先丢下妻儿仓皇逃走，令张飞带领仅剩的二十余名骑兵断后，阻截曹军追兵。

张飞只有二十余名骑兵，不可能敌得过曹操的大军，不过，临危不惧的张飞此时心生一计。他选择在

当阳桥阻拦敌军，先命令二十余名骑兵都到桥东边的树林里去，砍下树枝，绑在马尾上，然后骑马在树林中来回奔跑，扬起尘土，造成有大批伏兵的假象。而张飞则独自一人威风凛凛地阻拦敌军。

曹军追兵赶到后，见张飞一人一马，手持长矛，怒目圆睁地站在桥上，又看见桥东边的树林里尘土飞扬，顿时慌了神，以为树林之中定有伏兵，于是马上停止前进。张飞见曹军不敢前进，朝着曹军大喊："我就是燕人张翼德，谁敢来与我决一死战！"曹军听了，竟然没有一个敢上前的。

张飞只带二十余名骑兵，就挡住了追击的曹兵，让刘备和荆州军民得以顺利撤退，靠的就是这"树上开花"一计。

计谋解析

战场上情况复杂，瞬息万变，指挥官很容易被假象所迷惑。所以，善于布置假象，巧布迷魂阵，虚张声势，可以慑服甚至击败敌人。因此，即使己方的实力相对较弱，在战争中也要善于借助各种因素来壮大自己的声势。

计谋原典

借局布势①，力小势大②。鸿渐于阿③，其羽可用为仪也④。

— 注释 —

①局：局诈，设圈套骗人。势：阵势。

②力：力量，这里指军队的兵力。势：这里指声势。

③鸿：大雁。渐：渐进。阿：山陵。

④羽：指鸿雁美丽的羽毛。仪：效法。

— 译文 —

借助局诈的方法布置好阵势，让兵力小的军队显得声势浩大。这是从《易经·渐卦》上九爻辞"鸿渐于阿，其羽可用为仪"一句得到的启示。

经典战例

赵襄子水淹智伯

春秋时期，晋国王室之间为了争夺王位，手足相残之事屡见不鲜。"骊姬之乱"后，晋献公规定不再立王室后代为贵族，这就给了卿大夫们夺权的机会。春秋末期，晋国王室衰微，晋国被赵、韩、魏、智、范、中行六个大家族控制，史称"六卿专权"。

　　为了争夺权力，卿大夫之间相互攻打，致使国君权力渐衰，成为摆设，而实权最后落到智、赵、韩、魏四家手中。这四家的掌权者分别是智伯、赵襄子、韩康子和魏桓子。其中智家的势力最大，朝政基本由智伯一人掌握。但智伯并不满足，一直想吞并其他三家，自己独霸晋国。

　　为了削弱赵、魏、韩三家的力量，智伯以国君的名义找来赵、魏、韩三家大夫，并对他们说："当初我们晋国本是中原霸主，如今霸主成了越国。我想让咱们晋国再度强大起来，要不咱们每家各拿出一百里土地献给晋公，助他再次称霸。"智伯的行为表面上是为了国家，实际上是想吞并其他三家。魏桓子和韩康子不敢得罪智伯，只好勉强接受。

　　赵襄子看穿了智伯的阴谋，于是果断拒绝奉上土地。智伯听后大怒，后来他又把魏桓子和韩康子找来，准备给赵襄子扣上一顶"谋反"的帽子。智伯说："赵襄子竟敢违抗晋公的命令，恐怕已经有了不臣之心，我们必须替晋公讨伐他。等我们灭掉赵家，就平分他的土地。"魏桓子和韩康子本就不敢拒绝智伯，眼下又有利益可得，于是三家达成了一致，三家兵分三路一齐攻向赵家。赵襄子自知寡不敌众，于是退到祖上的封地晋阳（位于今山西太原西南）固守。

很快，三家军队就包围了晋阳城，做好了攻城准备。但赵襄子却不慌不忙，因为晋阳城是赵家多年以来的封地，这里不仅城池坚固、粮食充足，而且百姓十分拥戴赵襄子。城内军民一心，众志成城，赵襄子竟然在三家军队的包围下坚守了两年多。智伯见久攻不下，粮草不足，又怕魏家和韩家背叛自己，于是想到了阴险的水攻。

智伯命令士兵在晋水（今汾河）上游筑起一道堤坝，又挖了一条引向晋阳城的河沟，最后在自己的营地外单独筑起一道拦水坝，防止大水淹了自己的营地。

等到来年雨季，堤坝里蓄满了水，智伯命人开闸放水，把水引进了晋阳城。智伯得意扬扬地等赵襄子开城投降，可眼见城池被淹，城中军民竟然爬上房顶和城墙上坚持防守，宁死也不投降。

赵襄子此时心急如焚，他十分担心城中百姓的安危。家臣张孟谈主动请缨前去说服魏、韩两家倒戈，帮助赵家解围。

于是，赵襄子连夜派张孟谈出城与魏桓子和韩康子见面。张孟谈对两位大夫晓以利害，说："我听说嘴唇没有了，牙齿就会寒冷。智伯今天灭了赵家，那接下来灭亡的就是韩、魏两家。想必您两家也清楚这个道理，为何不趁现在联合起来消灭智伯呢？"确实，魏桓子和韩康子早就对此有所担忧，于是张孟谈顺利地与两位大夫约定了除掉智伯的计策。

几天后的一个晚上，赵、魏、韩三家一起派人杀掉了智家守堤的士兵，并将堤坝破坏，将汹涌的晋水引进了智家的军营。智伯从自己称霸晋国的美梦中惊醒，发现营地已经被水淹没，智军全部葬身大水之中，他最后也被杀死。

赵襄子能够在绝境中翻盘取胜，多亏张孟谈采取了"树上开花"之计。他借局布势，利用智伯现成的阵地，暗中布置成有利于自己的新阵势，最终成就了这段战争史上的佳话。

战争结束后，赵襄子、魏桓子、韩康子平分了智家的土地，还平分了晋国的大权，最终分别独立为赵国、魏国和韩国，史称"三家分晋"。

田单火牛阵破燕

春秋战国时期，燕国名将乐毅曾受燕昭王的命令攻打齐国。在乐毅的指挥下，燕国军队连战连胜，一路势如破竹，战争刚打了半年，齐国的土地就几乎全部落入燕国手中，只有莒州和即墨还在齐国手里。乐毅料定这两座城早晚是自己的囊中之物，索性把这两座城围起来，等着城里的齐国军民投降。

即墨城原来的守城将领已战死，人们便推举有勇有谋的田单管理军队。田单尽忠职守，上任后殚精竭虑，丝毫不敢懈怠，苦苦等待着转机。而燕国内部，政治斗争悄然出现。原来，乐毅和燕国太子的关系并不亲密，燕国太子一直想让自己的亲信骑劫替代乐毅，还曾为此事劝说燕王。在燕王面前，燕国太子声称乐毅之所以不攻打齐国最后两座城池，是为了留住兵权进而自立为王。不过燕昭王是位明君，他知道乐毅是位德才兼备的将领，所以对太子的谏言并没有放在心上。

天有不测风云，信任乐毅的燕昭王去世了，厌恶乐毅的太子登上王位，即燕惠王。田单抓住时机，派人四处散布谣言，说乐毅要自立为王。据散布谣言的人说，乐毅早就想自立为王，只是之前碍于对他有知遇之恩的燕昭王还在世，所以才一直隐忍。燕惠王本就对乐毅有所怀疑，听到这类谣言后想都不想便相信了。

于是，燕惠王命乐毅返回燕国并交出兵权，骑劫则代替乐毅担任将军。乐毅接到命令后，联想到与自己有关的各种谣言，又思考了一下燕国险恶的政治局势，忧虑不已。为了避免自己无辜被杀，乐毅把军权交给骑劫后并没有回燕国，而是悄悄逃到了赵国。

骑劫上任后不管三七二十一，在很短的时间内就把燕军的制度做了大规模的调整，燕国士兵难以适应，私下纷纷咒骂骑劫。除了更改军事制度，骑劫还急于求战，他上任还没几天就急不可待地进攻即墨城，结果攻打好几次也没有攻下。田单故技重施，又使用散布谣言的手段，说即墨城内的齐国军民很怕被割鼻子，还很怕城外的祖坟被挖，如果燕军做了这两件事，即墨城内的齐国军民肯定被吓得立刻投降。骑劫听到这种说法后信以为真，下令对俘虏的齐国人都施以割鼻的刑罚，又派人把燕军占领区内的齐国人的祖坟都刨了。看到骑劫这样残忍，即墨城里的齐国军民义愤填膺，同仇敌忾，恨不得将骑劫生吞活剥。

看到即墨城内的齐国军民士气高涨，田单再次派人向骑劫传递假消息，声称即墨城已经没有了粮草，过不了几天就会开城投降，希望骑劫在战争结束后能对齐国百姓高抬贵手。为了增强可信度，田单还让一些间谍装作齐国百姓给骑劫送去财物，以示求情。骑劫看到即墨城内的齐国军民变得这样懦弱，便放松了戒备。骑劫没有想到，田单此时正在悄悄挑选精锐的士兵和肥壮的牛，准备运用火牛阵来击败燕军。

齐国间谍回到即墨城后向田单报告了骑劫的反应，田单听到骑劫对假消息信以为真，判断燕军必然防守松懈，于是决定进攻。田单搜集到的牛有千余头，都被披上彩布，牛角上还绑了利刃，牛尾巴上拴着可燃烧的芦苇等物，远远看上去可怕极了。田单挑选出的精锐士兵也都在脸上绘上花纹，弄成吓人的样子。
当天夜里，田单命人把牛赶出城，接着把牛尾点燃。
火光刚起，这千余头牛就发了疯似的向前冲，直奔燕
军阵地。那些花脸士兵则跟在牛的后面冲锋。睡梦中
的燕军被喊杀声惊醒，猛然发现一群可怕的怪物冲了
过来，吓得四处乱跑。骑劫则死于乱军之中。

此战过后，田单掌握了战场主动权，之后发动反
攻将齐军赶出了燕国。

张良妙计安太子

汉朝建立后，汉高祖刘邦宠爱戚夫人，想废掉早
在自己做汉王时就被立为太子的吕后的儿子刘盈，改

立戚夫人的儿子赵王刘如意为太子。因为大臣们多次劝谏此事不妥，所以刘邦迟迟未下决断。

吕后为这件事心神不宁，却想不出一点办法。有人对她说："张良善于谋划，而且皇上很信任他。"听了这话，吕后便让哥哥吕泽向张良请教。

张良了解情况后说："过去皇上在危急之中，接受了我的计策；现在天下安定了，皇上因自己的喜好想换掉太子，这是骨肉之间的事情，我也没有办法呀。"吕泽软磨硬泡，非要张良想一个计策出来。

张良说："这件事很难凭口舌之利争辩。不过，我想到天下有四个人是皇上想招而又招不来的，虽然皇上非常看重这四个人，但他们都认为皇上傲慢无礼，所以逃匿在山野之中，发誓不做汉臣。如果你能不惜金玉璧帛，让太子亲笔写信，派一个能言善辩的人前去恭请，那么这四个人也许会来。一旦他们来了，作为太子的门客，时时跟随太子入朝，让皇上看见他们，说不定皇上就会对太子另眼相看。"吕后听了，立刻让吕泽按照张良所说的，派人带着太子的书信，卑辞厚礼，把四人请下山来，供养在吕泽家里。

公元前196年，英布造反，刘邦当时身患疾病，便想让太子带兵征讨。四人商议说："我们是来保护太子的。如果太子带兵，他的地位就危险了。"于是他们找到吕泽说："太子带兵，即使有功劳也无法再提高地位。倘若无功而返，就可能有祸事了。你要赶快让吕后找机会向皇上进言，就说，'英布是一员猛将，善于用兵。现在诸将都是陛下故旧，让太子率领他们，就像羊率领狼一样，他们一定不肯尽力。如果英布知道了这些情况，必定会更加凶狠地进攻。陛下虽然患病，也应卧在辎车中亲征，诸将才不敢不出力'。"吕泽当夜就去见吕后。吕后找一个机会，按照这番话对刘邦泣涕哭诉。

刘邦说："我也觉得太子没能力带兵，还是我自己去吧。"第二年，刘邦得胜回到长安，病得更厉害了。他感觉自己活不了多久了，更加急迫地要改立太子。

一天，刘邦举行宴会，太子侍坐。刘邦见到四名须发皆白、穿戴整洁的老人跟随在太子之后，感到奇怪，问："你们是什么人？"四人趋前，自报姓名，乃东园公、角里先生、绮里桑、夏黄公。

刘邦大吃一惊，说："我派人访求你们数年，你们都躲着我，现在你们为何愿意跟随我的儿子呢？"四人都说："陛下轻视士人，我们不愿受到侮辱，所以躲

藏到深山里。听说太子为人仁孝，恭敬爱士，天下人都愿意为太子赴汤蹈火，所以我们就来投奔太子了。"刘邦说："既然这样，就烦请你们辅佐太子吧！"四人祝寿完毕，快步离去。

刘邦目送四人离开后，召见戚夫人，指着四人离去的方向说："我想废掉太子，可这四个人却愿意帮助他。看来现在太子的羽翼已经丰满，难以动摇了。"戚夫人痛哭流涕，刘邦起身离去，中断宴会。

张良利用四名贤士的名声和计谋，让刘邦以为太子根基已深，难以动摇，从而保住了太子的地位。不久，刘邦去世，太子顺利登基做了皇帝。

计谋运用

1. 借树开花。利用别人的力量达成自己的目的。之所以要借助别人的力量，是因为自身没有足够的力量。

2. 狐假虎威。当自身的实力不足以完成目标时，通过一些手段来制造假象，使敌人感到恐惧，从而以较小的成本获得成功。

3. 虚张声势。当自己的力量不足以威慑敌人时，便从敌人的心理入手，通过欺骗敌人来使敌人不敢妄动，从而保护自身安全。

4. 巧妙伪装。这条计策的关键是注意细节，不能让对手看出己方的虚实，不然便有败亡的危险。

反客为主

此计从军事角度来看主要有两方面意义：一是指同一集团内部的支配与被支配地位；二是指敌对双方的主动与被动、有利与不利的关系。要想实现『反客为主』，第一步必须争取到当『客』的资格，第二步要寻找机会、钻空子，第三步必须插足进去，第四步必须掌握大权，第五步就变成了『主人』。做了主人，就可以将别人的军队据为己有了。

这是一个循序渐进的计谋。

思维导图

定义 — 钻"主"的空子，获得支配地位，变被动为主动

探源 — 宋·曾慥《类说》卷三九；《三国演义》第七十一回

解析 — 通过各种方法来改变己方的不利局面，将劣势转变为优势，最终占据主动

反为

运用 —
- 引诱敌方出击，削弱其实力，寻找敌方的破绽
- 改变局势，兼并盟友，掌握其力量
- 此计的关键在于通过各种方式掌握主动权

客主

经典战例

唐高祖反客为主
- 李密起兵反隋
- 李渊主动示弱，与李密结盟
- 李密骄傲自大，被李渊打败

郭子仪单骑退回纥
- 叛将煽动吐蕃和回纥进攻唐朝
- 吐蕃和回纥互不信任
- 郭子仪与回纥结盟击退吐蕃

火并王伦占梁山
- 晁盖等人投奔梁山遭拒
- 吴用巧妙煽动林冲怒火
- 林冲杀死王伦拥戴晁盖

计谋故事

本计的计名最早出自南宋曾慥《类说》卷三九："因粮于敌，是变客为主也。"亦说出自《三国演义》第七十一回："（夏侯）渊为人轻躁，恃勇少谋。可激励士卒，拔寨前进，步步为营，诱渊来战而擒之。此乃反客为主之法。"

东汉末年，刘备为了兴复汉室，不断地扩张自己的地盘。公元218年，他率领蜀汉大军向汉中（今陕西汉中）进发，准备夺取此处作为自己未来讨伐曹操的根据地。

阳平关（位于今陕西汉中境内）是汉中的重要门户之一，刘备本想带领大军从这里进入汉中，但在这里遭到了曹军将领夏侯渊与张郃的顽强抵抗，许久未能攻下。公元219年，在谋士法正的建议下，刘备选择绕过阳平关，率大军渡过沔水（今汉江），直奔定军山（位于今陕西勉县南），率先在定军山前扎营。夏侯渊得知后，也立刻前来争夺山头，与刘备形成对峙之势，定军山之战就此打响。

刘备命蜀军将领黄忠前去攻打夏侯渊。黄忠屡次挑战，但夏侯渊凭借有利地形，始终坚守营寨，不给黄忠可乘之机。黄忠对此一筹莫展，于是他与法正商议，法正说："夏侯渊为人轻率浮躁，虽然作战勇猛，但是缺少谋略。我们可以激励士兵，拔寨前移，步步为营，逼近曹军，设法激怒夏侯渊来进攻我们，到时候我们将他擒住，定军山也就归我们所有了。这就是'反客为主'之计。"黄忠采纳了法正的计谋，把能赏赐的物品全部赏赐给军中将士。蜀军士气大涨，众人都愿意与曹军决一死战。

第二天，黄忠命令全军拔寨前进，步步为营，每前进一段就休整几日，然后再继续逼近曹军。夏侯渊见蜀军如此挑衅，勃然大怒，要亲自带兵出战。张郃连忙阻止，说："黄忠虽年老，但依旧智勇双全，况且还有足智多谋的法正协助他。我看，这一定是蜀军的'反客为主'之计，将军千万不能出战，防止发生变故。"可夏侯渊此时已经听不进劝告了，执意要与黄忠决战。

结果，夏侯渊中了黄忠的埋伏，被黄忠斩杀，曹军四散溃逃。黄忠乘胜追击，终于占领了定军山。

夏侯渊占据优势地位，本应是"主"，而黄忠向他挑战，则是"客"。但在法正的计谋下，夏侯渊竟主动放弃自己的优势地位，反而向黄忠挑战，"主""客"之位一下子调转过来，这便是"反客为主"之计。

计谋解析

反客为主是一种通过不断扩张自己的势力或者削弱敌人的势力来改变自己的不利地位，最终由劣势转变为优势，从而占据主动的计谋。这是一个渐进的过程，在自己势力弱小的时候要采取符合自己"客人"身份的措施，获得"主人"的信任，然后凭借这种信任，不断地把属于"主人"的东西转移到自己的手中，最终掌握绝对的优势，以客代主。这是一种不断隐忍，变被动为主动的策略。

计谋原典

乘隙插足，扼其主机①，渐之进也②。

注释

①扼：控制，掌握。主机：关键部分。

②进：渐进。

译文

乘着对方有漏洞就迅速插足，最后掌握对方的关键部分，这是循序渐进的结果。

经典战例

唐高祖反客为主

隋朝末年，群雄逐鹿，李渊在太原（今山西太原）起兵，打算先攻取关中，并将这里作为根据地再进攻其他地方。进军途中，李渊的军队突然遇到大雨，行军受阻，便就近驻扎下来。

　　就在此时，情报人员送来消息，说李密以隋炀帝罪行累累为名公开反隋。李渊听后大吃一惊。李密手握雄兵数十万，威望甚高，如果李密与李渊为敌，那李渊夺取天下的难度会增加不少。李渊的儿子李世民提议说："此时应该和李密结盟，因为这样可以促使李密向其他地方发展，防止我们腹背受敌，接下来就可以安心攻打关中了。"李渊认可并接受了李世民的建议，于是写信给李密，谦虚地表示想与李密共同平定天下。李密不久便写了回信。李密在回信中表示可以结盟，但他态度强硬，称盟主必须是自己。

　　李渊看到回信后大为恼怒，但迫于形势，只好忍

住怒气。李渊对李世民说："从这封信的语气中就能看出李密的为人。他这样的人是不会遵守盟约的，不过不结盟的话相当于多一个敌人。还是先忍一忍吧，这样让他以为我们不足为患，他便会专心攻打其他势力。同时，只要他把其他势力牵制住，关中地区便是我们的囊中之物。等我们取了关中，就可以在那里坚守不出，坐山观虎斗，等其他势力的资源耗尽，我们再出手。"

李渊的分析李世民也赞同。之后，李渊让人以谦卑的口吻给李密写了一封信，信中把李密捧到了天上，说李密是海内的明主，说天下正需要他这样的人主持大局。李渊在信中还表示，自己已经年老体衰，如果李密不嫌弃，自己愿意做李密的帮手，只要天下太平后能给自己一块封地就可以。骄傲的李密收到信后十分开心，表示愿意和李渊一起平定天下。就这样，李渊得以暂时不用顾虑李密的威胁，专心攻打关中。

当李渊进攻关中的时候，李密也在不断扩张势力，很多小军阀投靠到李密麾下效力。不过东都洛阳由于有王世充坚守，所以没有落到李密手中。李密的势力扩展到江淮一带后，自认为可以强攻洛阳了，于是集中兵力进攻洛阳。这时，李渊已经稳定住了关中的局势，也腾出手来向洛阳方向扩张势力。李渊派李世民等人带兵向洛阳进发，名义上是去帮助李密，其实是伺机夺取洛阳。由于李世民的参与，战场的局势出现了某种平衡，李密迟迟没能攻下洛阳。

就实力而言，李密觉得洛阳迟早是自己的，甚至还想着攻下洛阳后就称王。由于骄傲自满，李密不愿听从属下的劝告，结果连续数次被王世充打败，优势转变为劣势，最后手里只剩下两万残兵败将。迫于形势，李密带着残兵败将逃到关中依附李渊。

此时的李渊已经完全控制了关中局势，并登基称帝，即唐高祖。李密归唐，李渊十分高兴，不仅封李密爵位，还将自己的表妹嫁给了他。实际上，李密并非真心归唐，只是想暂时保存力量，寻机东山再起。李渊也清楚李密的真实想法，因此没有给他任何实权。

李密对自己的处境十分不满，妄图再次争夺天下。不久后，他暗中联系王伯当，试图起兵反唐，结果兵败被杀。

郭子仪单骑退回纥

唐代宗时期，唐朝将领仆固怀恩反叛，并联络吐蕃与回纥，集结了数十万兵马，出兵攻打中原地区。

在仆固怀恩的引导下，这支联军很快就打到了泾阳（今陕西泾阳）附近。

唐军将领郭子仪奉命带兵赶往泾阳平叛，但到达时发现泾阳已被包围。郭子仪出发时只带了万余名士兵，硬拼的话没有胜算。郭子仪看着远方的敌军军营，苦苦思索着退兵之计。说来凑巧，就在郭子仪寻找转机时，仆固怀恩病死了。吐蕃与回纥的关系原本并不友好，这次之所以共同出兵，是因为仆固怀恩从中斡旋，如今仆固怀恩一死，吐蕃军与回纥军便彼此防范起来。郭子仪以前在平定安史之乱时与回纥军有过合作，还曾同一些回纥将领一起出生入死，许多回纥将领都十分敬佩郭子仪，其中就有这支回纥军队的都督药葛罗。

郭子仪派使者联系回纥军队，准备和谈。药葛罗也是个重情重义的人，他听使者说这支唐军的主将是曾经带领自己打仗的郭子仪，心中喜悦，但又不知使者此言真假，便对使者说："如果郭令公真的还活着，能让我见他一面吗？"使者回报后，郭子仪决定亲自去回纥军营和谈。其他唐军将领担心这是陷阱，纷纷劝阻。郭子仪说："我身为国家大将，岂能为了自身的安危而不顾国家呢？况且我这次去和谈，有可能免去一场战乱，这是值得的。"郭子仪让卫队留在军营中，只带几个随从赶往回纥军营。药葛罗见到郭子仪后十分激动，立刻丢下武器，下马跪拜。随后，药葛罗用丰盛的宴席招待郭子仪等人。郭子仪与药葛罗彼此敬酒，等到大家酒兴高涨时，郭子仪感慨地说："大唐与回纥曾多次合作，友谊很深，之前安史之乱的时候，回纥帮助大唐平叛，后来大唐用丰厚的财物表示感谢。如今，你们为什么不顾曾经的友谊，而要与吐蕃共同进犯我大唐呢？吐蕃人并不是为回纥的利益考虑，而是想让我们两方相争，他们则取渔翁之利。"药葛罗大声说："郭令公说得对，我们被吐蕃人骗了，我愿与您共同攻打吐蕃！"

　　吐蕃的将领通过情报得知郭子仪与药葛罗已经会面并且相谈甚欢，认为己方有被夹击的危险，因此悄悄收拾军用物资，准备撤退。郭子仪趁机与回纥夹击吐蕃军队，将吐蕃军队打得落花流水。就这样，郭子仪通过"反客为主"的计策化解了唐朝的军事危机，并且重创了吐蕃军队，维护了唐朝的和平。

火并王伦占梁山

北宋末年，江湖豪杰晁盖、吴用等人设下妙计，巧取了梁中书原本准备送给岳父蔡京的生辰纲。事发之后，官府派兵追捕晁盖等人，晁盖等七人被迫逃离家乡，投奔到江湖上有名的豪杰聚集地——梁山大寨。

晁盖等七人到达梁山后，梁山的首领王伦带着众多豪杰前来迎接，又让人端出大鱼大肉来招待他们。觥筹交错之时，晁盖等人细细讲述了智取生辰纲一事，讲了他们如何与官兵做斗争。听到晁盖等人沉重打击了贪官和贪官的狗腿子，梁山上的豪杰都拍手叫好，对晁盖等人敬佩不已，不断给他们敬酒。首领王伦却越听越心惊，感觉自己的首领之位可能会被晁盖取代。

吴用智谋过人，他在酒席上细心观察，发现王伦的态度中藏有敌意，等酒席结束后便对晁盖说："今日的酒席虽然热闹，但王伦却对咱们有忌惮之心。他听到咱们的经历时，眉毛拧成一团，估计容不下咱们。不过，坐在王伦身旁的林冲看上去是个正直的人，他也观察到王伦的脸色，但似乎不认可王伦的态度。"

晁盖急于找到安身之处，一听吴用的话，不禁急躁起来。吴用却一副胸有成竹的样子，说他已有对策，只等林冲前来拜访。

果然，第二天天刚亮，林冲就来拜访晁盖和吴用等人。寒暄过后，吴用表达了对林冲的欣赏，还说林冲这样的英雄不应屈居王伦之下。林冲听到吴用的话，感觉遇到了知己。

取得林冲的信任后，吴用坦率地说出了自己的心事，即担心被王伦从梁山赶走。林冲让吴用放宽心，表示自己会制止王伦。

不久，王伦又摆下宴席，请晁盖等人喝酒。不出

吴用所料，王伦果然表达了逐客之意。王伦让人拿出一些财宝，说晁盖等人不应屈居梁山，劝他们寻找更好的出路。

晁盖便说："我们几人久闻梁山招贤纳士，所以特地前来投奔，如果真有不便，我等将自行告退。"

看到王伦如此嫉贤妒能，林冲勃然大怒，双眼圆睁，大骂道："当初我投奔梁山的时候，你也这样嫉贤妒能，千方百计想赶我走，如今晁盖等豪杰来到梁山，你还是如此，你这样心胸狭隘的人有什么资格当首领？"吴用借机煽风点火地说："林头领请息怒，切不可因为我们而伤了众位豪杰的情谊。我们走便是了。"

听了这话，林冲怒火更旺，生气地指着王伦对晁盖、吴用说："此人嫉妒贤能、笑里藏刀，我今天饶不了他！"吴用又说："只是因为我们前来山寨投奔，才坏了众位豪杰的情谊，今天我们就收拾行李离开。"晁盖等人起身便要走。

林冲生气至极，抓起王伦大骂："你不过是个落第的秀才，机缘巧合之下当了首领，你不知重用豪杰，反而整日钩心斗角，怎能做首领呢？"

林冲痛骂王伦之后，拿出一把尖刀，一刀便杀了王伦。晁盖见状，便与吴用等人站到林冲那边。其他豪杰本来就对林冲和晁盖十分欣赏，看到王伦已死，便情愿归顺林冲和晁盖。最后，在林冲等人的拥戴下，晁盖坐上了梁山的头把交椅。

计谋运用

1. 先发制人，变被动为主动。如果己方实力弱小，那么与其坐以待毙，不如通过调动对手来改变双方的实力对比。这条计策的关键在于将主动权握在己方手中。

2. 转攻为守，让敌方变主动为被动。如果没有强攻的实力，就不要鲁莽出击，而应该引诱敌方出击，找到敌方的破绽后再进攻。

3. 喧宾夺主。当敌方实力强大时，把敌方控制力薄弱的地方作为突破口，一步步削弱敌方的实力，从而改变双方在斗争中的地位。

4. 兼并盟军，为己所用。引导局势的发展，使盟军有求于自己，然后以援助的名义控制盟军的命脉，从而彻底掌控盟军的力量。

美人计

美人计是用美女引诱敌方首领的计策。把美女献给敌方首领，使敌方首领陷入温柔乡，为己方获取有利条件；或使敌方上下离心离德，等敌方内部四分五裂，再发动决战，最后取得战争的胜利。

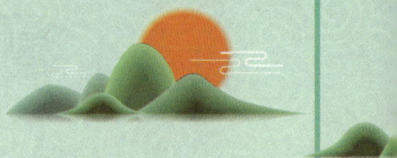

用美女引诱敌方首领，分裂敌人内部以取得有利条件 — 定义

本计出自《韩非子·内储说下》 — 探源

处于弱势时，利用美女迷惑敌军将领，达到己方的目的 — 解析

美人

根据敌方首领的喜好选择美人

"培训"美人的同时，在外交上向敌人示好 — 运用

利用美人达成目的，最终在军事上击败敌人

计

经典战例

周幽王烽火戏诸侯
- 周幽王无道，褒姒献身
- 周幽王烽火戏诸侯取乐
- 诸侯离心，周幽王被灭

西施舍身报国
- 吴国击败越国，越王矢志复国
- 西施委身于吴王，消磨吴王的意志
- 西施送出情报，越国击败吴国

信陵君窃符救赵
- 秦国包围赵都，魏国选择观望
- 信陵君拜托如姬窃来兵符
- 信陵君接管魏军，解救赵国

计谋故事

本计出自《韩非子·内储说下》："遗之……女乐二八，以荣其意而乱其政。"属于晋献公假道伐虢的一部分。"假道伐虢"这个计策在三十六计中排在第二十四，不过这个计策实际上以"美人计"为基础。《六韬·文伐》中也提到"美人计"，说："养其乱臣以迷之，进美女、淫声以惑之……"

虞国与虢国是春秋时期的两个小国，两国相邻，且都位于晋国附近。两国国君的关系也较为亲密，既是亲戚，也是朋友。这两个国家土地肥沃，令晋国人羡慕不已。

晋国当时是强国，但也没有强到可以同时进攻虞国与虢国的地步。虢国的国君喜好女色，于是晋国君臣便在这上面做文章。晋国的大臣先挑选了一批美女，然后让这些美女学习贵族喜好的舞蹈，并给她们配上精美的衣服和饰物。这批美女被训练好后，便被送给虢国国君。晋国的国君还表示，虢国与晋国友谊深厚，并且虢国国君的治国方略受到晋国上下的一致

推崇，希望晋国与虢国永远保持友谊。虢国国君看着
妩媚的美女，听着称心的赞美声，心花怒放，对晋国
不再防备。虢国一些大臣看出晋国的意图，提醒君主
多加小心，虢国国君的心思却全在美女上，对臣子的
建议毫不理会。

后来，虢国国君不分昼夜地与这些美女玩乐，完
全没有时间处理国事。由于很多问题得不到解决，虢
国的百姓怨声载道，大臣们也灰心丧气。就这样，虢
国逐渐衰落下去。晋国君臣看到虢国实力大减，便联
络虢国附近的少数民族部落，送财物买通这些部落，

让他们侵扰虢国。虢国本就民不聊生，又遭到周围少数民族部落的劫掠，百姓生活在水深火热之中。这时，晋国国君贿赂虞国君臣，从虞国借道攻打虢国。内忧外患之下，虢国被晋国吞并。

虢国本来是个繁荣的国家，但由于国君好色而民不聊生，最终走向灭亡，这种教训提醒着后世的每一个人不要色令智昏，中了别人的"美人计"。

计谋解析

美人计多数是处于弱势时使用的计谋，旨在通过美人惑乱敌人的将帅，达到削弱敌人、增强自己力量的目的。在古代，送美人并不会对自身的国力产生影响，而且由于美人是自己国家的人，又在敌方机要人物身边，自然就会趁机为自己的国家谋取好处，甚至设法削弱敌国。以很小的代价换得丰厚的成果，这不得不说是上上策。

计谋原典

兵强者，攻其将；将智者①，伐其情②。将弱兵颓③，其势自萎④。利用御寇⑤，顺相保也⑥。

— 注释 —

①将智者：足智多谋的将领。

②伐其情：弱化他的斗志。情，感情，引申为斗志。

③颓：衰败，败坏。

④萎：萎靡，萎缩。

⑤御：抵御。寇：敌人。

⑥顺：顺利，顺势。保：保全。

— 译文 —

　　对付兵力强大的敌人，可以攻击他的将领；对付足智多谋的将领，可以想办法弱化他的斗志。将领斗志薄弱、士兵士气衰败，敌人的战斗力自然减弱。利用敌人的弱点来抵御敌人，可以顺利地保全自己。

经典战例

周幽王烽火戏诸侯

　　周朝的周幽王在执政期间骄奢淫逸，每天醉心于歌舞，将国事搁在一旁，对臣子肆意欺辱，对百姓也毫不关心。当时有一位姓褒的大臣，他希望周幽王能够以国家为重，便前来劝谏，结果周幽王不仅不听，还将他关到大牢里，关了很多年也没有放出来。褒家人对周幽王失望极了，为了救出家人，他们利用周幽王好色的特点，设了一条美人计。

一天，周幽王正在观看舞蹈，卫兵前来报告，说褒家送来了一个名叫褒姒的女子，美艳动人，有倾国倾城之貌。周幽王一听，立刻让卫兵把褒姒带来。褒姒果然美若天仙，周幽王看到她之后眼睛都移不开了。为了奖励褒家人，周幽王释放了那位姓褒的大臣。

美人在怀的周幽王高兴极了，每日与褒姒如胶似漆。可是，周幽王发现，自从进宫以后，褒姒总是闷闷不乐，很少露出笑容。为了博美人一笑，周幽王想尽了办法，不论他送给褒姒什么奇珍异宝，都未得偿所愿。周幽王无计可施，于是悬赏天下：谁要是能让周幽王的美人笑一下，就赏他一千两黄金。

有个叫虢石父的奸臣献计说："骊山（位于今陕西临潼东南）那里有用于守卫国土的烽火台，只要点燃烽火就会有各路诸侯前来救驾。要不您带着娘娘到骊山去一趟，点起烽火，骗那些诸侯前来。娘娘看到那些诸侯被戏耍，说不定会开心。"昏庸的周幽王竟然真的采纳了虢石父的馊主意，带着褒姒到了骊山。晚上，周幽王让士兵点燃烽火。各地的诸侯都以为周幽王遇到了危险，纷纷赶来救驾。到达骊山后，他们发

现原来是周幽王在戏耍自己，纷纷愤怒不已。

褒姒看到各路诸侯带领千军万马被周幽王招之即来，挥之即去，却又不敢有一句怨言的样子，觉得十分滑稽，哈哈大笑起来。周幽王看见褒姒的笑脸，比褒姒还开心呢，当场下令赏给虢石父千两黄金。之后，周幽王与褒姒的关系更加亲密，却与各诸侯的关系越来越疏远。

不久，一个叫西戎的部落进犯，周幽王手足无措，命人点燃烽火求救。各路诸侯看到烽火，以为周幽王又在戏耍他们，都没派兵救援。孤立无援的周幽王很快就被西戎抓住并杀死，褒姒也落到了西戎手中。

就这样，褒家人在自身实力弱小的情况下，通过美人计，巧妙地削弱了周幽王的威望，使周幽王逐渐与各路诸侯离心离德，最终死在西戎手中，成功报复了周幽王，同时使周幽王成为千古笑柄。后世的帝王都以周幽王为戒，提醒自己不要贪恋美色，更不能忽视国事。

西施舍身报国

春秋时期，吴国和越国相争，吴王夫差击败了越国。越王勾践迫于形势，带着大夫范蠡到吴国称臣为奴。在吴国为奴时，勾践等人住在简陋的石屋里，连洗澡都很困难，每天都要给夫差切草养马，还要打扫马圈。夫差出行时，勾践就给夫差牵马。有一次，夫差得了重病，勾践为了帮夫差确定病情，竟亲自尝了夫差的粪便。夫差觉得勾践是真心帮助自己，便不再防备勾践，还不顾大臣伍员的阻拦，执意放勾践回国。

勾践回到越国后，回想起为奴的耻辱，决定振兴越国，为复仇做准备。他睡觉时不躺在舒适的大床上，而躺在柴草上，还每天尝一尝苦胆，提醒自己不要忘记往日的耻辱。他重用贤良的文种和范蠡，体恤百姓，使越国上下一心。由于吴国实力强大，勾践决定用美人计消耗吴国的实力。勾践命范蠡去寻找一位智勇双全的美女。

范蠡走遍山山水水，找遍大街小巷，过了很长时间也没找到合适的女子。一天，范蠡来到浣纱溪边休息，看到一位美貌女子。那女子刚刚洗完白纱，靠在石头上发呆，眉眼含愁。范蠡疑惑地问道："姑娘，这里鸟语花香，山清水秀，你为何闷闷不乐？"

原来，这位女子姓施，住在浣纱溪西边的小村，因而被人们称为西施。西施家境不好，靠帮人浣纱来谋生。西施虽然处于社会底层，却有忧国忧民的侠义心肠，自从越国被吴国打败，她就每日思考如何洗刷亡国之耻。听到范蠡的话，西施叹道："虽有清冽水，难洗亡国愁！"范蠡听后又惊又喜，知道自己找到了可以执行美人计的人。一番交谈过后，范蠡和西施成为知己。范蠡随即讲明来意。西施慷慨允诺，并请范蠡派人照顾好自己的父母。

西施在范蠡手下接受文化教育，学会了各项技艺后，便随范蠡来到吴国。

　　夫差见到美艳绝伦的西施，一见钟情。西施很快便成了夫差最宠爱的妃子。吴国锦衣玉食的生活没有消磨西施的斗志，她假意讨好夫差，实际上不断引诱夫差沉迷享乐，还离间吴国君臣，使吴国上下离心离德。夫差不仅每天过着纸醉金迷的生活，还不断兴建宫殿，大大消耗了吴国的财富，使吴国百姓怨声载道。与此同时，越国在勾践的治理下逐渐兴盛起来。

　　由于越国的实力逐渐超过了吴国，勾践开始谋划攻打吴国。西施得知后，为了让勾践做好充足的准备，便悄悄绘制了一幅吴国都城的军事地图。但是，宫中戒备森严，这幅图怎么送到越国呢？西施忧心不已，

不久便病倒了。夫差担心西施的身体，想要请御医来诊治。西施忽然想出了办法，说："我这是老毛病，您让我堂伯来治疗吧。"夫差立即派人到越国请来西施的堂伯。西施的堂伯来到宫殿后，西施使了个眼色。堂伯心领神会，故意开了许多难找的药材，让房间中的人都去抓药。等到房间里只剩西施和堂伯二人时，西施取出地图，折成一朵白花，让堂伯拿好，又教给堂伯如何回话。于是，堂伯对外宣称西施是因思念父母而生病，只要他拿着西施给的花回到越国，把花放到西施父母的坟前，西施就可以恢复健康。就这样，西施巧妙地把军事地图传递出去。勾践根据这幅地图

重新部署了进军路线，不久便攻克了吴国的都城，洗刷了越国的国耻。

信陵君窃符救赵

战国时期，秦昭襄王任命白起为上将，在长平之战中坑杀了四十多万赵军俘虏，又借势将赵国的都城邯郸（今河北邯郸）围困。

赵王连忙向魏国求助。魏王畏惧秦国，让大将晋鄙领十万士兵驻屯邺城（位于今河北临漳西南、河南安阳北郊一带），表面上是为了救赵国，实际上是在观望。

赵国平原君的妻子是魏国信陵君的姐姐，平原君与信陵君关系很好。平原君见魏国援兵迟迟不到，想让信陵君帮忙劝说魏王救赵，信中说："人人皆道公子品德高尚，常救人于危难之中，现在邯郸战事告急，魏国却迟迟不来支援。即便公子不念我的人情，难道不把你姐姐的安危放在心上吗？"

信陵君看完信焦急万分，屡次劝说魏王支援赵国，魏王不答应，信陵君又派门客万般游说，魏王依旧不允。信陵君为了信守对平原君的承诺，无奈之下，下定决心亲率门客前往赵国，誓死抵抗秦兵。信陵君临行前，还特意拜访了守门小吏侯嬴。侯嬴虽然只是个看门的，但他年高望重，腹有韬略。侯嬴得知了信陵君的难处，给他出主意说："我听说魏国的兵符就藏在魏王的寝宫中，而如姬是魏王最宠爱的妃子，只有她能随意出入魏王的寝宫。而且，您曾经派人为如姬报了杀父之仇，如姬感念公子之恩，时刻想报答公子。公子为何不请求她从魏王那里盗取兵符，取得晋鄙的兵权，率兵拒秦救赵？"

信陵君听了侯嬴的建议，派人将窃符一事托付给如姬。如姬本就是通情达理的人，她认为救赵是仁义之举，再加上信陵君对自己有大恩，因此答应得很爽快。之后，如姬在晚宴上陪魏王饮酒作乐，不断地劝

酒。如姬将魏王灌得烂醉如泥，不省人事后，从他身上得来钥匙，盗出藏在寝宫中的兵符，又派人将兵符交给信陵君。

信陵君到达邺城后，谎称魏国国君下令让自己代替晋鄙为将。晋鄙虽然验证了兵符无误，但还是怀疑此事，因此拒绝换将。好在信陵君身边有随行的勇士朱亥，朱亥趁晋鄙不备将他杀死，信陵君顺利地接管了魏国军队。

计谋运用

1. 这条计策中的"美人"并没有固定的标准，而是根据敌方首领的喜好来选取。只要敌方首领从内心喜爱这个"美人"，这条计策就能成功。

2. 由于双方的敌对关系，敌方在接受"美人"时难免心存疑虑。为了打消敌方的疑虑，既要从外交上示好，又要对"美人"进行培训，确保她能获得敌方首领的喜爱。送"美人"时，也可以选择一些敌方首领喜爱的财物一起送去。

3. 虽然"美人"可以接触敌方首领，但最终的胜利还是要从战场上获得。"美人"真正的作用是配合己方的军事行动，消磨敌方的斗志，必要时承担传递情报的工作。只有将"美人"和军事行动相结合，才能彻底打垮敌人。

空城计

空城计是指在实力悬殊的困境中，虽然己方兵力较弱，但故意不设防并毫不掩饰地展示给敌人看，营造出己方有埋伏的假象，从而惊退敌人。后借指掩饰己方薄弱的力量，虚张声势吓人，以欺骗敌人的策略。

思维导图

将兵力较弱的空城展示给敌人看，营造有埋伏的假象，以迷惑敌人 —— 定义

出自《三国演义》第九十五回《马谡拒谏失街亭，武侯弹琴退仲达》 —— 探源

摸清敌方主帅的性格，以心理战暂时退敌的缓兵之计 —— 解析

空城计

隐瞒己方实力的同时还要分析敌方的意图

展示空城，制造假象，掩饰己方薄弱的实力 —— 运用

我方强势时隐藏实力，引诱敌人进攻，再将其歼灭

城

经典战例

叔詹计退楚军
- 楚国公子元攻打郑国
- 叔詹开城诱敌深入
- 公子元中计撤退

李广巧用空城计脱险
- 李广误入陷阱，敌众我寡
- 李广假装等待援军
- 匈奴中计撤退，李广脱险

计谋故事

本计的计名出自《三国演义》第九十五回《马谡拒谏失街亭，武侯弹琴退仲达》。

公元228年，诸葛亮率领蜀汉大军北上，揭开了攻伐曹魏的序幕。然而，战争爆发不久，马谡在街亭（位于今甘肃秦安东）惨败，丢失了这个咽喉要地。由于这次用人不当，战争的主动权转到了魏军手中，诸葛亮只能指挥部队撤回汉中，首次北伐宣告失败。

西城是蜀军囤积粮草的地方，诸葛亮在撤退途中亲率五千名士兵来这里搬运粮草。然而，魏军主帅司马懿突然率领十五万大军攻到了这里。诸葛亮手中的兵马有一半已经运送粮草先行离开了，城中只有两千五百名士兵，而且缺乏武将，只有一些文官陪伴在诸葛亮身边。形势危急，众人束手无策，想不出对抗司马懿的办法。

面对困境，诸葛亮泰然自若，来到城楼观察敌情。过了一会儿，他转身劝慰众人说："我已有退兵良策，诸位不必恐慌，司马懿大军会不战自退的。"

　　然后，诸葛亮发布命令：所有的旌旗都藏起来，不要让敌人看到；全体将士务必坚守岗位，不要擅自出入城门，也不要高声交谈，违者立斩不赦；四个城门全部打开，安排八十名军士分成四组，一组负责一个城门，假扮百姓在城门内外洒扫街道。做完准备工作后，诸葛亮头戴纶巾，身披鹤氅，登上城楼焚香弹琴，只有两个小童随侍在侧。

　　司马懿的先头部队到达城下，见如此场景，没有人敢轻易入城，便急忙返回将情况报告司马懿。司马

懿听后非常疑惑，便令三军停止前进，自己飞马前去观看。他果真看到诸葛亮端坐在城楼之上，在两个小童的陪伴下泰然自若地弹琴。城门内外，有二十多名百姓镇定自若地低头洒扫。司马懿看后，更加疑惑。根据司马懿之前所得情报，此时诸葛亮身边应该没有军队，可是诸葛亮一生谨慎，怎会毫无防备？因此司马懿内心的疑惑更甚。最终，司马懿还是不敢冒险，下令让魏军撤退。

司马懿的儿子司马昭说："难道是诸葛亮城中无兵，故意摆出如此阵势，父亲您为什么要退兵呢？"司马懿说："诸葛亮平生谨慎小心，从来没有冒过险。现在城门大开，里面必有埋伏，我军如果进去，正好中了他的计。"

诸葛亮在己方没有任何胜算的情况下，城门大开，以此迷惑素来疑心重的司马懿，最终"吓"退了司马懿的大军。这是一次极为大胆的决策，也是诸葛亮智慧的闪光时刻。

计谋解析

空城计是一种心理战术，利用的是敌人怕城内有埋伏，怕陷进埋伏圈的心理。使用此计的关键是，要清楚地了解并掌握敌方将帅的心理状况和性格特点。但此计太过冒险，在多数情况下只能当作缓兵之计，因为敌人随时可能再次兵临城下。所以，要救危局，还是要凭真正的实力与敌方对抗。

计谋原典

虚者虚之①，疑中生疑②；刚柔之际③，奇而复奇。

— 注释 —

①虚：第一个"虚"为形容词，空虚；第二个"虚"活用为动词，即"使它空虚"。
②疑：第一个"疑"为名词，可疑的形势；第二个"疑"为动词，怀疑。
③刚柔之际：这里指敌我双方力量悬殊的时候。

— 译文 —

兵力空虚的时候，故意把空虚的样子展现给敌人看，让敌人看了我方可疑的形势后，怀疑我方有隐藏的实力；在敌我双方力量悬殊的时候采用这种计策，显得更加奇妙。

经典战例

叔詹计退楚军

春秋时期，楚国的国君楚文王去世后，楚文王的王后便孤身一人。楚文王有一个弟弟，即公子元。公子元早就对王后心生爱慕，因此哥哥去世后他总是在王后寝宫周围演奏乐曲，借此表达情意。王后对周围的人感慨："公子元作为楚国重臣，不操心国事，反而陷于儿女之情，实在令人忧虑。"这番话传到了公子元耳中。公子元决心改变王后对自己的看法，便整顿军队，打算打几个胜仗来提升自己的威望。公子元将邻国郑国选作进攻的目标。

得知楚国大兵压境，郑国上下惊慌失措。郑文公赶紧召集大臣们商议对策。大臣们七嘴八舌，郑文公也不知应该听谁的。一个叫叔詹的大臣苦思一番后，胸有成竹地对郑文公说："您不用担心，依我看，咱们既不用割地求和，也不用拼死一战。"郑文公听得一头雾水。叔詹接着说："根据目前的情报来看，楚国并非真的想要扩展疆域，公子元这次出兵只是想提升一下自己在国内的威望。您放心，我有办法让他退兵。"

　　楚国军队的行军速度很快，不久便到达了郑国王城外。叔詹并没有出城迎战，而是让士兵都隐蔽起来，并让城内集市附近的人照常生活。楚军的情报人员悄悄进入城中后，发现城里并没有士兵防守，集市十分热闹。情报人员摸不清郑国君臣的意图，于是赶快回去向公子元报告。

　　公子元听完情报人员的报告，心里七上八下。他这次是为了提升自己的威望而出兵，胜利了还好，倘若战败，那自己不但会成为楚国的笑柄，还会越发被

王后鄙视，因此这一仗是万万不能有闪失的。如果郑国出兵迎战，那公子元有把握取胜，可偏偏郑国什么反应都没有。突然，公子元想到，郑国与齐、鲁等国结过盟，会不会是郑国暗中组织了一支联军，以王城为诱饵，引诱楚军进包围圈呢？想到这里，公子元越发心虚，便自我安慰，觉得自己仅用几天就打到郑国王城附近，已经很优秀了，做人应当知足，眼下还是回国吧。

公子元决定撤军后，便命令士兵悄悄收拾军用物资。为了防止郑军追击，公子元还故意让楚军军营尽量保持原样，使军营看上去没有要撤军的迹象。然后楚军就在半夜悄悄撤退了。

第二天早晨，叔詹登上郑国王城观察楚军营地，发现不对劲，仔细看了一会儿后笑着说："敌人已经离开了。"周围的人听完摸不着头脑。叔詹解释说："你们看，楚军营地那里有很多鸟雀盘旋，如果楚军还在，营地里是不可能有鸟雀的。楚军之所以没有收走营帐，是想迷惑我们，防止我们追击。这个公子元啊，又想争面子，又拿不准郑国的真实情况，也无力应对郑国联盟的威胁，只能灰溜溜地撤兵了。"

李广巧用空城计脱险

为了应对匈奴的威胁，汉景帝派"飞将军"李广前往上谷郡（位于今河北张家口境内）担任太守。上谷郡位于汉朝北方边境，经常受匈奴的侵扰。李广来到这里后，经常与匈奴交战。他英勇善战，每次出战都身先士卒与匈奴兵厮杀，虽然有时会遇到危险，但每次都能转危为安。

有一天，为了追击几个匈奴兵，李广带领一百多名骑兵来到匈奴境内。没想到，前方突然烟尘滚滚，几千名匈奴骑兵飞奔而来。草原上视野广阔，李广等人找不到躲藏之处，很快就被匈奴骑兵发现了。大敌当前，汉朝骑兵眼见敌众我寡，纷纷心生惧意，就等着李广下达撤退的命令。

　　形势万分危急，李广不敢大意。他沉着冷静地分析了当前面临的困境，发现撤退并不可取。匈奴骑兵的数量是他们的几十倍，汉军大营也远在几十里之外，恐怕他们还未撤回大营，匈奴骑兵就追上来了。只有虚张声势，吓退匈奴骑兵，他们才有一线生机。情急之下，李广想出了一条"空城计"，决定假装诱敌深入，让匈奴骑兵误以为附近埋伏着汉军主力，这样，匈奴骑兵就不会贸然进攻了。

　　因此，李广不仅没有下令撤退，反而率领士兵前进，来到与匈奴骑兵相距仅二里左右的地方。然后，

李广让士兵全部下马解鞍，原地休息，仿佛是在等待援军的到来。

果然不出李广所料，自诩骁勇善战、无人能敌的匈奴骑兵，居然在人数远少于自己的汉朝骑兵面前止步不前。匈奴骑兵以为李广等人是诱兵，因此严阵以待，不敢进攻已经下马解鞍的汉朝骑兵，以免被汉军主力伏击。

过了一会儿，匈奴阵中出来一个骑着高头大马的头领，毫无顾忌地在阵前整理队形。李广见状，决定主动出击，便骑上战马，亲率十几名骑兵狂奔向前。那个匈奴头领猝不及防，被李广斩杀。李广得胜后，从容不迫地带领部下返回汉军阵中，让士兵再次下马解鞍，旁若无人地原地休息。

天色逐渐暗了下来，黑夜到来了。笼罩在匈奴骑兵心头上的"迷雾"更浓了，他们无法猜到李广的真实意图，越来越觉得汉军主力就埋伏在附近。夜半时分，匈奴骑兵再也不敢停留，便在夜色的掩护下悄悄撤退了。

第二天清晨，李广发现前方的匈奴阵地上已经空无一人，知道自己的计策奏效了，便率领部下平安地回到汉军大营。

　　李广的军事才能极高，即使身处险境也能临危不惧、镇定自若，懂得随机应变，这一点在这个巧计退敌的故事中展现得淋漓尽致。尽管匈奴骑兵占据绝对优势，但李广没有畏敌逃跑，反而沉着指挥，巧妙地运用"空城计"，营造出敌弱我强的假象，引起匈奴骑兵的畏战心理，最终化险为夷，成功保全了队伍。

计谋运用

　　1. 虚而虚之，保持警惕。正所谓"兵不厌诈"，交战双方都会竭尽全力地隐瞒自己的真实情况。因此不能只看表面现象就轻易地对敌方的情况做出判断，而要认真研究，反复衡量可能出现的各种情形。如果敌方的行为十分反常，就应该保持警惕，多角度地分析敌方的真实意图，"疑中生疑"，不要落入敌方的圈套。

　　2. 虚张声势。当我方实力弱于敌人时，通过展示"空城"，掩盖自身实力的不足，营造一种城中设有伏兵、我方毫不惧怕、实力不弱于对方的假象，达到迷惑敌方，为己方赢得战机，或将敌人吓退的目的。

　　3. 实而虚之，示敌以弱。原本敌方才是处于劣势的，但我方没有展现自己的强大，反而假装弱小、准备不足，使得敌方做出错误的判断。一旦敌方趁着我方"空虚"的时候主动出击，我方就能以逸待劳，取得大胜。如果敌方骄傲轻敌，我方则可以积蓄力量，寻找合适的时机发动突袭，打得敌方措手不及。

反间计

反间计指利用间谍为我方谋胜，是识破敌方的阴谋诡计并巧妙地利用敌方的诡计转而进攻敌人的计策。

思维导图

利用间谍来离间敌人，使其内部分裂，削弱其力量 —— **定义**

出自《孙子兵法·用间篇》："反间者，因其敌间用之。" —— **探源**

探明敌方的情况并为己所用以求胜利 —— **解析**

反计

满足敌方间谍的喜好，使其为我方所用

运用

通过离间敌人，削弱其实力，为己方创造优势

间

经典
战例

吕蒙智降
郝普

- 吕蒙攻打刘备三郡，刘备
驰援

- 吕蒙欺骗郝普援军不会
到来

- 郝普中计投降，吕蒙攻下
三郡

温峤反间
钱凤

- 王敦造反，温峤假装投诚

- 钱凤怀疑温峤，温峤离间

- 王敦中计，不用钱凤

　　本计源于《孙子兵法·用间篇》："反间者，因其敌间用之。"意思是说，实施反间计，就是设法利用或收买敌方间谍，让他给我方提供帮助或策反他为我方办事。另外，唐代赵蕤《长短经》中说："陈平既多以金纵反间于楚军，间范增，楚王疑而去之，亦疑中之疑之局也。"由此可见，反间计很早就被运用在政治斗争中了。

　　楚汉相争时，汉军和楚军在荥阳（今河南荥阳）对峙，汉军的粮道屡屡被楚军袭击，致使汉军处境困难。于是，汉王刘邦打算先与楚王项羽讲和，以荥阳为界，天下分为两半，汉占其西，楚得其东。但是，项羽并没有同意。于是，刘邦手下的谋士陈平献出了反间计。陈平给刘邦分析说："尽管项羽的谋士范增足智多谋，无人能及，还是项羽的亚父，但是他们二人的关系并不亲密。所以我们要重点离间他们二人的关系，让他们从内部开始分裂。至于其他武将和项羽的关系，我们也可以稍做尝试，至少能够损害他们的君臣关系。"刘邦采纳了这一建议并给了陈平大量黄金用来打点楚国大臣。

于是，陈平命人混进楚营，弄得谣言四起，说项羽手下的一众将军因有功却未得赏，想要投靠刘邦。项羽向来疑神疑鬼，听信了谣言，不但不再相信身边的武将，还打算直接率军攻打刘邦。情急之时，萧何派人向项羽再次提出和谈，对项羽晓之以理，动之以情。项羽答应了来使的请求，并且不顾范增的劝阻，命使者前去讲和。

使者抵达荥阳后，受到张良和陈平的接待，他们用上好的酒肉款待使者。使者说："我是项王的使者，不是范增让我来的。"张良、陈平装作吃惊的样子，说：

"我们以为是范增暗中派你来的，没想到你是项王的使者。"接着，他们命人把上好的酒肉撤去，换成了粗茶淡饭。

使者回来后，将事情一五一十地告诉了项羽，项羽果然中计，认为范增私下里勾结刘邦，火冒三丈地说："老匹夫竟然背叛我？务必要将此事查个水落石出，决不宽恕！"范增得知后对项羽解释道："陈平用的是反间计，为的就是挑拨我们之间的关系。"但是不管范增怎么解释，项羽都不相信，仍然将范增贬回了乡下。回乡路上，范增背上疽疾发作，命归西天。

陈平使用反间计，分裂了项羽和范增的关系，使项羽亲手除掉了自己的谋士，导致楚国实力大减，以致最终被刘邦所灭。

计谋解析

利用敌营内的间谍辅助己方工作，识别敌方的阴谋并加以利用转而反击敌人，争取胜利，这就是反间计。利用反间计的关键就是"以假乱真"，造假要造得巧妙、造得逼真，才能使敌人上当受骗，信以为真，做出错误的判断，采取错误的行动。

计谋原典

疑中之疑[1]。比之自内[2]，不自失也。

—— 注 释 ——

[1] 疑：怀疑，这里指布置疑阵。
[2] 比：亲比，亲近，此处指勾结，利用。

—— 译 文 ——

在布置的疑阵中再布置疑阵，亲近、利用敌方派来的间谍为我方服务，可以起到保全自己、争取胜利的作用。

经典战例

吕蒙智降郝普

公元210年，孙权答应把荆州"借"给刘备，此后，刘备的势力不断壮大。因为荆州的战略地位十分重要，不久，孙权打算取回荆州，而刘备屡次拖延归还时间，双方便开始了对荆州的争夺。

公元215年，刘备夺取益州后，孙权还是要不回荆州，孙权盛怒，命大将吕蒙带领两万士兵，攻打刘备占据的荆州桂阳（今湖南郴州）、长沙（今湖南长沙）、零陵（今湖南零陵）三郡。在发兵之前，吕蒙向这三郡发了讨伐檄文，劝他们主动投降。桂阳和长沙两郡太守立刻归降了吴国，唯独零陵太守郝普坚决不降。为了劝说郝普投降，吕蒙找到了郝普的旧友邓玄之，打算利用邓玄之劝说郝普投降。

刘备得知吕蒙要率军攻打三郡后，立刻率军赶至公安（位于今湖北荆州南部），准备与关羽一同对抗吕蒙。那时，孙权率兵驻屯在陆口（位于今湖北嘉鱼西南），他派鲁肃率军抵抗关羽的大军，但孙权担忧鲁肃敌不过关羽，就紧急派人通知吕蒙，命吕蒙放弃进攻零陵，先去援助鲁肃。

收到孙权的紧急命令之后，吕蒙并没有立刻照做，而是将此消息对外封锁。晚上，吕蒙聚集诸位将领，宣布次日清早便进攻零陵，并立刻开展备战工作。

安排妥当后，吕蒙对邓玄之说："郝普是个忠义之士，他打算死守零陵，我十分钦佩。但我认为他的做法不理智。如今，曹操的大将夏侯渊把刘备围困在汉中，关羽则身在南郡（今湖北荆州），我们主公孙权即将亲自率领大军攻打关羽。我料想刘备和关羽必定自救不暇，怎会有精力援救零陵？而且，我军马上便能赶至零陵，零陵现在危如累卵。等我军攻破了零陵，恐怕郝普连自己的一家老小都保不住了。郝普目前仍不清楚刘备及关羽那里的情况，还在苦苦等待援军呢！实际上，刘备和关羽根本不会来救他了，你还是把如今的形势对他说明白吧。"

于是邓玄之立刻找到郝普，将吕蒙的话全部告诉他。郝普听完，相信刘备不会来援助自己了，于是答应投降。吕蒙的军队不费吹灰之力便占领了零陵。

吕蒙利用反间计诓骗郝普，说他已经被刘备放弃，不必再做无意义的抵抗，击破了孤立无援的郝普

的最后一道心理防线，成功占领了零陵。之后，吕蒙又把孙权的书信拿给郝普看，郝普这才明白刘备和关羽其实已经赶来援救他，郝普悔不当初，但已经太迟了。

温峤反间钱凤

东晋时期有一位名臣叫温峤，他足智多谋，对东晋政权忠心耿耿，曾参与平定了多次叛乱。

当时东晋有一位权倾朝野的大臣叫王敦。王敦镇守重镇，手握实权，不但看不起同僚，还蔑视皇权，对温峤这种维护君臣关系的大臣十分厌恶。温峤看到王敦这样嚣张，知道他以后难免作乱，于是对王敦曲意逢迎，卧底到王敦阵营中，想伺机铲除王敦的势力。由于温峤善于揣测别人的心思，所以他很快就得到了王敦的信任。当时王敦有一个叫钱凤的心腹。钱凤心思缜密，对温峤十分警惕。温峤知道钱凤这个人不好对付，便决定先示弱，对钱凤主动示好，但钱凤对温峤始终心存戒备。

后来，王敦果然准备谋反。温峤得知这一消息后，急于将消息传递到京城，但自己和自己的随从都受到监视，没有传递渠道。正好这时丹阳（位于今湖北秭归西北）缺个太守，王敦决定让温峤担任这一重要职务。

温峤得到任命后心中既喜悦又忧虑，喜悦的是自己有机会向朝廷传递情报了，忧虑的是钱凤可能暗中阻挠自己任职。温峤意识到，去任职之前必须离间王敦与钱凤，让王敦失去对钱凤的信任。在送温峤去赴任的饯行晚宴上，温峤向同僚一一敬酒，走到钱凤那里时，钱凤刚把酒杯拿起，温峤就将钱凤的酒杯推到一旁，装成喝醉的样子，对钱凤大骂道："你慢吞吞地拿酒杯，是不想喝我敬的酒吗？"王敦等人都来劝和。

钱凤觉得温峤说的是醉话，便没当回事。

温峤去赴任后，钱凤担心他可能会把王敦准备谋反的事情密报朝廷，便去请王敦撤掉温峤的职务。王敦在之前的宴会上刚刚对温峤和钱凤进行劝和，如今看到钱凤来说温峤的坏话，心中很是不满。当初温峤和钱凤同为王敦的心腹，表面上关系十分密切，大家都觉得温峤与钱凤友谊深厚。如今，在王敦看来，钱凤仅仅因为几句醉话就陷害朋友，实在是器量狭小。就这样，钱凤失去了王敦的信任，而温峤则顺利脱身，将情报传递到朝廷，使朝廷可以提前对王敦的叛乱做好准备。

计谋运用

1. 利而诱之，化为己用。满足敌方间谍的具体喜好，使其在利益的诱惑下转变立场，站到对己方有利的一边，甚至成为己方的一员。

2. 亲而离之，分散敌人。通过分化离间的方法，将原本集中的敌人分散开来，使其分崩离析，从而削弱敌人的力量，为己方创造优势。

苦肉计

苦肉计是指在作战时，主动伤害自己，装出弱势的样子以打消敌人的疑虑，骗取敌人的信任；接着故意说明我方内部产生了分裂，假意投敌，以便打入敌人内部刺探军情或进行分化活动。

思维导图

主动伤害自己，骗取敌人的信任以达成我方的目的 —○ **定义**

计名出自关汉卿《关大王独赴单刀会》第一折："亏杀那苦肉计黄盖添粮草。" —○ **探源**

故意毁伤身体以骗取对方的信任，从而实施反间的计谋 —○ **解析**

苦计

敌人被迷惑后，果断趁虚而入，不可延误时机

必须根据战场形势用计，不能根据兵书生搬硬套 ○— **运用**

该计的成功要以正常的用兵原则为前提

肉

经典战例

申包胥哭来秦兵救楚国
- 楚国被吴国打败，岌岌可危
- 申包胥痛哭七天，求来秦兵
- 秦国击败吴国，楚国得救

孙膑诈疯巧归齐
- 庞涓为得兵法陷害孙膑
- 孙膑装疯，庞涓放松警惕
- 孙膑被人搭救逃回齐国

周瑜设苦肉计大破曹军
- 孙刘联军对抗曹操
- 周瑜痛打黄盖，黄盖诈降曹操
- 黄盖利用火船点燃曹营，联军取胜

计谋故事

本计的计名源于元朝关汉卿《关大王独赴单刀会》第一折："亏杀那苦肉计黄盖添粮草。"事实上，在春秋时期，此计就被广泛应用于政治、军事斗争中。

《吴越春秋·阖闾内传》中记载，春秋时期，吴王阖闾为了保住自己的皇位，巧施苦肉计来排除异己。

春秋战国时期，姬光借专诸之手除掉了吴王僚，然后自己当上了吴国国君，即阖闾。吴王僚有一个儿子，名叫庆忌，他孔武有力，神勇非常。

父亲遇害，庆忌出逃在外，他寻找机会集结人马，想有朝一日为父报仇。阖闾每天担忧此事，打算找人行刺庆忌，但一直都没找到合适的刺客。后来，吴国大夫伍员向阖闾推荐了要离。

阖闾召见要离，却发现要离的身高还不足五尺，相貌丑陋，便有些失望。伍员说："别看要离相貌不出众，但他机警睿智，并且对吴王忠心耿耿，可堪大任。"阖闾听伍员说得这样恳切，就暂且相信了伍员，召来要离商谈。阖闾问要离有什么妙计可以除掉庆忌。

要离胸有成竹地回道："庆忌正在到处召集死士，企图为父亲报仇，我决定诈称'罪臣'前去应召。但为了让他信任我，请大王先砍掉我的右臂，然后杀死我的家人，如此我就能骗过庆忌，让他相信我，最后就能够见机行事了。"

阖闾刚开始并不忍心砍掉要离的右臂，也觉得杀死他的家人有点儿残忍，但要离的态度十分坚决，而且暂时也找不到更好的办法了，于是阖闾同意了要离的要求。

次日，伍员与要离同时入朝，伍员极力推荐要离为将军，想让他带兵攻楚，但遭到阖闾的拒绝，阖闾当着众大臣的面斥责伍员："你推荐的这个人如此瘦弱，怎能胜任大将军之职？"

要离闻言，当下不顾君臣之礼，大骂阖闾道："大王真是卸磨杀驴，薄情寡义，想当初伍员为了帮你夺取江山，不顾生死，如今伍员父兄皆死于楚人之手，你却不出兵替他报父兄之仇。"

阖闾当众大怒，说："你胆敢出言不逊，顶撞寡人！"说完即命人砍掉要离的右臂并将他押入大牢，之后又派人将他的妻子捉来。伍员直摇头，大臣们也不知大王为何如此生气。

没过几天，伍员暗地里减少了看守要离的狱卒，要离便趁此机会逃跑了。阖闾以要离逃跑为借口，杀了他的妻子并昭告天下要捉拿罪犯要离。

要离逃出大牢后，到处诉说自己冤枉。听闻庆忌在卫国，他便去卫国投奔庆忌。

庆忌看他不请自来，心中怀疑，不肯收留他。要离于是脱掉外衣，露出自己的断臂给庆忌看。

正当庆忌犹豫不定之时，庆忌的手下报告要离的妻子已被阖闾斩首的消息，庆忌这时便不再怀疑要离了。要离向庆忌表示自己一定要报断臂与杀妻之仇，要离主动为庆忌介绍阖闾那边的情况。要离说阖闾的大臣伯嚭有勇无谋，不必将他放在心上；伍员虽然有

勇有谋，但他辅佐阖闾的最终目的是想借兵攻楚，为父兄报仇。现在，阖闾为保王位，并不想为伍员涉险，伍员便对阖闾生出怨恨，只要庆忌杀了阖闾之后再允诺为伍员报仇，伍员一定会答应做内应，到时我们与他里应外合定能将阖闾除掉。庆忌听后觉得甚好，便马上指派要离训练士兵，打造战船。三个月后，要离鼓动庆忌向吴国出兵，分为水、陆两队人马。庆忌邀请要离与自己同乘一条船，船行到中流，趁庆忌站到船头专心致志巡视船队时，要离抽出矛来将庆忌刺死了。

直到将死之时，庆忌才意识到自己中了"苦肉计"。于是，庆忌饮恨而死。

计谋解析

苦肉计其实算是一种特殊的离间计。运用此计，"自害"是真，"他害"是假，以真乱假。己方要造成内部矛盾激化的假象，再派受到迫害的人，借机钻到敌人"心脏"中进行间谍活动。

本计的特点是：为了获取敌人的信任，故意做伤害自己的事，从而获得全局性的胜利。

计谋原典

人不自害，受害必真。假真真假，间以得行。童蒙之吉①，顺以巽也。

— 注释 —

①童蒙：年幼无知的儿童。

— 译文 —

人一般不会伤害自己，所以一旦受到伤害就必然是真实情况。如果能以假乱真，让敌人深信不疑，反间计就能施行了。这和《易经·蒙卦》中"童蒙之吉，顺以巽也"的道理相同。

经典战例

申包胥哭来秦兵救楚国

春秋末年，为了争权夺利，楚国和晋国两个大国不断争战，双方实力都因此削弱了不少。越国和吴国趁此时机壮大起来。公元前506年，经过伍子胥的策划，吴国联合唐国、蔡国，向楚国发起进攻。

伍子胥本是楚国人，曾在楚国为官，很有才干。但楚平王昏庸无道，杀害了伍子胥的父亲和兄长。伍子胥发誓一定要消灭楚国，为家人报仇。随后他便来到吴国做官。吴军善于水战，便将营地驻扎在汉水边。楚军就在吴军对面安营扎寨，两军隔江对峙。但由于楚军将领内部不和，彼此之间有矛盾，作战时他们又指挥不当，因此楚军连吃败仗。吴军乘胜追击，打得楚国节节败退。最终，楚国都城郢都（今湖北荆州一带）被吴军攻破，楚昭王逃至随国。正在楚国江山岌岌可危时，楚国大夫申包胥站了出来。

申包胥过去与伍子胥是好友。当年，伍子胥说要灭掉楚国时，申包胥就对他说："你能使楚国灭亡，我就能使楚国复兴。"

楚昭王的母亲是秦国公主，楚国都城被攻破后，申包胥便来秦国求救。

申包胥对秦哀公说："吴国太过贪心，他们攻打楚国，致使我们国土沦丧，国君在外逃亡。倘若楚国被吴国所灭，那么秦国就会与吴国毗邻。到那时，吴国必会不断侵扰秦国边境。"秦哀公听后，认为申包胥说得很对。可秦哀公又不想贸然出兵，便没有立刻答应。申包胥见秦哀公还在犹豫，焦急万分。为了说服秦哀公出兵，他便在秦国的朝堂之上开始哭号。

申包胥的哭声回荡在殿宇间，日夜不绝，听到的人没有不被感动的。他一直哭了七天七夜，在此期间滴水未进。众人看到他哭得眼睛红肿，双腿不停地发抖，还一边哭一边喘着粗气。申包胥最终打动了秦哀公，得知秦哀公要出兵相助，才不再哭泣。秦哀公派大将子蒲、子虎领兵前去援救楚国。

这个时候，越国趁着吴国在外作战，国内空虚，向吴国发起攻击。面对越国和秦国两支军队的进攻，吴军无力抵挡，很快败下阵来，最后只能撤回了吴国。

不久之后，楚昭王回到了楚国，想要大加赏赐申包胥。但申包胥拒绝了楚昭王的赏赐，他说自己去请求秦国救援是为了楚国百姓。之后，申包胥退出朝堂，隐居起来。楚昭王励精图治，使楚国国力逐渐得到了恢复和发展。

申包胥于秦庭哭了七天七夜，利用苦肉计获取了秦哀公的同情，促使其出兵救楚国于危难之中，楚国之困得以解除。

孙膑诈疯巧归齐

战国时期，孙膑与庞涓一起拜在鬼谷子门下，两人关系很好，便结为异姓兄弟。然而庞涓善妒，一直觉得自己不如孙膑，便心生忌恨。

庞涓先于孙膑出去闯荡，他仕于魏国，被魏国国君重用，拜为军师。凭借聪明才智，很快，他为魏国建立赫赫战功，因此，名声大噪。在获得至高的荣耀后，他的内心也有些惶恐。因为庞涓与孙膑曾立下誓言：两人不管谁先有所成就，一定会提携另一人。庞涓认为孙膑手中有祖传的《孙子十三篇》，才能也在自己之上，一旦孙膑来魏国，一定会取代自己的位置，所以始终不向魏王举荐孙膑。

后来机缘巧合之下，墨翟举荐了孙膑，孙膑才被魏王熟知。鬼谷子有未卜先知的能耐，知道孙膑此去，定会遭遇不测，就送给孙膑一个锦囊，让他在紧急时刻拆开，保全性命。魏王召见孙膑，问他用兵之术。孙膑旁征博引，侃侃而谈。魏王高兴极了，想拜他为副军师，与庞涓共掌兵权。原本就对孙膑有敌意的庞涓说："臣和孙膑是故交好友，孙膑是臣的师兄，担任副职恐怕不妥，不如暂时拜为客卿，等建立了功勋，臣必当让位，从旁辅佐。"于是魏王听从了庞涓的建议。

自此，庞涓与孙膑往来不断。庞涓早就想借机除掉孙膑，但又想得到《孙子十三篇》后再对孙膑下手。

不久，两人较量阵法，庞涓不敌孙膑，就更加想将孙膑置于死地。所以庞涓一边向魏王说孙膑的坏话，一边串通他人伪造孙膑私通外国的证据。魏王非常信任庞涓，就命人挖去孙膑的膝盖骨，又让人在孙膑脸上刺上"私通外国"四个字，之后庞涓假装悲痛万分，对孙膑又是探望又是安慰。

孙膑对庞涓陷害自己之事一无所知，所以看到庞涓不顾闲言碎语来探望自己，感激不尽。庞涓趁机让孙膑将《孙子十三篇》默写出来，孙膑应允了。一天，孙膑的近侍对孙膑说："我无意间听到庞涓说，等您写完兵法就要杀了您。"孙膑这才如梦初醒，明白自己命在旦夕，于是打开鬼谷子给他的锦囊，只见锦囊里的黄绢上写着"诈疯魔"几字。孙膑看到后，心中有了计谋。

这天晚上，狱卒送了晚饭，孙膑刚拿起筷子，就突然倒在地上，作呕吐状，然后大叫道："饭里有毒，有人要毒害我！"然后将碗筷推倒，把写有《孙子十三篇》的木简都烧掉了，说话也前言不搭后语的。狱卒立刻回去将此事报告给庞涓。次日，庞涓来一探究竟，看到孙膑疯疯癫癫的，整个人伏在地上一会儿哭一会儿笑。庞涓问：“师兄为什么又哭又笑？”孙膑答道：“我笑是因为魏王想要我的命，却不知我有十万天兵保护；我哭是因为魏国除我孙膑之外，再也没有人能担任大将。”说罢，孙膑睁大眼睛看着庞涓，又不停地大喊道：“鬼谷先生，您救我一救吧！”庞涓说：“我是庞涓，不是鬼谷先生。”孙膑扯住他的衣袖，喊到：“先生救救我吧！”

　　庞涓怀疑孙膑装疯，想试他一下，就让人把他关进猪圈。猪圈里面堆满了猪粪和烂草，气味难闻。孙

膑披散着头发，在猪粪烂草中打滚，有人送来酒菜，说是可怜孙膑，背着庞涓悄悄送来的。孙膑觉得肯定是庞涓想试探自己，于是出声大骂："你又想毒害我吗？"于是将酒菜全都推翻在地，使者随手抓一把猪粪送到他的嘴边，他立刻夺过来吃了。庞涓知晓情况后，说："他真的疯了，看来是我多虑了。"从此他对孙膑放松了警惕，也不限制他的出入，只是找人监视着他。

由于孙膑总是四处乱跑，监视他的人也无法理解孙膑的行为。孙膑每天都早出晚归，回来后就睡在猪圈里，有时干脆就睡在路边或破屋中，也不回来。他以污物为食，一会儿笑一会儿哭，大家都觉得他是真的疯了。

后来，墨翟游历到了齐国，借住在大臣田忌家中，墨翟将孙膑被害一事一五一十地告诉了田忌，于是两人决定救出孙膑。他们借出使魏国的机会，让一名侍卫装扮成孙膑的样子，然后悄悄地将真孙膑接回齐国。孙膑到了齐国，隐姓埋名，也极少出门。后来齐、魏两国大战，孙膑在马陵之战大败庞涓，庞涓自刎而死，孙膑报了血海深仇。

周瑜设苦肉计大破曹军

东汉末年，孙刘联手对抗曹操，三方在赤壁（今湖北赤壁）展开了著名的赤壁之战。

诸葛亮与周瑜商量决定，赤壁之战要用火攻。然而，两军之间有长江阻隔，如何把火燃烧起来是一个难题。正在此时，蔡和、蔡中二人因曹操斩杀了他们的兄长蔡瑁，乘船从江北来降。周瑜大喜，让他们担任前锋。

其实，蔡氏兄弟是假意投降，目的是打探军情。他们见周瑜不但没有怀疑，还对自己委以重任，以为骗过了周瑜。但是，周瑜并没有中计，二人一走，周瑜便对甘宁私语："他们二人只身来此，没有携带家眷，并非真心投降，必定是曹操派来刺探军情的。"

之后周瑜对老将黄盖说："蔡氏兄弟假意投降，我打算将计就计，让他们给曹操传递一些假消息。但是，如今还没有配合我施行计谋之人。"黄盖当即表示愿意接下此任务。接着二人商定第二天便施苦肉计。

次日，周瑜召集众人，说："曹操拥兵百万，短期内恐怕无法攻破。各位将军每人可领三个月的粮草，做好长期作战的准备。"话还没有说完，黄盖就站出来表示反对，并直言："若这个月无法打败曹军，便只能投降。"周瑜大怒，说："我奉主公之命率军御敌，曾下令，胆敢再说投降者必斩。你却说这种话扰乱军心，不将你斩杀，难以服众！"随即命人斩杀黄盖。众将见此情形，赶紧下跪替黄盖求情。周瑜怒气冲冲地说："看在众将的面子上，暂且饶你不死，死罪可免，但活罪难饶！"接着便命人重打黄盖一百棍。黄盖被打得皮开肉绽，鲜血直流。

　　谋士阚泽觉得此事必有隐情，于是去找黄盖询问其中原委，才知是苦肉计。阚泽表示愿意帮助黄盖献诈降书。当天晚上，阚泽便扮作渔翁，乘小船前往江北曹营。

　　阚泽到了之后，曹操立刻接见了他。看到诈降信后，曹操并未相信，让人把阚泽拉出去斩了。阚泽毫无惧色，大笑说："我笑黄盖真是不识人，竟然想投靠如此昏庸的主公。"曹操说："你们施此奸计，怎能骗过我？"两人你一言我一语地辩驳起来。正在此时，蔡氏兄弟前来传递消息，把黄盖被打的事详细地报告给曹操。曹操听后大喜，相信了阚泽，并让他回去联系黄盖。

　　阚泽回去后，给曹操送了一封密信，信中写道：

"黄盖目前不便投降，只能再找机会行动。到时候他会乘着插有青龙牙旗的船前往曹营。"

过了几天，曹操又收到一封黄盖的密信，信中说："周瑜戒备森严，所以一直没能脱身。现在周瑜让我率军护卫从鄱阳湖运来的粮草，正是好时机。粮船上会插着青龙牙旗，今晚二更，我就乘船来降。"二更左右，东风大作，江面上波涛汹涌。此时曹操已带人在水寨大船上等待。只见一支插着青龙牙旗的船队从江南顺风而来，其中一面旗上有"先锋黄盖"四字。曹操欣喜万分。

船渐渐驶来，谋士程昱发现船只很轻快，急忙对曹操说："这些船说是粮船，行驶起来却并不稳重，反而很是轻快，必定有诈。"曹操这才意识到上当了，但此时黄盖的船队离曹营非常近，已经来不及阻止

了。只见黄盖船队中的船突然冒起火光，加上东风"助力"，起火的船直冲曹营，没过多久，曹操的战船都被烧着，曹军水寨成了一片火海。这把火使曹操损失惨重，最终他狼狈地逃回了许昌。

其实，孙刘联军也费了不少心力才完成这次火攻。先是周瑜识破了蔡和、蔡中二人诈降的诡计，却故意将其留下来，以便利用他们传递假情报。接着黄盖被杖责，配合周瑜行苦肉计。然后阚泽前去献诈降书，中计的蔡氏兄弟传给曹操假消息，最终使曹操放松警惕，中计大败。

计谋运用

1. 博取敌人的同情以获得信任。双方交战时，通过自我伤害使自己显得极为弱小、可怜和痛苦，从而骗取敌人的同情，以得到对方的信任。这是利用人的情感来达到目的。

2. 离间敌人，使其内部分裂。成功获取敌人同情并打入敌人内部后，悄悄搜集军事情报，同时进行分化活动，离间敌人，从根本上使敌方阵营土崩瓦解。

3. 自我伤害，嫁祸他人。为了达到目的，自己伤害自己，再怪罪于他人，从而使对方蒙受冤屈或受到严厉处罚，甚至丢掉性命。这种手段卑鄙阴险，通常用于争权夺利。

连环计

第三十五计

连环计指只用一个计策可能无法达到目的，需要用一个接一个的计策，环环相扣，层层铺垫，让敌人一步步掉入陷阱。如此，敌人就会自乱阵脚，耗费气力。最后找准时机，发起总攻，一举攻破敌军；或者成功撤退，保存实力。

两个以上计策的连用，计中有计，一环扣一环 — 定义

出自元杂剧《锦云堂暗定连环计》及《三国演义》第八回 — 探源

有连续互动性的计谋，使它们相互配合，实现战胜敌人的目的 — 解析

连计

一个计策达不到效果时，就使用连环计一步步达到目的

运用

将所有计策连贯起来，环环相扣，不可胡乱安排

环

经典
战例

刘锜大破
金兀术

金兀术攻打南宋，直逼顺昌

刘锜临危不乱，积极备战

刘锜巧施连环计，以少胜多

吴用智取
生辰纲

好汉劫富济贫，欲劫生辰纲

吴用设下巧局，诱官兵上当

官兵被迷倒，好汉夺走生辰纲

计谋故事

　　本计的计名在元杂剧《锦云堂暗定连环计》中出现过。此外,《三国演义》小说中《王司徒巧使连环计》叙述的就是东汉末年司徒王允为除董卓,巧施了连环计。清代揭暄编撰的《兵法圆机》记载:"大凡用计者,非一计之可孤行,必有数计以襄之……百计迭出,算无遗策,虽智将强敌,可立制也。"这几句话的意思是,足智多谋的人,肯定不会只采用一个计谋,而是一连用上多个计谋,各个计谋之间紧密联系,这样就算再聪明的敌人也会掉入陷阱。

　　东汉末年,董卓大权在握,入朝后实验专权暴政,让天下义士愤怒不已。朝廷的文武官员也对他恨之入骨,但又惧怕他的残暴,因为军权掌握在他的手中,他身边又有猛将吕布保护,无人动得了他。

　　司徒王允下定决心要除掉董卓,他经过深思熟虑,打算从吕布身上入手。吕布虽然勇猛非常,但是跟董卓一样是个好色之徒。这正好给了王允一个机会,王允打算实施一个连环的美人计。王允府中养有

一个歌女，名叫貂蝉，有倾国之色。这个歌女不但才貌俱佳，而且心中有大义。王允向貂蝉说明了想用"美人计"除掉董卓，从小就受王允恩惠的貂蝉为了报答王允的恩情，决定牺牲自己，为民除掉董贼。

不久，在一次宴会上，王允主动提出要将自己的义女貂蝉嫁给吕布为妻。吕布一看到貂蝉美艳动人，欣喜万分，马上叩谢王允，决定择吉日完婚。次日，王允又宴请董卓，酒席上，王允让貂蝉献舞。董卓一见貂蝉，便垂涎三尺。王允说："貂蝉乃我府中歌女，如果太师喜欢，我就将这个歌女献给太师，不知太师意下如何？"董卓假意推辞一番，之后便喜不自胜地将貂蝉带回了太师府。

吕布得知此事后勃然大怒，怒斥王允不守约定。

王允编出一些谎话哄骗吕布，说："太师要看自己的儿媳妇，我怎好阻拦？太师说今日是个好日子，决定带貂蝉回府与将军您成亲。"吕布信了王允的话，便等着义父董卓为他操办婚事。但过了好几天都没收到消息，再派人去打听，原来董卓早已将貂蝉纳为妾室。

此后，貂蝉常常一见着吕布就流泪，吕布的怒气与日俱增。一天，借董卓上朝之际，吕布趁机来太师府寻貂蝉。貂蝉让他到后花园凤仪亭内等自己。一看到吕布，貂蝉就说自己心悦吕布，如今被董卓强占，已无脸活在世上，说着就要跳河，吕布急忙抱住她。正在这时董卓下朝回来目睹了这一幕，顿时大怒，便用戟掷向吕布，吕布抬手一挡，才躲过了这一戟。吕布怒不可遏地离开了太师府。

王允见计谋得逞，于是邀请吕布商谈。王允高声斥责董卓强占了自己的女儿，强占了吕布的妻子，实在是可恨。吕布怒气冲冲地说："要不是看他是我义父，真想杀了他，以解我心头之恨。"王允连忙更正说："将军此言差矣，你本姓吕，而他姓董，算不上父子。再说，哪有父亲强占儿子的妻子的，他还用戟刺杀你，哪里还顾念一丁点儿父子之情？"吕布说："多谢司徒提醒，我一定要杀死这个老匹夫，以报夺妻之仇！"

王允见吕布已经中计，立刻假传圣旨，宣董卓上朝受禅。董卓趾高气扬地进宫受禅，对即将到来的危险毫不知情，在路上吕布突然发难，一戟将董卓刺死。作恶多端的董卓终于得到了报应。

计谋解析

连环计区别于其他计谋，主要就在于它是相互联系的两个或多个计谋，这些计谋之间有着某种内在联系。一般来说，第一个计谋是用来铺路的，为后面真正的计谋做准备，没有第一个计谋的实施，也就没有后面计谋的成功。敌人进入圈套之后，一步步被削弱，直到最后被打败。

本计的特点是：采用两个或两个以上的计策，使它们相互配合，实现战胜敌人的目的。本计的目的一般有两个：第一，使敌人自相钳制；第二，方便我方更有效地进攻敌人。

计谋原典

将多兵众，不可以敌，使其自累①，以杀其势②。在师中吉，承天宠也③。

— 注释 —

①自累：指自相拖累或钳制。

②杀其势：削弱敌军的气势。杀，削弱，减弱；势，势头，势力。

③承：秉承。

— 译文 —

敌方兵多将广，不能与他们正面交锋，应该想办法让他们自相钳制，来削弱他们的气势。这和《易经·师卦》所说的道理相同，将帅身处险境时能做到刚而得中、指挥巧妙得当，就像得到了天神的帮助一样。

经典战例

刘锜大破金兀术

南宋初年，金熙宗对宋朝发动战争。公元1140年夏，金朝元帅金兀术率领十余万大军浩浩荡荡地南下，攻向了东京汴梁（今河南开封）。南宋朝堂紧急任命刘锜为东京副留守，命他带领仅有的一千八百人从临安（今浙江杭州）出发，驰援东京。

刘锜不敢怠慢，可他刚抵达顺昌（今安徽阜阳）时，就得知了金兵已经占领东京的消息，而且金兵还在继续南下，恐怕很快就会抵达顺昌。顺昌的战略地位十分重要，是南下的重要关口。如果顺昌失守，那么金兵南下便再无阻碍。因此，刘锜决定组织起顺昌的所有兵力，决心在这里阻止金兵南下的攻势。

三天后，金兵的铁蹄又踏平了陈州（今河南淮阳）。此时，金兵的大部队正渐渐逼近顺昌，顺昌成了决定南宋命运的关键战场。大敌当前，宋军形势十分危急，刘锜临危不乱，他先是下令加强城池的防御工事，修器械、加固城墙；接着，他根据地形，将兵力分配到城池各门进行守备，全军以逸待劳，等待金兵到来；最后，为了激励士兵，鼓舞士气，刘锜还下令凿沉船只，准备带领全军将士誓死奋战。

很快，金军就渡过颍河，来到了顺昌城外。大敌当前，为了让敌人疑惧，刘锜下令打开所有城门。金兵见城门大开，果然怀疑城内有伏兵，因此不敢前进。就在金兵狐疑不决的时候，刘锜早已率兵绕到金军后方，发动了突然袭击。同时，顺昌城上弓弩齐发，两面夹击，打得金兵慌忙撤退。刘锜趁势派出步兵阻截金兵，大批金兵慌不择路，跳进河中溺亡。这次交锋，宋军大获全胜。

战败的金军认为宋军兵力比他们多，于是急忙向金兀术求援。刘锜没等金兵的援军到来，就先发制人，趁着一个雷雨之夜，命五百名精兵前去偷袭敌营。袭营的宋军军纪严明，视死如归。他们在黑夜中潜入金兵营地，以吹哨为号，每当闪电落下就冲出杀敌，闪电一停就消失在黑暗中。金兵被这股神出鬼没的敌人吓得魂飞魄散，竟然开始自相砍杀，死伤不计其数。

金兀术得知顺昌告急，亲率大军从东京赶来支援。面对更加强大的敌人，刘锜又施一计，他派部将曹成向金兀术挑战，但交战几个回合，曹成就假装落败，故意被金兵俘获。金兀术为了获取情报而审讯曹成，曹成透露："刘锜是太平边帅之子，是个纨绔子弟，因为平时宋金两国交好，他才当了将军。"曹成将刘锜事先交代的一番假情报和盘托出，金兀术听了十分高兴，他断定刘锜是个不会带兵的富家子弟，因此放松了警惕。随后，金兀术连攻城武器都没带，就率大军轻装来到顺昌城外，准备夺城。

刘锜见金兵的援军已经渡河到来，依旧泰然自若。因为他已命人事先在颍河上游下毒，果然，这些渡河而来的金兵很快就因为中毒而病倒，战斗力大减。刘锜则率领精神饱满、斗志昂扬的宋军迎战，一举击败了十几万金兵。

尽管宋军与金兵的兵力差距悬殊，但刘锜凭借智慧巧施连环计：空城计、暗度陈仓、反间计等环环相扣，最终以少胜多，成就了历史上一场经典战役。

吴用智取生辰纲

名著《水浒传》中，有一段著名的故事"智取生辰纲"。说的是北京大名府的梁中书搜刮了一批民脂民膏作为生辰纲，准备命杨志带人将生辰纲送往东京给大奸臣太师蔡京祝寿。晁盖、吴用、公孙胜等好汉得知这一消息后，准备将这笔不义之财劫走，分发给穷苦的百姓。智多星吴用听说杨志会带着一批军士一同护送生辰纲，并且会从黄泥冈大路经过，便与众好汉商议对策，劫取生辰纲。

一日正午时分，晁盖、吴用等人扮成卖枣的商贩，在黄泥冈附近的松林里静待时机。过了不久，杨志带领一批军士也行色匆匆地赶到黄泥冈。当时天气燥热，生辰纲又十分沉重，军士们全都又渴又热，到了黄泥冈就都体力不支，靠着松树睡下了，任凭杨志怎么催促也没人搭理他。忽然，杨志看到对面松林中好像有人，就连忙拿着武器前去盘问，看到是一批枣贩子在那里歇脚，也就没当回事儿。

过了一会儿，一名酒贩子挑着两桶酒朝黄泥冈走了过来。士兵们都拥上去问："桶里装的什么？"酒贩子回答说："是白酒，正要去村子里卖。"士兵们正渴得难受，马上要掏钱买酒喝。杨志斥责他们说："现在我们有公务在身，不能喝酒。万一酒中有蒙汗药将我们迷倒，弄丢了生辰纲，我们有十个脑袋也担待不起。"

杨志话音刚落，枣贩子们也走过来想买酒喝。酒贩子却说："不卖不卖！适才那位客官非说我的酒里有药，真是可笑，况且我现在也没有盛酒的碗瓢。"枣贩子们急忙说好话，酒贩子就卖给了他们一桶酒。枣贩子们连忙取来两个瓢，他们围在酒桶边，边吃枣子边喝酒，好不快活，旁边的士兵们眼馋不已。

突然间，刘唐趁酒贩子不注意，打开另一桶酒的盖子，偷偷盛了半瓢酒喝，酒贩子看到有人偷酒喝，连忙追了上去。这时吴用偷偷将蒙汗药放进另一个瓢中，趁酒贩子与刘唐纠缠时，又将装着药的瓢伸进酒桶，装作也要舀酒喝。那酒贩子发现还有人偷酒，一把夺过瓢，把酒倒回酒桶里，大骂吴用等人是泼皮无赖。

　　杨志看两桶酒被人喝了都没问题，就放下心来，同意士兵去买酒喝。他们买下另外一桶酒，又借来枣贩子的瓢，很快将一桶酒喝完了。杨志十分谨慎，本来不想喝，但实在太渴，看士兵们喝了并没有什么事，就也喝了一些。酒贩子收过钱之后就挑着空酒桶离开了。

　　晁盖、吴用等人站在松树旁边，静静地等待，一众军士昏倒在地，晁盖、吴用马上挑着生辰纲匆匆离去了。杨志嘴里叫苦，奈何身体早已软了，起不了身，只能眼睁睁地看着生辰纲被人劫走。

　　一直十分谨慎的杨志根本不明白他们是如何中了蒙汗药，原来这就是吴用的"连环计"。七名好汉先用

"瞒天过海"之计，扮作枣贩子，才没引起杨志的怀疑。那酒贩子是晁盖的故交——白胜，他挑来的两桶酒本都是没有下过药的好酒，而枣贩子们喝完一桶之后，刘唐又故意偷喝了另一桶的半瓢酒，目的就是让杨志看到那桶酒没问题，让他放松戒备。随后吴用装作偷酒，实则暗中在瓢里撒了药，白胜则夺下掺了药的半瓢酒，又全都倒回桶里，神不知鬼不觉地使另一桶好酒被掺了药，这是"偷梁换柱"之计；等杨志一行人昏睡过去，好汉们再劫走生辰纲，这是"趁火打劫"之计。最后则是"走为上"计，生辰纲到手便立刻离开，不留下任何痕迹。多计连施，环环相扣，让人不得不佩服吴用的智谋。

计谋运用

1. 使各环紧密连接。只用一个计策可能达不到想要的结果，运用连环计则可以一步步达到目的。一条计策没有成功，马上就实施另一条计策，保证行动持续进行。

2. 掌握各环特点，使其有机结合起来。不管什么妙计，都要有合理的基础条件，连环计可以一环扣一环，逐层递进，使所有计策连贯起来，成为一个整体，系统性地攻敌。切不可随意安排计策的顺序，否则不仅计策不起作用，还会使敌军察觉，导致大败。

第三十六计

走为上

走为上即走为上计，指遇到强敌或陷入困境时，以离开或者回避为最好的策略。

思维导图

当敌人占据绝对优势，我方毫无胜算时，逃走或者回避以保存实力 — **定义**

出自《南齐书·王敬则传》："檀公三十六策，走是上计。" — **探源**

当形势对我方极为不利时，出走或者离开乃上策 — **解析**

走上

当我方处于弱势时，知难而退，保存实力

留心观察战机，舍弃既得利益，从容撤退 — **运用**

以退为进，迷惑、麻痹敌人，再将敌人击破

为

经典
战例

范蠡功成身
退成富商

- 范蠡辅佐越王称霸，假装自杀
- 范蠡逃到齐国，改头换面
- 范蠡躲过杀身之祸，成为富商

姜维屯田
巧避祸

- 后主听信谗言，召回姜维
- 姜维欲除奸臣，后主阻止
- 姜维屯田沓中，保住性命

计谋故事

本计的计名出自《南齐书·王敬则传》："檀公三十六策，走是上计。"《淮南子·兵略训》中的"实则斗，虚则走"和"走为上"计类似，即在兵力强大时与敌人战斗，在寡不敌众时迅速逃离。另外，兵书《兵法圆机》中也有："避而有所全，则避也。"意思是说，如果撤退可以保全我方力量，那就选择撤退。《三国演义》中的著名桥段"曹操献刀"就是"走为上"计的经典案例。

东汉末年，汉室衰微，汉灵帝还未来得及立太子就撒手人寰。后来，宦官弄权，祸乱朝纲，汉室江山危在旦夕。西凉（今甘肃武威）刺史董卓趁着朝野之乱率大军进驻洛阳，废了少帝，改立陈留王为帝，即东汉最后一个皇帝汉献帝。董卓任太师兼相国，独揽朝廷大权，为所欲为。

董卓对曹操的大名早有耳闻，于是让他担任骁骑校尉。董卓残暴不仁，司徒王允一直想除掉他。一天，王允以做寿为名将朝廷中的一些旧臣聚集在府上，共商对策。众大臣都一筹莫展。

这时，曹操站出来对王允说："近来我在董贼手下做事，实则是想骗取他的信任。听说您家有一把七星宝刀，我愿以献刀为名，趁机刺杀董贼。"王允欣然同意。

次日，曹操就携着宝刀去往董卓府上。此时，董卓正坐在床上闭目养神，吕布站在董卓身侧。看见曹操进来，董卓睁开眼睛问道："你今日为何这样迟？"

曹操行礼说："马匹年老走不快，路上耽搁了。"

董卓便吩咐吕布说："你去挑一匹西凉好马送给他。"

曹操来时还忧虑吕布在董卓身边，不好下手，这下好了。吕布走后，曹操又担心董卓力气大，自己不敌，一直在寻找时机，正犹豫不决时，想是董卓坐得太久，有些疲累，便躺在床上小憩，此时董卓背对曹

操，正是刺杀的好时机。曹操马上抽出七星宝刀，刺向董卓。怎料穿衣镜反光，让董卓有所警觉，董卓转身看到曹操手举着刀，便斥问道："你要干什么？"

此时吕布恰好回来，曹操知道时机已经错过，便顺势跪下，双手捧起宝刀，说："这原是我家中珍藏的七星宝刀，精巧无比，因蒙受恩相照拂，无以为报，便想将此宝刀献于您。"董卓将信将疑地接过宝刀，欣赏了一会儿，觉得果真是一把好刀，便交给一旁的吕布收好。

曹操知道自己刺杀之事已经败露，便声称自己想出去试马，然后快马加鞭地离开了相府。他连家都不敢回，就匆忙出城，头也不回地逃跑了。

计谋解析

领兵打仗，难免会出现寡不敌众等对己方不利的局面。在这种情况下，主动撤退也是非常可取的，其结果要比投降或死拼好得多，至少可以保存自己的实力，日后东山再起。由此可见，"三十六计，走为上计"指的是当己方实力不如敌方时，通过撤退来保存实力。这里的"上计"，并不是说

"走"是三十六计中的上乘计策，而是说在敌强我弱的情况下，我方存在四种选择：撤退、求和、投降、死拼。与后三种选择相比，撤退无疑是上策，因此说"走为上"。

计谋原典

全师避敌①。左次无咎②，未失常也③。

— 注释 —

①全师：保全军队。全，保全；师，军队。

②左次：指军队向后撤退。古时兵家尚右，以右为前，指前进；以左为后，指撤退。

③常：常道。

— 译文 —

为了保全军队而避开敌人的锋芒。实行撤退也没有什么罪过，这样做没有违背用兵的常道。

经典战例

范蠡功成身退成富商

范蠡是春秋末期楚国人，是越王勾践的谋臣。当时吴越两国交战，越国战败，为了保存实力，越王勾践决定带着范蠡去吴国做人质。两年后，他们终于回到越国。范蠡与文种等谋臣共同辅佐越王勾践，让越国变得国富民强。公元前473年，越王勾践成功消灭了吴国，成为当时的霸主。

但当勾践举行庆功大会时，范蠡却不在。原来，范蠡与勾践在一起相处了十几年，知晓勾践为人多疑且自私，这种人只能和人共苦，不能与人同甘。于是，范蠡带着大量财宝隐居了。

隐居前，范蠡为了不让勾践找到自己，故意制造出自杀的假象：他将自己的外衣丢在太湖边，并留下一封信在衣兜里。信中说："君主有忧患，臣子就应该替他分忧；君主受到侮辱，臣子就应该以死谢罪。以前您在吴国受难之时，我之所以留着小命，就是为了您的复仇大计。现在吴国已灭，您称霸一方，我也算是尽了我为人臣子的本分。倘若我继续侍奉在您的左右，就极有可能会扩大自己的势力。所以，我自裁了。"

勾践读完信后，信以为真，不再追查此事。他不知道范蠡并没有自杀，而是携带大量财宝逃到齐国去了。

　　范蠡一到齐国，就改名为鸱夷子皮。但很快，范蠡就暴露了身份。齐王素日听闻范蠡是个文武全才，便将他召进宫中。对齐王盛情难却，范蠡只好出任了宰相。但因为他已经下定决心归隐，所以不久就辞官离去了。

　　后来，范蠡来到当时的商业中心——陶（今山东定陶）定居，自称陶朱，人们称他为陶朱公。范蠡在这里既从事农业和牧业生产，又经营商业，很快就显露出了他的经商才能，因此赚取了不少钱财。他时常仗义疏财，帮助穷苦百姓，很快就获得了"富而行其德"的美名。

　　范蠡离开越王勾践后不久，曾经给文种写过一封信，信中劝说文种尽快离开勾践。但文种认为自己曾跟随勾践出生入死，没有功劳也有苦劳，勾践一定会感念前恩，不会亏待自己，因此决定留在勾践身边。后来，果如范蠡所料，勾践嫉贤妒能，逼死了文种。而范蠡用了"走为上"计，虽然舍弃了高官厚禄，但保全了自身，并且日后成了富翁。

姜维屯田巧避祸

蜀汉末年，蜀国名将姜维为了完成北伐大业，在祁山（位于今甘肃礼县东）一带与魏将邓艾连日激战。此时蜀国皇帝刘禅却在成都沉溺于酒色之中，他听信宦官黄皓的谗言，整日将朝政搁置一旁，只顾享乐。朝中一些文武大臣见皇帝如此荒淫，不免心生忧虑。但朝中小人当道，不少贤人无奈只能离去。

当时，一个叫阎宇的将军，没有任何功绩，只因攀附了皇帝的宠臣黄皓，便官居高位。他得知姜维在祁山战斗不利的情况后，便求黄皓对皇帝刘禅说："姜维每次出兵都无功而返，不如换掉他，让阎宇代替。"皇帝听信了谗言，于是派使臣拿着诏书，召回了姜维。姜维此时正在祁山攻打魏军的营垒，已经到了战斗的

最后时刻，突然一天之内接了三道诏书，让他班师。万般无奈之下，他只好领兵回朝。

返回汉中后，姜维同使臣一起到成都面圣。皇帝接连数天都不临朝，姜维心中十分疑惑。这天，他来到东华门，恰好碰到了郤正。姜维问他："天子突然召我回朝，你知道是为什么吗？"郤正笑着说："大将军难道不知？这是黄皓想让阎宇立功，特地请求朝廷下诏书把将军召回。后来他又听说，邓艾深谙兵法，极善行军打仗，怕阎宇不是他的对手，这件事才就此作罢。"

姜维听后，怒火中烧，说："竟然为了一己之私，枉顾国家利益，我要除掉这个祸国殃民的奴才！"郤正劝阻他说："大将军秉承诸葛武侯的遗志，责任重大，不能在这件事上感情用事呀。假如得罪了天子就不好了。"于是，姜维决定仔细斟酌此事。

第二天，皇帝正在皇宫后花园设宴取乐，姜维带着几个手下不听传信便直接闯了进来。因为黄皓耳目众多，早就知晓姜维要来，于是黄皓神色慌张地躲在花园的角落里。姜维来到亭下，参见皇帝，哭着说："臣已将邓艾困在祁山，眼看胜利在望，陛下却连下三道诏书，让我回朝，不知陛下为何这样做？"刘禅沉默不语。

姜维接着说："黄皓是奸佞之臣，现在却把持朝政，他与东汉末年那些为害国家的宦官如出一辙。陛下应该趁早杀了此人，才能安抚朝中贤能之臣的心，这样中原才有望恢复。"刘禅微笑着说："黄皓只是一个小小的宦官，就算他专权，也不能掀起多大的风浪。你又何必非要置他于死地呢？"姜维叩头说："陛下请相信微臣，您如果现在不杀掉黄皓，国家的灾祸很快就会降临！"刘禅脸有愠色说："你为何如此容不下一个小小的宦官？"说着，便派人将躲在花园角落里的黄皓找来，让他向姜维磕头请罪。

黄皓佯装可怜，痛哭流涕地说："奴才一心一意伺候皇上，对国家政事不曾干涉。将军千万不要听信谣言而错杀于我，还请将军饶我这回吧。"说完，连连叩头谢罪。

姜维看他有皇上维护，一时也不知如何是好，只好愤怒地离开了。见到郤正，姜维便将事情原原本本地告诉了他。郤正说："如此看来，将军将有杀身之祸。但将军如果不在了，国家就危险了。"姜维急忙向郤正请教保国安身的良计。

郤正说："陇西（位于今甘肃南部）有个地方叫作沓中（今甘肃舟曲），那里土地肥沃，十分适合屯田。将军可以效仿诸葛武侯屯田，请

121

求天子让您前往沓中屯田。如此，一可以供应军中粮草；二可以寻找机会继续北伐；三可以对魏国造成威慑。而将军您就可以远离朝堂，就算有小人想算计您，也是山高路远，无计可施。这就是保国安身的良计呀，将军应早做打算。"姜维听了非常高兴，听取了郤正的建议。

第二天，姜维便上奏皇帝，请求前往沓中屯田。皇帝刘禅高兴地答应了。姜维返回汉中，他这一"走"，最终逃过了杀身之祸。

计谋运用

1. 知难而退，保存实力。俗话说"留得青山在，不怕没柴烧"，当己方实力弱于敌人时，假如硬拼，己方必败。既然如此，不如暂时退走，保存实力，以便东山再起。

2. 把握时机，急流勇退。在和敌人作战时，要留心观察战机，果断行事，做到进退自如。关键一点是，要能够认识到自身的不足，暂时舍弃已经得到的利益，再选择恰当的时机，从容"走"掉。

3. 以退为进，逐个击破。撤退并不是目的，而是一种权宜之计。一方面是为了留存实力；另一方面是通过撤退来迷惑、麻痹敌人，引诱敌人进入己方事先设好的包围圈，然后逐个击破，最终以少胜多。

趣 | 读 | 兵 | 家 | 经 | 典　传 | 承 | 千 | 年 | 智 | 慧

趣读 三十六计

偷梁换柱

王宇鹤 主编

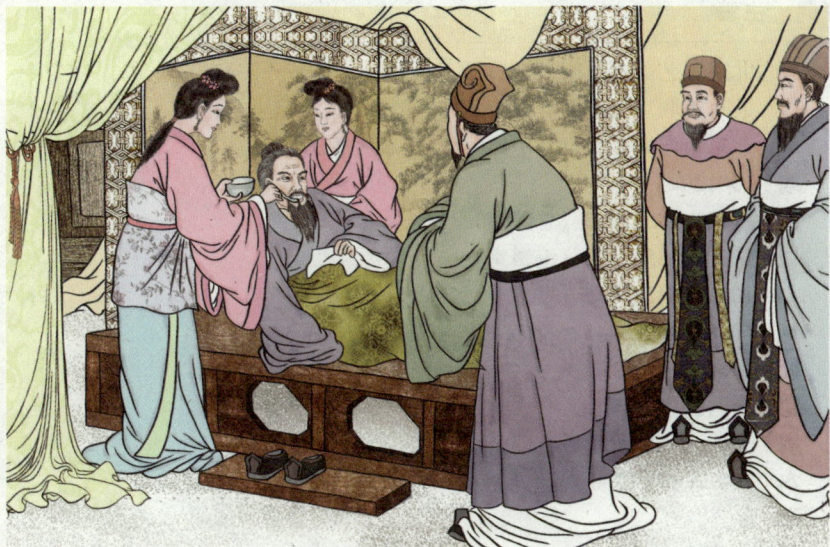

北京工艺美术出版社

图书在版编目（CIP）数据

趣读三十六计．偷梁换柱 / 王宇鹤主编 . -- 北京：
北京工艺美术出版社，2023.11
ISBN 978-7-5140-2632-0

Ⅰ．①趣… Ⅱ．①王… Ⅲ．①《三十六计》－儿童读
物 Ⅳ．① E892.2-49

中国国家版本馆 CIP 数据核字 (2023) 第 100926 号

出 版 人：陈高潮　　策 划 人：杨玲艳　　装帧设计：弘源设计
责任编辑：周　晖　　责任印制：王　卓

法律顾问：北京恒理律师事务所　丁　玲　张馨瑜

趣读三十六计　偷梁换柱
QUDU SANSHILIU JI TOULIANGHUANZHU

王宇鹤　主编

出　版	北京工艺美术出版社	
发　行	北京美联京工图书有限公司	
地　址	北京市西城区北三环中路6号　京版大厦B座702室	
邮　编	100120	
电　话	(010) 58572763（总编室）	
	(010) 58572878（编辑室）	
	(010) 64280045（发　行）	
传　真	(010) 64280045/58572763	
网　址	www.gmcbs.cn	
经　销	全国新华书店	
印　刷	天津海德伟业印务有限公司	
开　本	700 毫米×1000 毫米　1/16	
印　张	8	
字　数	59千字	
版　次	2023年11月第1版	
印　次	2023年11月第1次印刷	
印　数	1～20000	
定　价	199.00元（全五册）	

　　《三十六计》素以"谋略奇书"之名享誉世界，是我国军事史上的宝贵财富。

　　在现实生活中，如果提起"三十六计"，相信大家都能列举出其中的几个计谋，如打草惊蛇、声东击西、调虎离山等。但真正能准确地指出三十六计的来龙去脉及其中蕴含的智慧精髓，且能够恰如其分地加以应用的人并不多。

　　三十六计被广泛应用于古今中外的各种军事战争中，也常被应用于政治、经济、外交等诸多领域，甚至在人们的日常生活中也经常使用，可见三十六计的影响力和实用价值。

　　斗转星移，山河变迁。如今，三十六计中的一些计策已不符合当代社会的核心价值观，但为了使读者了解三十六计的历史全貌，本书仍做收录，读者应理性分析，去粗取精地学习。

　　本书以小故事的形式讲解了三十六计各计的来源，并且介绍了各计策的含义和运用等知识，其中包括每计对应的经典战例。插图生动有趣，语言通俗易懂，图文并茂，旨在带领读者领略三十六计的智慧与精妙。

亲爱的读者，快快翻开这本书，在一个个精彩绝伦、睿智经典的小故事中，全方位地领略"三十六计"的魅力以及古为今用的大智慧吧！

目录

第二十二计　关门捉贼

计谋故事…………… 4　　　刘邦身陷白登之围……… 7
计谋解析…………… 6　　　诸葛亮火烧司马懿……… 11
经典战例…………… 7　　　司马懿围城灭叛军……… 14

第二十三计　远交近攻

计谋故事…………… 22　　冯亭联赵抗秦………… 27
计谋解析…………… 24　　烛之武智退秦师……… 29
经典战例…………… 25　　秦灭六国一统天下…… 31
　郑庄公交远制近成一霸… 25

第二十四计　假道伐虢

计谋故事…………… 38　　周瑜取荆州…………… 44
计谋解析…………… 40　　符坚先救后伐灭前燕… 49
经典战例…………… 41　　林则徐计赚贪官……… 50
　楚文王借道一举两得… 41

第二十五计　偷梁换柱

计谋故事…………… 56　　郑庄公计赚三国之师… 60
计谋解析…………… 58　　拓跋珪参合陂败后燕… 63
经典战例…………… 60　　李光弼大破史思明…… 67

目录

第二十六计　指桑骂槐

计谋故事 ………………… 74
计谋解析 ………………… 76
经典战例 ………………… 77
　管仲兵不血刃灭郭国 … 77

田穰苴军前斩庄贾 ……… 80
晏婴妙语讽谏齐景公 …… 83
郭威杀爱将以慑军 ……… 85

第二十七计　假痴不癫

计谋故事 ………………… 92
计谋解析 ………………… 93
经典战例 ………………… 94
　刘备借惊雷掩真意 …… 94

司马懿装病除曹爽 ……… 97
朱棣装疯卖傻登皇位 …… 101
窦建德诈降胜官军 ……… 104

第二十八计　上屋抽梯

计谋故事 ………………… 110
计谋解析 ………………… 112
经典战例 ………………… 113

赵高除李斯 ……………… 113
韩信背水斩陈馀 ………… 116
宋太祖杯酒释兵权 ……… 119

关门捉贼

关门捉贼是说关起门来捉拿屋里偷东西的盗贼，做到人赃并获。而在战争中，是指断掉敌人的去路，将其包围并歼灭。「关门捉贼」与「关门打狗」「瓮中捉鳖」的意思相近。

思维导图

截断敌人的退路，将其包围并歼灭。 —— **定义**

源于民间俗语 —— **探源**

面对行踪难测的敌人，一定要断绝其退路，破灭其希望，最终将其歼灭 —— **解析**

关捉

抓住时机，包围敌人，堵死其退路

避强就弱，主要针对敌人的小股部队 —— **运用**

不仅要包围敌人，还要防止敌人突围

门贼

经典战例

刘邦身陷白登之围
- 刘邦身陷白登之围
- 匈奴支援韩王信，围困汉军
- 陈平游说阏氏，匈奴退兵

诸葛亮火烧司马懿
- 诸葛亮北伐，与司马懿对峙渭水
- 司马懿坚守不战，诸葛亮布阵诱敌
- 司马懿中计，险些死于火攻

司马懿围城灭叛军
- 公孙渊叛魏自立，司马懿讨伐叛军
- 暴雨淹没襄平城，魏军包围城池
- 叛军军心涣散，主动开城投降

计谋故事

　　本计来自民间俗语。在军事层面,"关门捉贼"与军事家口中的"围歼战""口袋阵"意思相近。古往今来,不计其数的战役都使用了这个计策。比如战国时期魏、齐两国的马陵之战,赵、秦两国的长平之战,以及秦末汉初项羽和刘邦的垓下之战等。

　　战国后期,秦国进攻赵国。秦军被赵军阻于长平(位于今山西高平北)。当时守卫长平的是名将廉颇,他认为秦国兵多将广,若正面对决赵国讨不到便宜,于是下令坚壁不战。两军抗衡了两年有余,秦军依然攻不下长平。公元前260年,秦王听从范雎的提议,在赵王与廉颇之间巧施离间计。赵王因怀疑廉颇怯战而将其调回,命熟读兵书却毫无作战经验的赵括为将,前往长平与秦军交战。

　　赵括抵达长平以后,彻底推翻了廉颇固守不出的战略,决定从正面和秦军交战。白起是名身经百战的老将,一开始故意连续几次败给赵括,想麻痹赵括,让赵括忘乎所以。轻敌的赵括果然中计,命人前往秦营递战帖。此举正合白起之意，他当即接下了战帖。

　　战役开始前，白起兵分几路，绕到赵军的后面，暗中对赵军展开包围之势。次日，赵括亲自带领四十万大军与秦兵决战。因为秦军在前几次的战役中接连"失利"，赵括根本没把秦军放在眼里，因此赵括并没有提前探明白起用了什么战略，也没探察秦军是否设下伏兵，他压根儿不晓得白起是在诱敌深入。赵括统率大军追击佯装战败的秦军，一直追到了秦军营地。反观秦军，表面上固守不战，暗地里早已设了伏兵，随时能将赵括与其大部队分离。

　　见秦军连续几天坚守不出，赵括无奈之下决定撤军。与此同时，赵括接到了报告：秦军已经攻占了赵

军的后营，截断了粮道。白起又命五千精骑闯进赵营，把赵军一分为二，分别包抄。连着四十多天，赵括眼睁睁地看着粮草消耗殆尽，看着赵军陷入弹尽粮绝的境地，无奈只好孤注一掷，率兵拼死突围。然而白起预先设下了严密的防线，屡次将试图突围的赵军击退。最终，赵括在乱军之中被射杀，赵军阵脚大乱，四十万大军被秦军歼灭。

只会"纸上谈兵"的赵括，不仅没有作战经验，还轻敌自满，轻易便中了敌军"关门捉贼"的计，连同四十万大军一起战死沙场，令赵国元气大伤，自此萎靡不振。

计谋解析

此计中的"关门"是指让敌人无路可退，破灭其出逃的希望。而"贼"，是指那些善于偷袭的小部队，它的特点是行动灵活诡秘，出没不定，行踪难测。它的数量不多，破坏性却很大。所以，尽量不要放其逃跑，而要切断它的后路，聚而歼之。捉"贼"之所以要关门，不仅是因为怕"贼"逃走，还因为担心"贼"逃走后又被别人利用。如果"贼"已经逃跑，就不要再追，以免中了诱敌之计。当然，此计的运用范围不只限于"小贼"，还可用于围歼敌人的主力部队。

计谋原典

小敌困之。《剥》，不利有攸往①。

— 注释 —

①《剥》，不利有攸往：语出《易经·剥卦》。《剥卦》为坤下艮上。上卦为艮、为山，下卦为坤、为地。意即广阔无边的大地在吞没山岳，故卦名曰"剥"。剥，落也。《剥卦》的卦辞说："《剥》，不利有攸往。"意思是说：当万物呈现剥落之象时，如有所往，则不利。此计引此卦辞，是说对小股敌人或弱小的敌人要及时围困消灭，面对由盛转衰的人或事态，则不宜于前往、有所作为。

— 译文 —

对弱小的敌人，要加以包围、歼灭（如果纵其逃跑而又穷追远赶，那是很不利的）。这是从《剥卦》卦辞"《剥》，不利有攸往"一语中悟出的道理。

经典战例

刘邦身陷白登之围

西汉初年，韩信凭借在楚汉相争中抗楚的功劳，被汉高祖刘邦封为韩王（又称其为韩王信，以便和淮阴侯"兵仙"韩信区分开）。公元前201年的秋天，匈奴单于冒顿出兵攻打韩王信。韩王信曾多次遣使者去匈奴讲和，之后汉朝出兵援救，匈奴遂解围而去。刘邦认为韩王信多次向匈奴讲和，是想与匈奴勾结，便写信责问他。由于怕被刘邦所杀，韩王信反水投靠了匈奴，协同匈奴攻打汉军。

公元前200年的冬天，刘邦亲自率领大军三十二万征伐匈奴，并镇压韩王信的叛乱。最初，汉军接连获胜，并取得了铜鞮（今山西沁县一带）一战的全面胜利，重创了韩王信的叛军。韩王信逃至匈奴，一边整顿残部，一边与冒顿单于商议攻汉良策。

一番商议后，冒顿派左、右贤王各带一万多兵马与韩王信的将领王黄等率军驻扎在广武（今山西代县）至晋阳（今山西太原）一带，冒顿率军驻扎在代谷（今山西代县）亲自指挥，想要阻止汉军北进。一番激战后，汉军将韩王信和匈奴的联军打得溃不成军。

刘邦抵达晋阳以后，得知冒顿驻防在代谷，认为这是一个千载难逢的好机会，打算大举进攻，将冒顿擒而杀之，就命人探察敌方虚实。为了确保稳妥，他前后命十几个人前去探听消息。匈奴单于冒顿十分狡诈，采取"诱敌深入"的计策，把良马精兵藏匿起来，制造出守军全是老弱残兵的假象，等待汉军上钩。汉军负责探查敌情的士兵归来后都上报刘邦说匈奴不堪一击，此时正是进攻的良机。唯独谋士娄敬说："两国交战都应夸耀自己的武力，充分展现实力才对。但是我探察的时候见到的尽是些老弱残兵，这肯定是敌方特意彰显自己的不足，欲引我方深入，想要通过埋伏奇兵来取胜。我们不能贸然进攻。"

然而汉军一连串的胜利令刘邦有些轻敌，他一心想要取胜，不仅听不进去娄敬的建议，还斥责他胡言乱语，影响士气，将娄敬囚禁起来，打算得胜后再惩罚他。

随后刘邦便出兵北上。他带领骑兵率先抵达平城（今山西大同），这时汉军步兵还没有全部到达。刘邦统率兵马进入包围圈后，早有准备的冒顿单于立刻调遣四十万匈奴大军，阻截汉军步兵，把刘邦的军队围困在白登山，使汉军粮尽援绝，陷入困境。刘邦尝试率军突围，可是冒顿统率骑兵从四面展开围攻：匈奴骑兵西边尽是白马，东边尽是青马，北边尽是黑马，南边则是清一色的红马，列阵森严，密不透风。汉军被围困了整整七天七夜，得不到救援。

汉军粮草将尽，在饥饿和寒冷的双重折磨下，朝不保夕。谋士陈平见冒顿单于很是宠爱新得的阏氏（单于之妻），与她形影不离。此次匈奴军队驻扎在山下，两人也并辔而行，如胶似漆。陈平就为刘邦出谋划策，派出使者暗中向阏氏献上了大量的金银珠宝和一幅美人图，并对阏氏说："汉皇刘邦想和大王讲和，这是准备献给大王的财宝和中原美女的画像，希望大王能退兵，放我们一条生路。"阏氏看着画中的中原美女花容月貌，美丽非凡，唯恐单于收了这美女后自己失宠，于是退回了美人图并表示自己会劝说单于退兵。

果真，阏氏成功劝说冒顿单于退兵，刘邦这才脱离危险。白登之围解除后，刘邦意识到光靠武力是不能消除与匈奴的争端的，所以在之后很长一段时间里，汉朝都是采用"和亲"政策来拉拢匈奴、维持边境的安宁。

刘邦被冒顿单于用"关门捉贼"的计策围困了七天七夜，使刘邦陷入随时可能兵败人亡的险境，好在刘邦及时采用了陈平之策，最终逃出生天，否则历史将会从此改写。

诸葛亮火烧司马懿

三国时期，为了兴复汉室、北定中原，诸葛亮挥师北伐曹魏。公元234年，诸葛亮率大军驻扎在渭水南岸的五丈原（今陕西岐山），而司马懿则命魏军在对岸抵御蜀军。

蜀魏两军隔岸对阵，司马懿认为蜀军长途跋涉，补给难以为继，便想要通过打持久战拖垮蜀军，于是下令"坚壁拒守，以逸待劳"。

经过几次北伐失利，诸葛亮自然清楚后勤补给的重要性。为了克服人力运输的不便，他发明了木牛流马，又命令士兵屯田种地，为打持久战做足准备。

　　面对诸葛亮的屯田政策，司马懿震惊地说："我本想通过坚守不出消耗蜀军的粮草，等他们自己退兵。可没想到如今蜀军竟然开始屯田，这明显是打算在此长驻，同我互相消耗。"于是他派兵抢来几辆木牛流马开始仿制，也用来运粮，却只学了个皮毛，没能洞悉木牛流马的奥妙所在，反而被蜀军抢去大批粮草。司马懿干脆挂起免战牌，不管蜀军如何叫骂都坚决不出兵。

　　看到司马懿坚守不出，诸葛亮一番思索后，下令在葫芦谷顶搭起几座草房，又埋了一批地雷和干柴等引火之物。随后命令士兵分散开来，引诱魏兵进入谷中。司马懿见蜀军选择在容易进攻的葫芦谷扎营，而且兵力分散，有机可乘，于是下令出兵前往葫芦谷劫营。司马懿和他的两个儿子司马师、司马昭一同率领大军杀向了葫芦谷。

　　诸葛亮得知魏军中计，命令大将魏延带兵上前迎战，让魏延假装战败并引诱魏军深入葫芦谷。一番厮杀后，魏延佯败撤退，司马懿紧追不舍，魏延且战且退，魏军在不知不觉中已深入葫芦谷，司马懿担心有伏兵，于是派人进入谷中探察，得知山上只有一些草房而没有伏兵后，司马懿放心地带着大军进入谷中。

入谷后，司马懿发现魏延的部队不见了，又发现草房上布满了干草，方知自己已经中计，于是立刻下令退兵。就在此时，大批火把从山上丢下，阻断了魏军的退路，又点燃了草房，引燃了地雷，魏军被大火困在谷中。司马懿吓得惊慌失措，认为自己今天就要死在这里，与两个儿子相拥大哭。就在司马懿等死的时候，天空忽然乌云密布，狂风大作，下起一场倾盆大雨，浇灭了谷中的大火。见到一线生机，司马懿高

兴地大喊："不趁此时杀出，更待何时？"于是带兵奋力冲杀，最终逃出了葫芦谷。

诸葛亮先在谷中扎营设伏，后又点火封谷，是一次经典的先"开门揖盗"，后"关门捉贼"的战例，只可惜最终事与愿违，一场大雨浇灭了诸葛亮北伐的希望之火。

司马懿围城灭叛军

公元237年，魏国的辽东太守公孙渊造反，自封为燕王，定都在襄平（今辽宁辽阳），还给当地的少数民族封官赐爵，诱导鲜卑人不停地侵扰北方，这使魏明帝十分愤怒。公元238年，魏明帝派司马懿领军讨伐公孙渊。

司马懿分兵几路，齐头并进，直奔襄平城。燕军将领杨祚、卑衍非常慌张，担心都城落到魏军手里，马上带领全军前往支援，想要阻截魏军。司马懿等待燕军接近，迅速领兵反攻。魏军士气旺盛，连续三次战胜燕军。杨祚、卑衍带领残兵败将逃至襄平城中。司马懿乘胜追击，大军逼近襄平城。

此时恰好碰上天降暴雨，连续几天没有停，使得

　　辽河河水大涨，沿岸的大片地方都被淹没了。襄平城周围的地区被河水淹没，魏军的营地也被泡在水中。有的士兵提议将营帐转移到高处，司马懿命令道："再有人敢提迁营的事，格杀勿论！"都督令史张静违令要求迁营，真的成了司马懿的刀下亡魂。因为成天泡在水里，魏军的日子过得十分艰难。

　　公孙渊乘机让襄平城中的部队和百姓出城砍柴、放牧。有的魏军将领见有可乘之机，便提议灭掉出城的敌军，司马懿不准。有人问他："以前攻打上庸

(位于今湖北竹山西南)的时候,八路齐攻,昼夜不停,仅花费了六天便攻陷了城池,除掉了孟达。如今我军千里迢迢地赶来,却不急着向敌人发起进攻,是为什么呢?"

司马懿说道:"当时,孟达兵少粮多,能够支撑一年,我军人数是敌军的四倍,但粮食不能支撑一个月,以一月图谋一年,岂能不快刀斩乱麻呢?以一人战一人,能够速战速决,因此不顾及死伤,强攻上庸,本质上是和粮食竞争。今非昔比,敌众我寡,敌饥我饱,再加上大雨侵袭,很难速战速决。这次讨伐辽东,不怕燕军固守,就怕燕军逃脱。现在,燕军虽多,粮草将尽,我军虽少,粮草充足。倘若消灭出城打柴、放牧之敌,掠夺他们的牛马,而我军又没有对他们形成合围,不就相当于逼迫燕军逃走吗?公孙渊仗着兵力众多和雨天大水给我方行军带来的阻力,持续守城,不肯示弱。我们何不将计就计,向他们示弱,令他们的心态安稳下来,待到雨停、水退,敌方粮绝的时候,再展开进攻?"众人闻言都觉得很有道理。司马懿便带领部队,一边不断地围攻襄平,一边暗地里赶制大量的钩梯、楼车等攻城器材,等待攻城的时机。

很快，雨停了，大水渐渐消退，魏军成功包围了襄平城。燕军的粮草几乎要断绝了。司马懿立刻出兵强攻襄平城。他为了攻破城池，指派魏军开挖地道、堆积土山，双管齐下，佐以钩梯、楼车，轮流攻击。很快，燕军的粮草全部消耗光了，公孙渊只得出城求和。司马懿不但不答应求和，还告诉公孙渊："既然敢于交战，要么攻、要么守、要么逃走，三者都做不到，便应该投降、被杀，哪有求和的道理。"公孙渊无奈，只能垂死抵抗。然而他的士兵又饿又累，军心早已动摇，大将军杨祚率先开城投降。司马懿率军长驱直入，燕军或死或

伤。公孙渊领兵向外突围，死于魏军的兵戈之下，剩下的将领全都投降了。

计谋运用

1. 抓准时机。当敌人进了"门"时，就应立即"关门"，将其包围并堵死其退路，不让其逃生。

2. 避强就弱。如果强敌被困在"门"内，他一定会大闹一通，而我们不一定能将其制服，最终结果可能是"房倒屋塌"，因此，此计一般适用于小股部队或弱小的敌人。

3. 断绝后路。敌人被关在"门"内时，必然会为了一线生机拼死抵抗，此时我方不仅要将力量用于包围敌人，还要守住大门，不可令其攻破。

远交近攻

远交近攻原意是指结交离得远的国家而进攻邻近的国家。军事上指瓦解敌方的合作关系，短期内和远处的敌人结交，逐个击破邻近的敌人。

结交离得远的国家而进攻邻近的国家，将邻近的敌人逐个击破 — 定义

本计出自《战国策·秦策》："王不如远交而近攻。" — 探源

与远处的势力结交，来分化可能到来的威胁 — 解析

远近

面对不同的敌人要采取不同的对策

避实就虚，攻击敌人的弱点 — 运用

做好充足准备，防范敌人进攻

分化瓦解敌人的联盟，为自己争取盟友

交攻

经典战例

郑庄公交远制近成一霸
- 郑国与宋国、卫国存积怨，被两国夹击
- 郑庄公结盟鲁国，对抗宋国、卫国
- 郑庄公不断扩张，成为霸主

冯亭联赵抗秦
- 秦国攻打韩国，占领上党
- 冯亭孤立无援，把领土送给赵国
- 韩赵两国结盟，对抗秦国

烛之武智退秦师
- 烛之武临危受命，劝说秦君
- 秦晋两国先后退兵，郑国脱困

秦灭六国一统天下
- 秦国日渐强大，企图统一六国
- 由近及远，逐个击破，一统天下

计谋故事

　　本计的计名出自《战国策·秦策》："王不妨远交而近攻。得寸，则王之寸；得尺，则王之尺也。今舍此而远攻，不亦谬乎？"

　　战国时期，范雎本是魏国大夫须贾的门客，有人诬陷他暗通敌国，范雎因此差点被鞭打致死。之后，仅剩一口气的范雎得到一名小吏的搭救，捡回了一条命。后来，范雎的好友郑安平找到了范雎，范雎在他的帮助下隐藏身份，并改名为张禄，从此决定等待机会逃到秦国谋生。

　　公元前271年，秦昭王命使者王稽出访魏国。郑安平装扮成差役侍奉王稽，趁机与王稽攀谈。王稽询问郑安平魏国是否有想要追随他的人才，郑安平就把为了躲避追杀而更名为张禄的范雎推荐给他。之后，范雎跟随王稽返回秦国，秦昭王知晓范雎极有才能，于是用上宾之礼待他，跪坐着询问他谋略。

　　范雎纵观天下局势，提出了"远交近攻"的方略。范雎说："齐国与秦国离得十分遥远，并且具有强大的实力。大王发兵攻打齐国，必然会路过韩国、魏国。倘若您派出的兵力过少，不能给齐国致命一击；倘若您派出的兵力过多，就会极大地耗损秦国的实力。我觉得您的目的是尽可能地少出兵，而叫韩国、魏国两国一起攻打齐国吧！然而韩国、魏国当真会同意这种做法吗？并且，秦国哪怕是将齐国打败也难以获得齐国的土地。所以，您不妨远交近攻，先与遥远的齐国联手，之后攻打与秦国临近的国家。秦国灭掉一国便可以获得一国的土地，国力愈发强盛，大王不日便可成就一统天下的伟业了。"

闻言，秦昭王十分高兴，接受了范雎的提议，采用"远交近攻"的战略，为秦吞并六国、一统天下奠定了坚实的基础。

计谋解析

远交近攻的谋略，不仅是军事谋略，还指国家采取的政治战略。为了获得更多的利益，为了保证自己的安全，就需要避免在自己周围产生强大的敌人，因此应设法结交远处的、对自己不会产生威胁的势力来分化和瓦解自己附近的危险。

计谋原典

形禁势格①，利从近取，害以远隔。上火下泽②。

— 注释 —

①形禁势格：禁，禁锢，限制；格，阻碍。全句意为：受到地势的限制和阻碍。

②上火下泽：语出《易经·睽卦》。《睽卦》为兑下离上。上卦为离、为火；下卦为兑、为泽。上火下泽，是水火相克。同时上火下泽也指两相违离、矛盾。此计运用"上火下泽"相互违离的道理，采取"远交近攻"的做法，使敌人相互矛盾、违离，而我则可各个击破。

— 译文 —

凡是受到地理形势的限制和阻碍时，攻取附近的敌方，就有利；攻击远处的敌方，就有害。这是从《睽卦》里"上火下泽"一语中悟出的道理。

郑庄公交远制近成一霸

春秋初期，周天子形同虚设，群雄并起争霸中原。利用动荡的社会局势，郑庄公巧妙地采用"远交近攻"的方略，成为一时霸主。

郑国与临近的宋国、卫国结仇已久，矛盾一触即发，郑国随时面临被宋、卫两国合击的危险。于是，郑国在外交上采取主动，与齐、邾等国缔结了盟约。

公元前719年，宋、卫协同陈、蔡两国一起进攻郑国，鲁国也出兵协助，把郑国东门围住，连续五个昼夜都不撤军。那时候，宋国与其邻国鲁国之间出现了矛盾，郑庄公察觉到了这一点，他决定分化敌人的力量，就派出使者想方设法地与鲁国缔盟，一起对付宋、卫两国。

公元前717年，郑国借口帮助邾国一雪前耻，进攻宋国。同时，郑庄公还积极与鲁国发展友好关系。当时，齐国出面协调宋国与郑国的关系，郑庄公对齐国参与协调表示尊重，短期内与宋国和解。自此之后，齐国对郑国的好感加深了。

公元前714年，郑庄公以宋国不朝拜周天子为由，替周天子下令讨伐宋国。不久，郑、鲁、齐三国大军占领了宋国大片领土。宋国与卫国联合起来，不直接与郑国交战，而是攻进郑国本土。郑庄公把占据的宋国的领土全都赠与齐、鲁两国，火速收兵，大败宋、卫两军。郑国乘胜打败宋国，卫国只得求和。

郑庄公采取"远交近攻"的策略，使本国的势力不断扩张，最后成为当时的霸主。

冯亭联赵抗秦

公元前262年，秦昭王命大将白起讨伐韩国，攻战了野王城（今河南沁阳）。野王城原是连接韩国上党郡（位于今山西东南）和韩国都城新郑（今河南新郑）的重要通道，然而秦军在秦国大将白起的率领下快速占领了野王城，把韩国拦腰截成两段。为了保住国都，韩桓惠王打算把上党郡献与秦国，通过这种方式向秦国求和。

当时就任上党郡太守一职的冯亭觉察到南入国都的道路被阻断，与国都失去了联络；而且，守地孤悬，既无军粮，又无援兵，不能持续作战。他不想就这样把城池让给秦国，就采用了"联赵抗秦"的方略。

在冯亭看来，秦国欲壑难填，而韩国的领土有限，上党郡根本不能满足秦国吞并韩国的欲望，这样做只会令秦国的侵略之心愈发膨胀。所以，与其把上党郡献给秦国，不如把此地赠与赵国，赵国倘若接受，秦国定会发怒，随后攻打赵国。赵国接受了献地，一定会与韩国缔盟，到时候，韩、赵两国就可以联手抗击秦国。

　　冯亭先派使者到赵国去，表明要将上党郡所属的十七个邑全部赠与赵国；然后，冯亭到了赵国后对赵孝成王叩首称臣，被封为华阳君。公元前261年，秦王派出左庶长收取上党郡时，遭遇赵国顽强抵抗。赵将廉颇一是借助险阻的山势，二是凭借韩国坚决抗秦的民心士气，在军需物资充足的情况下，城池守卫坚固，秦军没能攻下上党郡。

　　此例是在形势非常不利的情况下，冯亭选用"远交近攻"的方略，果断地把领土赠与赵国，与赵国缔盟，借此保全自身，而建立了韩、赵统一战线以抗秦。

烛之武智退秦师

公元前630年，晋文公协同秦国征伐郑国。理由是郑国待晋文公无礼，而且郑国在与晋国联盟之后又与晋国的敌对方楚国联盟。这时，晋国的兵马在郑国西边屯驻，秦国的兵马在郑国东边屯驻，威势骇人。

郑文公听到这个消息后，连忙召集朝臣讨论解决方案。郑国的大夫佚之狐说："目前郑国面对危急的局面，不如派老臣烛之武去见秦穆公，以他的辩才绝对可以劝服秦国退兵。"

郑文公遣人立刻去请烛之武。烛之武见了郑文公后却婉拒他的请求："我壮年时尚且比不过别人，如今年纪大了，还能做什么呢。"

郑文公说："我之前没有重用您，如今国家面临危难才来找您，是我的不对。可是倘若郑国亡国了，对您也没有好处啊！"在郑文公的再三请求下，烛之武为大局考虑，不再推托。

那天晚上，烛之武派人用一条长绳把自己拴住，顺着城墙爬下去，径直跑到秦营，坐在营门前失声痛哭。秦穆公命属下把烛之武叫过来，问他："你为什么跑到我们军营里大哭？"

烛之武答道："我在哭郑国，也是在哭秦国啊！"

秦穆公不明就里，问道："你这话是何意？"

烛之武道："秦、晋两国夹攻郑国，郑国将要亡国了！倘若郑国灭亡对秦国有利，您远道而来也不算白跑一趟。然而事实并非如此。如今晋国的地理位置在郑国和秦国中间，郑国被打败后，晋国才是直接获益的一方。与郑国相距很远的秦国却捞不着什么好处。为何您要牺牲本国兵力来帮助邻国强盛呢？邻国的实力得到增强，相比之下，秦国的实力就会受到削弱！"

烛之武一席话说完，秦穆公沉默了良久。

烛之武继续说："倘若您不攻打郑国，郑国便会作为秦国人前往东方的招待者，为贵国经过和往来郑国的使者提供衣食住行，这不会对您有损害。况且，晋文公何曾满足过？当他击败了郑国，并将郑国当作晋国东面的边界后，他岂会放弃扩张西面国土的野心？那时候，他一定会向位于西边的秦国进军，这对您是有百害而无一利的。"

秦穆公认为烛之武的话有理有据，于是决定停止进攻郑国，还打算与郑国联盟。晋文公发现秦穆公退军了，自己独木难支，只得放弃征伐计划而回国。就这样，烛之武替秦国分析了伐郑的不利因素，告诫秦国要对郑国实施"远交"的战略，巧妙地化解了郑国的灾祸。

秦灭六国一统天下

秦国自商鞅变法后，经过六代君主的不懈努力，国力大大增强。到了秦王嬴政继位时，秦国已经成为沃野千里、战车万乘、实力雄厚的大国。所以，秦王就想统一六国，成就霸业。当时，丞相李斯建议说："统一六国，在破坏六国联盟的前提下才能成功。我们首先进攻近处的赵国和韩国，同时暂时稳住楚国和魏国，拉拢燕国和齐国，等灭掉韩、赵之后，再逐一灭掉其他四国。"秦王采纳了他的建议。

秦王先把矛头对准了韩国。在秦军步步紧逼的情况下，韩国被迫献出南阳（今河南南阳）求和。秦国派内史腾率军接收。公元前230年，内史腾从南阳出兵，一举攻克韩国都城，俘获了韩王安。这样，六国中的韩国首先被灭。

公元前229年，秦国利用赵国发生大地震和旱灾的机会，派王翦率军攻取了赵地井陉（位于今河北井陉东），派杨瑞和包围了赵国都城邯郸（今河北邯郸）。赵王派李牧、司马尚率兵阻击秦军，两军相持一年之久。后来，秦国使用反间计，令赵王失去了对李牧的信任，派赵葱接替李牧。李牧深知赵葱不是王翦的对手，因而拒绝交权，结果被杀。王翦趁机进攻，大败赵军，赵葱被杀。秦军乘胜进军，将邯郸紧紧包围。

最后，秦王亲临邯郸，迫使赵王开城投降。

秦灭赵后，王翦调集人马集结在中山，兵临燕境。燕太子看到难以抵挡秦军，就派荆轲去刺杀秦王。结果刺杀失败，荆轲还搭上了性命。秦王以此为借口，派王翦、辛胜率大军伐燕。王翦先是在易水大败燕军，紧接着就攻占了燕国国都，燕王被迫逃往辽东。

秦灭掉韩、赵，打败燕国以后，黄河中下游就只剩下孤立无援的魏国。公元前225年，秦王又派王翦、王贲父子一起率兵进攻魏国。魏国一面高筑城墙，深挖护城河，一面向齐国求救。齐国掌权的大臣接受了秦国的贿赂，阻拦齐王发兵。齐王本就怕惹恼秦王，所以没有出兵相救。秦军加紧攻城。由于魏国都城大梁（位于今河南开封西北）

城坚池深，加上士兵拼死坚守，王贲久攻不下。因之前魏国大挖沟渠，把黄河、淮河连为一体，打通了魏国内外水陆航线，王贲对大梁久攻不下，恰巧天降大雨，黄河水上涨，王贲便引河水淹城。河水灌入大梁，大梁城被水浸泡，城墙多处倒塌，秦军趁机攻入城去。魏王被俘，魏国被灭。

　　在征伐南方的楚国时，因为骄傲轻敌，秦王派李信率二十万兵马攻楚失败。秦王又起用老将王翦，命他率领六十万大军，趁楚军疲惫不堪之时，大举进攻，与楚军大战于涡河。秦军奋勇杀敌，杀得楚军边战边退，退至涡河，遇到涡河的阻拦，楚军队伍大乱，被秦军杀死或落水而死的士兵不计其数。最终秦军击败

了项燕率领的楚军，灭掉楚国，俘虏了楚王负。

公元前221年，王贲代替父亲王翦，远征辽东，俘获了逃亡的燕王，消灭了赵国军队残余的士兵。他又率军南下，避开齐军重兵防守的西部，从防守薄弱的北部发动进攻，直插齐国国都临淄（今山东临淄）。在对齐国施加压力的同时，秦国还对齐国采取政治诱降的策略，许诺只要齐王投降，秦国可以给他五百里封地。迫于秦军的压力，齐王建投降，齐国灭亡。

秦王嬴政利用十年的时间，采用由近及远、先弱后强、各个击破的策略，灭掉六国，建立了中国历史上第一个统一的中央集权的封建国家。

计谋运用

1. 因"敌"制宜。面对不同的敌人要采取不同的策略，避免被敌人牵制，牢牢掌握主动权。

2. 避实就虚。从敌人薄弱的地方展开进攻，不仅容易攻破，还能激励己方士气，从而获得下一次胜利。

3. 当己方被敌人作为"远敌"而结交时，可以暂时接受敌人的示好，缔结联盟。不过，在此期间，己方要做好充分的准备，防御敌人的进攻。

4. 如果己方已经被敌人当作"近敌"，决不可坐以待毙，应该试图分化瓦解敌人的联盟，广交盟友，争取援助。

假道伐虢

假道伐虢指以向对方借道为名，而行消灭对方之实。中国历史上此词意指晋国向虞国借道来进攻虢国；晋国灭亡虢国后，在凯旋的路上顺便消灭了虞国。此计在军事上是指跨过中间的国家来进攻较远的国家，之后再消灭中间的国家。

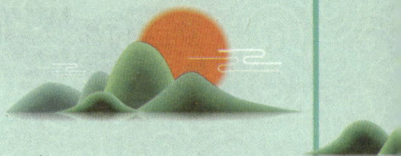

跨过中间的国家来进攻较远的国家，之后再消灭中间的国家 ── 定义

本计出自《左传·僖公》"假道伐虢"的典故 ── 探源

以借道为名，行灭敌之实。先借用甲为跳板去消灭乙，回过头来再消灭甲 ── 解析

假伐

利用小国侥幸图存的心理，渗透己方势力 ┐
                                    ├─ 运用
从小国借道，消灭其邻国后，再吞并小国 ┘

道虒

经典战例

楚文王借道一举两得
- 息国与蔡国交恶，楚国攻打蔡国
- 蔡侯逃往息国，息国拒绝援助
- 息侯背信弃义，息国被楚所灭

周瑜取荆州
- 周瑜佯攻西川，企图夺取荆州
- 诸葛亮将计就计，答应周瑜
- 周瑜来到荆州，被赵云杀退

苻坚先救后伐灭前燕
- 东晋攻打前燕，前燕向前秦求援
- 前秦出兵救燕，晋军被迫退兵
- 前燕不守承诺，前秦攻灭前燕

林则徐计赚贪官
- 湖北遭遇旱灾，官员无一赈灾
- 林则徐开坛祈雨，设计折磨百官
- 百官百口莫辨，纷纷捐款赈灾

计谋故事

本计出自《左传·僖公》。

公元前658年，晋国打算吞并周边虞、虢这两个小国。晋国大夫荀息对晋献公提议："请您把出自垂棘的美玉和出自屈地的宝马赠与虞国的国君，向虞国借道攻伐虢国。"晋献公说："美玉和宝马都属于我呀，岂能送给他国呢？"荀息回答："倘若虞国答应把路借给您，您将东西安置在虞国，就和放在宫外的库房里没什么两样了。这些宝物只是暂时交由虞国国君保存而已，等您将虞国消灭，宝物当然还是属于您的。"晋献公认为荀息所言有理，便接受了他的提议。

收到美玉和宝马后，虞国国君心情大好，当即同意把路借给晋国，并请求允许虞国先出兵攻伐虢国。虞国朝臣宫之奇强烈谏言也没能令虞国国君收回成命。于是，晋国顺利地从虞国借路，占领了虢国的国都下阳（位于今山西平陆北部），得以凯旋。

公元前655年，晋国又向虞国借道进攻虢国，宫之奇劝说虞国国君："不可以借道给晋国。虢国相当于

虞国的屏障，倘若虢国被攻破，必定会招致虞国的灭
亡。虢国与虞国的关系如同嘴唇与牙齿互相依存，倘
若没有了嘴唇，牙齿便会寒冷。"虞国国君不听宫之
奇的劝谏，认为晋国和虞国属于同宗，晋国不会侵犯
虞国。宫之奇预言虞国必定会亡国，所以携家眷一起
到别国避难去了。

之后，晋国借道消灭了虢国，顺便在归国的途中
把虞国灭了，虞国国君沦为阶下囚，美玉和宝马又回
到了晋献公的手中。"假道伐虢"的典故流传至今。

计谋解析

　　借道是手段，是一种友善的姿态，也是用来迷惑被借道国家的理由。但是，当成功借道之后，事情一般就不会那么简单了。一个国家被别国军队进入，它的土地和人民必然会受到别国的威胁。即使他国暂时没有侵占的意图，可被借道的国家在客观上已成为任人宰割的羔羊。

计谋原典

　　两大之间，敌胁以从，我假以势①**。《困》，有言不信**②**。**

注释

①假：借。

②《困》，有言不信：语出《易经·困卦》。困，卦名。本卦为坎下兑上。上卦为兑、为泽、为阴；下卦为坎、为水、为阳。卦象表明，本该容纳于泽中的水，现在离开泽而向下渗透，以致泽无水而受困；同时，水离开泽流散无归也是困，所以卦名为"困"。困为困乏的意思。《困卦》的卦辞说："《困》，有言不信。"大意是说：处在困乏境地，难道还能不相信强者的话吗？本计运用此卦理，是说，两个大国中间的小国，处在受人胁迫的境地。这时，我若说要去援救他，他在困顿中能不相信吗？

─ 译文 ─

处在敌我两个大国中间的小国，当敌方强迫他屈服的时候，我方要立刻出兵，显示威力，给予援救，把力量渗透进去，否则是不会取得小国信任的。这是从《困卦》卦辞"《困》，有言不信"一语中悟出的道理。

经典战例

楚文王借道一举两得

春秋时期，周天子的权势日益衰微，各诸侯国开始相互兼并，其中楚国是实力最强大的诸侯国之一。楚文王在位期间，楚国的势力范围扩展到汉江以东地区。但是，在汉江以东的各个小国中，蔡国凭借与齐国的姻亲关系，不愿臣服于楚国。这让楚文王非常愤怒，决心灭掉蔡国。

蔡国有个邻国叫息国，两国关系很好，经常相互帮助，而且蔡侯和息侯还是连襟。可是，息侯的夫人有一次路过蔡国却没有得到蔡侯的款待，气得大骂蔡侯，息侯也因此对蔡侯颇有怨言。

息侯和蔡侯闹矛盾的事不久便传到了楚国，楚文王十分高兴，立即派人去拉拢息侯，准备趁机消灭蔡国。息侯当然愿意报复蔡侯，就同意帮助楚文王，并建议楚文王假装攻打息国，息侯自己则请求蔡侯援助，蔡侯必定不会坐视不管，等到蔡国军队到来后，楚、息合兵，就能战胜蔡国了。楚文王赞同这个计策，于是立即派兵向息国进发。

当楚国的大军威势逼人地前往息国的时候，息侯连忙施行了预先的计划——命人向蔡侯请求支援。蔡侯发现息国情况危急，果真出兵南行两百里，火速到达息城，打算与楚军大战一场。不料蔡军还没有扎稳营寨，楚国的伏兵便相继出动，攻击蔡军的箭矢犹如密集的雨点一样落下。蔡侯抵御不成，连忙带着兵马逃往息国营寨，息军却闭锁寨门不接受他。蔡侯被逼无奈，狼狈地逃向息国的都城。

都城内的息侯听说蔡军被楚军打得落花流水，心里很是得意，下令关紧城门，拒蔡国援军于门外。蔡侯上气不接下气地逃到息国城下，竭力拍打城门，但是不管他如何哀求，守城的士兵也不放行。

此时，后面楚军的追兵赶到，活捉了蔡侯，掳到楚国。蔡侯这才知道息侯出卖了自己。他长叹一声说：

"蔡、息两国如同嘴唇和牙齿一般相互依存，蔡国遭遇灭国，难道息国就能幸免吗？"

沦为阶下囚的蔡侯思及息侯背信弃义，难消心头之恨。为何不以其人之道，还治其人之身，利用楚王帮自己报仇呢？想到这儿，他就向楚文王描述息侯的夫人息妫的美貌天下无双。好色的楚文王听了这话，决定去息国都城亲眼看看息妫的美貌，便率兵以巡视为名，浩浩荡荡地前往息国都城。

息侯得知消息后，亲自出城迎接楚文王，并设下

庆功宴款待楚文王。觥筹交错之际，楚文王说："我帮你消灭了蔡国，功劳这么大，为何不让你的夫人给我敬酒呢？"息侯不敢得罪楚文王，便让夫人息妫来到宴席上敬酒。息妫的美貌果然天下无双，楚文王暗自决定要将她占为己有。第二天，楚文王设宴答谢息侯，息侯毫无防备，在宴会上被楚文王绑了，息国就这样灭亡了。

息侯本想以"借刀杀人"之计消灭蔡国，等楚文王顺利地消灭蔡国之后，息侯还暗自得意，宴请自己的"好帮手"。可没想到楚文王巡视是假，趁机吞并息国是真，息国最终被楚文王用"假道灭虢"之计消灭了。

周瑜取荆州

三国时期，东吴大臣鲁肃第三次出使荆州（今湖北荆州），打算借助外交手段通过谈判要回荆州，没有成功，就回去禀告周瑜说："虽然刘备之前允诺取了西川就归还荆州，但是现在他又不忍心夺取自己的同宗刘璋的基业。面对这种两难的选择，他请求我们再宽限他些时日。"周瑜听完火冒三丈，瞪圆眼睛说："可恶的刘备！他这是诚心使诈！"鲁肃见周瑜发怒，吓得在一旁不敢吱声。

　　静下心后，周瑜心生一计，又喊过鲁肃对他说："眼下你去荆州一趟，告知刘备，他不忍心取西川，我们帮他去取，等我们取得西川以后，他便用荆州来交换即可。"鲁肃疑惑不解："西川远在千里，易守难攻，要想攻取谈何容易？"周瑜无奈笑道："你实在是老实人！你觉得我当真是去取西川吗？我只是借取西川的名头，顺道去取荆州。"鲁肃说："若是刘备早有准备，又该如何？"周瑜回答："就看你此行能否骗过刘备。一旦他应允我帮他夺取西川，我便能把荆州夺过来。"鲁肃不明所以地问："将军打算怎么夺取？"周瑜跟他解释："当我领军路过荆州时，刘备一定会出城为我军接风，我就借机出奇兵夺取荆州。"听罢，鲁肃茅塞顿开，立刻前往荆州见刘备。

　　鲁肃婉言与刘备周旋说："我把皇叔的难处禀告我主，我主孙权对此十分理解。如今我们两方已结秦晋之好，皇叔有困难，我们岂能不予理会？世人皆知皇叔仁德，既然您对取同宗基业一事心怀不忍，我主愿意起兵替皇叔去取。攻破西川后，将其作为嫁资赠予皇叔。如此皇叔也能把荆州当成谢礼归还我主。这样两方都不伤和气。"一旁的孔明听罢，全然猜透周瑜的谋算，就应允说："难为吴侯一番好意！"刘备也附和道："多亏你从中调和，实在感谢。"鲁肃略有些得意地说："我这全是替皇叔考虑呀，等吴军抵达后，皇叔多准备些钱财和粮草等随军物品就好。"孔明立即答应："大军抵达后，我们肯定会为大军接风洗尘，准备足够的钱粮以供大军使用。吴侯替我们出兵，怎能亏待？"见孔明爽快地答应了，鲁肃立刻回江东禀告周瑜。

听了鲁肃的报告，周瑜颇有些得意："智者千虑，必有一失。孔明焉能不中此计！"便一边派鲁肃将此事报告给孙权，一边带五万大军朝荆州进发。

周瑜率军到达夏口，看到糜竺正迎候在岸边。就问他："刘皇叔在何处？"糜竺说："我主与军师现正在荆州城外准备迎接您。"周瑜嘱咐他："我们是替你们兴兵远征的，你快去禀告刘备，犒赏将士的仪式应该盛大一些。"糜竺答应后先行离开了。

不久，周瑜带着大军到达荆州地界，江面上的战船密集地停泊着。上岸后，周瑜先命士兵到处打探军情。很快，前去荆州的哨兵回来报信："仅有两面白旗插在荆州城墙上，城头上一个人影也没有。"周瑜听后觉得十分怪异，于是带领三千军马前往荆州城。

周瑜一来到城下，城上就传来问话声："城下是什么人？"吴军将士一起喊："东吴都督周瑜亲率大军来此。"话音刚刚落地，城墙上忽然刀枪齐竖，张弓待发。墙头上，大将军赵云指着周瑜道："周都督到这里到底是为了什么？"周瑜答道："为了给你们主公夺取西川，你怎么会不知晓？"赵云笑道："我们军师早把你'假道伐虢'的计谋看穿了，你们的犒军之物，我在这儿早就准备好了！"说完一箭将周瑜的盔缨射中。

周瑜发现计策落空，刚要返回船上，不料探子前来禀报说，从四面杀来四路人马，退无可退了。周瑜惊怒之余大喊一声，因旧伤复发而坠马。众人七手八脚地把周瑜救回船上。周瑜长叹一声："既生瑜，何生亮！"之后气绝身亡。

周瑜本想用"假道伐虢"之计夺回荆州，没想到诸葛亮技高一筹，最终周瑜不仅没有夺回荆州，自己还丢了性命。

苻坚先救后伐灭前燕

公元369年，东晋大将桓温发兵征伐前燕。前燕皇帝慕容暐派使者前往前秦请求支援，并承诺倘若前秦救前燕于危难，前燕便会将虎牢关以西的领土赠予前秦。

前秦皇帝苻坚召集朝臣讨论这件事。大部分官员都不赞同出兵救燕，原因是之前桓温攻打前秦的时候，前燕对前秦的求救置之不理。然而，朝臣王猛提出了不同的意见："我认为，我们应该援救前燕，倘若做壁上观，晋军一定会吞并前燕，之后晋国的实力会迅速增强，这对我们很不利。倘若我们联合前燕对付晋军，桓温一定无法获胜，战后前燕的实力也会削弱不少，到时候我们可以趁机攻占前燕。"苻坚认为王猛所言在理，便派二万士兵前去解救前燕。

果然，晋军在燕、秦的顽强抵抗下，不得已退出前燕。战事结束后，秦军要慕容暐兑现赠予领土的承诺，然而慕容暐却抵赖不给，苻坚便以此为借口，顺理成章地对前燕发动战争，将前燕吞并。

前秦援救前燕本来就是醉翁之意不在酒，苻坚的真实目的本就是吞并前燕。即便前燕皇帝遵守承诺奉送土地，前秦也会寻找其他借口将前燕灭掉，而前燕皇帝抵赖的行为，恰好为符坚实施"假道伐虢"的计谋提供了理由。

林则徐计赚贪官

林则徐出任湖广总督的时候，湖北遭遇了百年不遇的大旱。大批庄稼枯死，米价迅速上涨，流离失所的百姓不计其数。林则徐呼吁官员们为百姓捐赠粮食和钱财，谁知没有一个人响应。压下心中的怒火后，林则徐命人张贴告示："为了解除百姓的饥饿之苦，本府决定在三天后开坛祈雨。上到督抚，下至县官，都应斋戒三天。不能食荤，不能饮酒，诚心敬意昭示上天。"

过了三天，林则徐带领众官员登坛焚香，施礼祈福。礼成之后，林则徐让诸位官员坐在芦席上面，随后对他们讲："为官者素来养尊处优，今日我们大家都不打扇、张伞，坐在日头下面感受一下农民耕种的辛苦，如何？"

众官不敢有异议，头顶烈日，坐了三炷香的时间之后，一个个汗如雨下，连连叫苦。林则徐又说："烈日炎炎，怎能没有茶解暑呢？"便派人端茶倒水。他和在场的官员每人饮了一碗，很快就不住地呕吐。

　　这时，林则徐严肃地说道："任何人都不能遮掩自己的呕吐物。待侍官逐一察验，看看这回斋戒敬天我们是否做到了虔诚。"事实证明，只有林则徐的呕吐

物是青菜米饭，别人的呕吐物都是大鱼大肉。林则徐义正词严地说："斋戒祈雨，何其重要，你们居然不放在心上。久旱不雨便是因为你们的作为招致上天的愤怒。如今各位还有什么要辩解的吗？"众官你看看我，我看看你，面露惶恐愧疚之色，都答应捐款赈灾。

如此一来，林则徐用募集的巨款不仅救济了灾民，还平抑了粮价。

林则徐表面上是祈天求雨，实际上是为了迫使官员捐款赈灾，正是运用了"假道伐虢"的计策。

计谋运用

1. 利用小国的侥幸心理，渗透己方势力。当己方需要借道的小国受到敌人的威胁，己方可以利用小国在危机中侥幸图存的心理，以不侵犯它的利益为保证，把己方势力渗透进去，最终达到控制小国的目的。

2. 以借道为名，行霸占之实。这其实是军事上的跳板战略，受到威胁的小国出于实力和利益的考虑，往往会愿意"借道"给大国，而大国在借小国之道完成目标后，便可以顺便将小国霸占。而此计的关键就在于"借道"的理由要正当而且充分，能够掩盖己方的真正企图。

偷梁换柱

偷梁换柱比喻暗中玩弄手段、进行调包。原指偷换屋子的梁柱，喻指用欺瞒的方式暗中改变事物的性质或内容。在军事上指的是暗中将敌人的主力部队替换，使其实力削弱，进而创造有利于己方的局势。

思维导图

暗中将敌人的主力部队替换，削弱其实力，为己方创造优势 ── 定义

计名出自《路史·发挥》："倒拽九牛，抚梁易柱。" ── 探源

趁盟军不防备时，抽调并兼并其势力；或更换敌方势力中的关键部分，为己方争取优势 ── 解析

偷换

面对敌人，用计将敌方的主力部队调走，己方以强击弱 ── 运用

与盟军联合作战时，抽调盟军的主力部队，兼并其势力

梁柱

经典战例

郑庄公计赚三国之师

- 郑庄公联合齐国、鲁国攻打宋国
- 宋国联合卫国、蔡国偷袭郑国
- 宋、卫、蔡三国军队皆被郑国所灭

拓跋珪参合陂败后燕

- 后燕攻打北魏，北魏求助于后秦
- 北魏主动示弱，燕军内乱撤退
- 魏军乘胜追击，剿灭燕军

李光弼大破史思明

- 史思明叛乱，李光弼前去平叛
- 史思明进攻洛阳，李光弼移军河阳
- 叛军面对空城进退两难，连吃败仗

计谋故事

"偷梁换柱"一词出自宋代罗泌的《路史·发挥》，书中说桀、纣能"倒拽九牛，抚梁易柱"，意思是桀、纣力大无穷，可以拽倒九牛，换梁易柱。相传文武百官跟着商王帝乙游览御花园，欣赏盛开的牡丹花。帝乙来到飞云阁，看到飞云阁里有一根梁塌了，因此很不愉快。帝乙的儿子帝辛（即后来的商纣王）也在随行的队伍中，他力大无穷，看到父亲不高兴，竟然凭借自己的力量"托梁换柱"，即托起房梁换掉断了的柱子，修好了飞云阁。

后来，"托梁换柱"一词慢慢演变为"偷梁换柱"，用来比喻暗中玩弄手法，以假代真、以劣代优。三国时期，曹魏大臣刘放就曾使用这一计策骗过了诸葛亮。

公元233年，诸葛亮再次开展北伐计划。为了战胜魏国，这一次他与吴国君主孙权联手，准备两国一同攻打魏国。

一次，孙权派信使给诸葛亮送信，商议两国攻

打魏国的策略。没想到，这封信却被魏国侦察兵截了去。书信很快就送到了魏明帝曹睿手中，曹睿从信中得知蜀国和吴国要联手进攻魏国，急忙召集大臣商讨御敌策略。大臣刘放认为，不必兴师动众，只需将孙权的书信调包即可将吴蜀联盟瓦解。随后刘放对曹睿说了自己的计划，曹睿十分高兴，决定就按刘放的计策办。

于是，刘放模仿孙权的笔迹，将原本写给诸葛亮的信改写成写给魏国将军满宠的信，信中的内容也改为打算向曹魏投降。刘放写完信，把信照原样封好，又派人假扮吴国信使把信送给了诸葛亮。

诸葛亮发现吴国信使送来的信竟然是写给魏国将领满宠的，而且信中竟然表示孙权要归顺魏国。看过信后，诸葛亮对孙权的背叛怒不可遏，随即命人把信誊写了一份然后交给孙权。孙权见到书信，大吃一惊，他清楚这是被人调包过的书信，连忙派人对诸葛亮进行解释。怎奈何，即便诸葛亮相信了孙权的解释，但蜀国和吴国之间产生嫌隙已不可避免。

就这样，刘放施"偷梁换柱"之计，不费一兵一卒，仅将一封书信调包就使诸葛亮与孙权之间产生了猜疑，吴蜀两国的伐魏计划也因此搁置。

计谋解析

偷梁换柱是趁盟军不防备时，借机抽调盟军的部队，最终兼并盟军的计谋。比如在己方与盟军联合作战时，反复变换阵线，抽调盟军兵力，等待可乘之机，最终将盟军势力全部控制。此计虽然在现代人看来很卑鄙，但是在封建社会却是无可厚非的。此计与"偷天换日""偷龙换凤""调包计"等的意思相同，在军事上同样可以用于敌军，通过暗中更换、调动敌方势力中的关键部分，从而改变敌我双方的优劣情势，为己方争取优势，达到击败敌人的目的。

计谋原典

频更其阵①，抽其劲旅②，待其自败，而后乘之③，曳其轮也④。

— 注释 —

①频：频繁，不断地。其：指示代词，这里指友军。阵：古代作战时队伍的组合方式。

②劲旅：精锐部队。

③乘之：乘，控制，驾驭。乘之，这里指乘机加以控制。

④曳其轮：曳，拖住。这句话出自《易经·既济卦》："曳其轮，义无咎也。"意思是说：只要拖住了车轮，便能控制车的运行，这是不会有差错的。

— 译文 —

采取措施频繁变更友军的阵形，暗暗从阵中的要害处抽换其主力部队，等到它自趋失败，然后再乘机加以控制。这就像《易经·既济卦》所说的：要控制住车的运行，必须拖住车的轮子。

经典战例

郑庄公计赚三国之师

公元前715年，郑庄公联合鲁国和齐国，假托周天子之命，率领三国军队向宋国进发。得知郑、鲁、齐三国来攻，宋殇公惊惶失措，连忙向司马孔父嘉征求对策。孔父嘉说："此次兵祸完全是郑国挑起的，周天子没有下令伐宋，鲁国和齐国也是受郑国的唆使才出兵的。我们不可能战胜三国军队，但是我有一个办法，可以让郑国自行退兵。"宋殇公说："郑国正是为了利益才攻打宋国的，没有达到目的，怎么会不战而退呢？"孔父嘉说："郑国既然大规模出兵，那么国内必定空虚。如果我们用重金收买卫国，请求卫国联络蔡国一起趁机偷袭郑国都城荥阳（今河南荥阳），那么郑国必然会退兵回援。而郑国一旦退兵，鲁国和齐国没了领头羊，自然也会跟着退兵的。"

宋殇公采纳了孔父嘉的计策，拿出大量财宝，让孔父嘉去卫国劝说卫宣公联蔡袭郑。卫宣公欣然接受了宋国的财宝，应允了孔父嘉的请求，而后立刻派出使者联络蔡国，同时让右宰丑领兵出发，与孔父嘉率领的宋国军队会合，先行进攻荥阳。卫、宋联军进展顺利，在荥阳城外获得了许多人、畜、辎重。右宰丑准备趁势攻城，孔父嘉却提出异议："攻打荥阳不是目的，真正的目的是迫使郑国军队回援。荥阳城防工事完备，很难迅速攻克，要是郑国援军到来，与城内守军两面夹击，我们就危险了。我们最好立即撤退，从戴国借道回师。"于是，卫、宋联军又向戴国行进。没想到，戴国国君觉得联军来者不善，所以关闭城门严防死守，阻止卫、宋联军借道。卫、宋联军多次攻城却毫无进展，被阻滞在戴国。

郑国军队在宋国境内接连取胜，突然传来卫、宋联军攻打荥阳的消息，郑庄公只好撤兵回援。撤退途中，郑庄公又得到消息说卫、宋联军放弃攻打荥阳，转而攻打戴国了，于是郑庄公决定率兵前往戴国。

就在卫、宋联军在戴国受阻的时候，蔡国军队前来相助，同时郑国将领公子吕也率领军队赶来援救戴国。戴国不疑有他，立即打开城门接应郑军入城。此时，孔父嘉向右宰丑建议道："郑国的援军到了，郑、

戴两国肯定会发动进攻。我们不如登上壁垒观察城内
情况，要是敌军出城，我们也能提前准备迎战。"于是
孔父嘉和右宰丑一起来到壁垒之上，认真观察城内情
况。奇怪的是，郑国和戴国并没有出城进攻，而城内
戴国的旗帜全都换成了郑国的旗帜。正在疑惑之际，
郑国的士兵站在城楼上大声喊道："戴城已经属于我们
郑国了，这都要感谢两位将军鼎力相助。"

原来，郑国军队表面上是在公子吕的带领下支援
戴国，实际上是奉郑庄公之命"鸠占鹊巢"，而郑庄
公则坐在戎车中随着大军入城，进城后便收编了戴国
军队，捉拿了戴国国君。郑庄公巧施"偷梁换柱"之
计，不费吹灰之力就占领了戴城。

孔父嘉见此情形，盛怒之下决定与郑庄公决战。恰好郑庄公命人送来战书，孔父嘉毫不犹豫，立刻答应明日就与郑国决一死战。孔父嘉随后与卫、蔡两军将领联合制订作战计划，让三国联军退后二十里安营扎寨；孔父嘉率领宋军居中，蔡军居左，卫军居右，三路人马各自相距三里。部署完毕后，三国联军依计行动。没想到，三国联军扎下营寨后不久，郑军就来偷袭了。营寨附近似乎都是郑军，一会儿左侧遇袭，一会儿后方告急，三路人马来回支援，疲惫不堪，逐渐迷失方向。突然，宋军与一支军队遭遇，慌乱间不辨敌友，直接与其厮杀，结果发现对方居然是卫军。待辨明是友军，两军立即合兵一处，前往中营，却发现郑国将领高渠弥已经占领了那里。此时，郑军又从左右两方杀过来，联军被三面夹攻，很快落败。右宰丑死于乱军之中，孔父嘉落荒而逃。郑军把三国联军剩余的兵马、辎重全部收入囊中。就这样，郑庄公不仅占领了戴城，还战胜了宋、卫、蔡三国联军。

拓跋珪参合陂败后燕

西晋末年，拓跋珪在后燕的帮助下使北魏得以复兴并强大，但后燕却以对北魏有恩为由向北魏索取贡物，遭到了拓跋珪的严词拒绝。因此，燕、魏的关系逐渐冷淡。后燕攻打西燕的时候，拓跋珪还派了五万兵士去救援西燕，这直接导致后燕与北魏的矛盾一触即发。

公元395年六月，后燕皇帝慕容垂命太子慕容宝率六万大军讨伐魏国。得知燕军即将到达，魏国长史张衮就给拓跋珪出谋划策："燕国自认为实力强盛，现在士气正盛，一定对我方有轻视之心。我们应当在骄兵面前示弱，然后再想办法克敌制胜。"拓跋珪接受了这个建议，只派了少量的游骑守住通向燕都中山的诸要道，抓捕燕军的信使，然后统率剩下的所有兵马向西渡过黄河避开敌人的锋芒。燕军没有遭到一丝一毫的阻截就径直攻入魏国的腹地五原（位于今内蒙古包头市西北）一带，随后西临黄河，赶制船只，打算渡河追击穷寇。

燕军向西进发的时候，拓跋珪一边派右司马许谦去后秦请求支援，一边在河套地区整军备战。同年九月，燕军准备渡河进攻魏军，拓跋珪率魏军回到黄河西岸准备迎战。这时候，燕军准备完毕的几十艘渡船被一场狂风吹跑，燕军渡河作战的计划因此泡汤。

　　早在慕容宝率兵出征之际，他的父亲后燕皇帝慕容垂就已经生了重病。出征之后，慕容宝已经几个月没有收到父亲的信，因此对父亲非常担心。慕容宝不知道的是，拓跋珪早就命魏军抓获了燕军的全部信使，为了击垮燕军的士气，他还命燕军信使对河对岸的慕容宝说："你的父亲已经亡故，你怎么还不早点回去？"

　　听到这话，慕容宝将信将疑，陷入两难，燕军将士也惴惴不安。趁此机会，拓跋珪着手反攻。他让大将拓跋虔统率骑兵进驻河东，大将拓跋仪统率十万骑兵进驻河北，大将拓跋遵统率骑兵七万阻截燕军南路，魏军做好了截击与夹攻的准备。与此同时，后秦

也派兵前来支援魏军。慕容宝本想与魏军拼死一战，可他的弟弟慕容麟以为父亲已死，想要借机谋反，事情败露后被慕容宝所杀，燕军人心不稳，士气更加低落。无奈之下，慕容宝下令烧毁船只决定连夜撤军。

那时正是十月下旬，河水还未冻结，而魏军没有战船，慕容宝断定魏军无法渡河，因此撤军时就没有派出侦察部队。然而到了十一月初，温度急剧下降，黄河河面上居然结了一层厚厚的冰。拓跋珪见了异常欣喜，连忙挑选两万精兵渡河追击。燕军退到参合陂（位于今山西省大同市东南）前时，自大的慕容宝竟然不顾部下的劝阻，决定在参合陂东边扎营休息。而拓跋珪统率的魏军则夜以继日地紧追不舍，在十一月九日的晚上到达参合陂西边，准备突袭燕军营寨，而燕军对此浑然不觉。

十一月十日清早，魏军登山，下临燕营。燕军正打算继续向东撤退，忽见魏军临近，燕军顿时变得慌乱不堪。拓跋珪趁机发动攻击，数以万计的燕军被杀、被踏或溺水而死。在此之前，已经东撤的士兵也被拓跋遵截击。

拓跋珪正是巧妙地运用了"偷梁换柱"之计，在自大的慕容宝面前主动示弱，真正的主力则在暗中蓄势待发，最终将燕军彻底消灭，使魏军大胜而归。

李光弼大破史思明

唐朝玄宗末年，安禄山与史思明联合叛乱，为了得到统治权，他们发动了多次战争。

公元758年末，史思明攻破了魏州城（今河北大名），并于第二年初在城中设坛祭天，自立为"大圣燕王"。同年九月，史思明集结重兵攻陷了汴州（今河南开封），又准备向郑州（今河南郑州）逼近。

当时的平叛主帅李光弼正在黄河沿岸巡视，得知史思明南下的消息，带领大军北上抵达洛阳（今河南洛阳），又召集手下将领共同商讨御敌之策。他问洛阳郡守韦陟："史思明大军来犯，气势汹汹，很快就会抵达洛阳，而洛阳有三座城，驻扎在这里会分散兵力，因此不适合坚守，你有什么计策？"韦陟认为应该退兵到陕州（位于今湖北宜昌西北），据守在易守难攻的潼关（位于今陕西潼关县东北），凭借天险挫败敌军的锐气。李光弼却说："这种战法看起来保险，但难以取胜。现在两军交战，士气最为重要，如果我军主动撤退，势必削弱我方士气，敌人的气焰会更加嚣张。"
经过一番讨论，李光弼最终做出了决定：移军河阳（位于今河南孟州西），那里地形更为有利，进可以攻，退可以守。随后，李光弼命令洛阳城中的军民全部撤离，给史思明留下了一座空城。

史思明率大军抵达洛阳时，发现城中空无一人，他认为城中不适合驻守，但如果继续西进，又会被唐军截断后路。因此，史思明不得不退守于白马寺（位于今河南洛阳市东北郊），并时刻观察着唐军的动向。

十月，史思明尝试进攻河阳失败。意识到正面交锋讨不到便宜后，史思明又想出一条毒计。他派出几

百条战船，由点燃的火船开路，火船烧毁河阳桥后，战船紧随其后对唐军发动进攻。但没想到李光弼早有防备，他下令在河中布下长杆铁叉，阻碍火船前进，火船因自焚全部烧毁。而叛军的战船也被唐军用石块砸沉，无数叛军落水溺亡或被弓箭射死。

　　再次战败的史思明暴跳如雷，他决定孤注一掷，准备发动全部兵力一举攻下河阳。史思明命手下周挚进攻北城，自己则亲率精兵攻打南城。面对已经气急败坏的敌人，李光弼从容不迫地指挥大军迎战，将攻打北城的叛军打得落花流水，还活捉并处死了数名叛

军将领。正猛攻南城的史思明意识到己方已经毫无胜算，只能下令撤兵。

击退了史思明后，李光弼仍在想方设法消灭叛军。可是，战功赫赫的李光弼却遭到奸臣鱼朝恩的陷害，鱼朝恩蛊惑唐肃宗逼迫李光弼在不利条件下攻打洛阳，结果唐军不仅打了败仗，还失去了优势局面，李光弼则忧郁成疾，郁郁而终。

在河阳之战中，为了引诱敌人进攻，削减敌人兵力，李光弼暂避锋芒，使用"偷梁换柱"之计，更换阵地，使原本锐不可当的叛军陷入进退两难的处境，极大地削弱了敌人的战斗力。可原本已经锁定的胜局，却被奸臣干扰，最终断送了战果，实在令人惋惜。

计谋运用

1. 找准目标，以强击弱。如同失去梁柱的房子会倒塌一样，军队失去主力部队就会变得不堪一击。因此，若能用计将敌方的主力部队调走，己方的主力部队便可以强击弱，稳操胜券。

2. 替换并兼并盟军主力。在与其他部队联合对敌作战时，己方可以通过多次变换阵形，从而抽调盟军的主力部队，再以己方的力量代替它，不仅可以起到兼并盟军的作用，还能为己方创造胜机。

指桑骂槐

指桑骂槐是指着桑树骂槐树的意思。比喻表面上骂这个，实际上是骂那个。军事上，是管理属下的一种方式，指借助对个别人进行惩处，杀一儆百，以警示全军。

思维导图

指着桑树骂槐树。比喻表面上骂这个，实际上是骂那个 —○ **定义**

出自《红楼梦》第十六回 —○ **探源**

通过威慑或惩处某个部下，达到树立威信的目的。对敌人也适用 —○ **解析**

指骂

杀鸡儆猴，警告或威慑不服管教的士兵，严肃军纪

○ **运用**

敲山震虎，向敌人展示己方的力量及态度，震慑敌人

桑槐

经典战例

管仲兵不血刃灭郭国
- 齐国欲称霸诸侯，管仲献计
- 齐军前往纪国，暗示郭国
- 郭国上下大乱，主动投降

田穰苴军前斩庄贾
- 田穰苴带兵出征，庄贾任监军
- 庄贾只顾享乐，耽误出征时间
- 田穰苴斩杀庄贾，全军无不敬畏

晏婴妙语讽谏齐景公
- 齐景公痛失爱马，欲杀养马人
- 晏婴指责养马人，暗讽齐景公
- 齐景公听出反话，释放养马人

郭威杀爱将以慑军
- 郭威带兵平叛，严肃军威
- 敌人开设酒馆，扰乱后汉军心
- 郭威斩杀爱将，重新整顿军纪

计谋故事

　　本计出自清曹雪芹《红楼梦》第十六回："偏一点儿，他们就指桑骂槐地抱怨。"意思是指着桑树数落槐树，比喻间接批评、指责别人。在军事上，指桑骂槐是一种类似"惩一戒百""杀鸡儆猴"的谋略。军事家经常利用这一计策严明军纪、令行禁止，使全军将士听从号令，提高部队的战斗力。

　　相传在春秋时期，吴王阖闾看了孙武的《孙子兵法》后，对孙武的军事理论十分佩服，但又对他带兵打仗的能力有些怀疑。为了验证孙武是否真的是个出色的军事家，他将孙武召来，问他说："如果我让你将我后宫的一百八十个美女训练成士兵，你能做到吗？"孙武不假思索地回答："当然可以，只要经过训练，谁都可以成为士兵。"

　　于是，吴王命人将后宫的一百八十名美女带到校军场上让孙武训练。这些美女并没把所谓的训练当回事，还以为是吴王要做什么游戏。孙武一声令下，让一百八十名美女站成两队，还选出其中吴王最爱的两名爱姬担任队长。随后，孙武一本正经地对这些美女讲述各种操练方法，然后又命人搬来刑具，声色俱厉地说："练兵可不是做游戏！倘若有谁不服从军令，那我就按军法处置！"

讲解完毕，接下来就是演练环节。孙武命人擂起战鼓，他则对着这群美女发号施令："向右转！"美女们依然将这一切当作一场游戏，看着孙武哄然大笑。孙武没有生气，反而又认真地讲述了操练要领。第二次演练的鼓声响起，孙武又一次发令，这次美女们依旧不为所动，而且更加放肆地嘲笑孙武。孙武面色铁青地说道："我已经说过了，不服从军令者，军法处置，两名队长不好好带队，应先受罚。来人！把她们二人推出去斩了！"吴王一听孙武是认真的，急忙命人上前劝阻孙武说："大王对先生的操练方法十分佩服，这次的演练就到此为止吧。"

孙武头也不回地答道："将在外，君令有所不受。"于是下令将吴王的两名爱姬斩首示众，其他美女吓得魂飞魄散。孙武下令演练继续进行，这次没人不敢不服从孙武的命令，演练也顺利完成了。自此之后，吴王再也不质疑孙武带兵打仗的能力了。

　　孙武面对不服从军令的"女兵"，运用了"指桑骂槐"之计，针对个别反面教材从严处理，最终达到了震慑全军、严明军纪的作用。

计谋解析

　　对待部下必须恩威并重，刚柔相济。指桑骂槐就是一种立威的治兵之法，是在自己的部下对自己不是非常信服的情况下使用的一种手段，目的是增强自己的威信。首先要有"桑"，也就是让自己可以借题发挥的对象。然后是警戒和威慑的技术，要找到"桑"和"槐"之间的共同点，这样才能起到应有的效果。

计谋原典

　　大凌小者①，警以诱之②。刚中而应，行险而顺③。

—— **注释** ——

①大凌小：大，强大；凌，凌驾，控制；小，弱小。全句意为：势力强大的控制势力弱小的。

②警以诱之：警，警戒，这里指使用警戒的方法；诱，诱导。全句意为：用警戒的方法进行诱导。

③刚中而应，行险而顺，语出《易经·师卦》："师，众也；贞，正也。能从众正，可以王矣。刚中而应，行险而顺，以此毒天下，而民从之，

吉又何咎矣。"这段话的意思是说：师即军队，是由为数众多的人组成的。人数众多，必是良莠不齐，必须以正道使之统一，方可称王于天下。师卦为坎下坤上，九二为阳、为刚，处于下坎之中位，又与上坤的六五相应，象征着主帅得人并受到信任，这是"刚中而应"。但坎卦又为水、为险，坤卦则为地、为顺，象征着为帅者需用险毒之举，方可使士兵顺从，这叫作"行险而顺"。以险毒之举使全军将士归之于正，乐于服从，其结果必将是有利而不会有过错的。

— 译文 —

凭借强大的实力去控制弱小者，需要用警戒的方法进行诱导。这就像《师卦》所说的：适当地运用刚猛阴毒的方法，可以赢得人们的归顺，获得最后的成功。

经典战例

管仲兵不血刃灭郭国

春秋初年，齐桓公成为齐国的君主后，任命管仲为上卿，大举推广管仲的改革措施，促进经济发展，令齐国日益强大。

公元前679年，齐国在幽（今北京、河北北部及辽宁一带）大会诸侯，参与会盟的有宋、陈、鲁、魏、郑等国。当时的齐国已经不归周天子管辖，初步奠定了称霸诸侯的大业。

齐桓公原本想先兴兵攻打楚国，但被管仲阻止了。管仲认为楚国的国力较为强盛，攻楚可能造成两败俱伤。齐桓公便问管仲该怎么做。管仲的建议是先攻打郭国。

齐桓公不明所以。管仲说："郭国一介小国，作为纪国的附庸国，与纪国相邻。早在齐襄公的时候，纪国就曾被攻破。如今，大王可以派王子成父统领大军到纪国视察，并表现出一副想要攻打郭国的样子。出于惧怕，郭国定会向齐国投降。"齐桓公采纳了管仲的建议。

齐桓公命王子成父率领三百乘战车到达纪国。王子成父在纪城上大声说："我国多次会盟诸侯，周天子尚且忌惮三分。然而，一些小国地处齐国的眼皮底下，居然藐视齐国。倘若这些小国再不知悔改，马上就会灾难临头了。"

王子成父的这番话传到了郭国国君那里，郭国国君明白他话里的"小国"指的就是郭国，于是连忙会集大臣讨论对策。

郭国国君说："如今齐国命王子成父带领大军到达

纪国，离我们郭国很近了，他们暗示要灭掉郭国，我们该怎么办？"郭国诸臣听说齐国准备攻打郭国，全都坐立不安起来。他们担忧的是一旦齐军打到郭国，自己就性命难保了。

有大臣说："齐桓公建立霸业指日可待，我们郭国只是小国，不能与齐国抗争，不如投降算了。不然，郭国倘若被攻破，遭殃的就是郭国百姓了。"剩下的大臣附议。郭国国君无可奈何，只能答应投降，叫人将郭国的户籍、地图整理好后，送给了齐桓公。

管仲巧妙地运用了"指桑骂槐"之计，不战而屈人之兵，使齐国吞并了郭国。对此，齐桓公大喜，对众臣称赞管仲说："管仲智谋超群，实乃齐国的栋梁！"

田穰苴军前斩庄贾

　　春秋时期，在晋国与燕国的联手进攻下，齐国丧失了大量领土。为了挽救危局，齐国丞相晏婴向齐景公推荐田穰苴，建议让田穰苴领兵抵抗晋、燕联军。田穰苴请求齐景公说："我原本是个低贱的人，现在得到您的赏识，您把统率三军的重任交给我，想必将士们短时间内不会服气，有可能不遵从命令。希望您再派一位令众人尊敬和信任的大臣担任监军，帮助我统御部下。"齐景公答应了，便派自己最宠信的臣子庄贾担任监军。

　　监军选定后，田穰苴立即整顿兵马，集合部队，与庄贾商定第二天正午出师。然而，第二天正午庄贾却未如约抵达，三军将士面面相觑。田穰苴立即派部下去庄贾的府宅，发现庄贾还在与诸位送行的宾客宴饮，对田穰苴部下的出行请求置之不理。无奈之下，大军出征日期被迫推迟。直到傍晚，庄贾才来到军营，可是他依仗齐景公的宠信，对田穰苴的态度十分傲慢，丝毫没有悔改之意。

田穰苴指责庄贾道："率军出征的将领，必须把国家大事放在首位，把个人私事抛在一边。现在国事艰难，敌军压境，国君心急如焚，夜不能寐，把希望全部寄托在早日破敌上面。可是你居然视国家大事如儿戏，故意延误大军出征的时间！"说完，田穰苴又询问军法官说："大军出征，逾时未到，是什么罪？"

军法官回答："死罪！"

田穰苴立即下令斩庄贾。得知自己的宠臣即将被杀，齐景公慌忙派使者驾车前往军营，要求特赦庄贾。使者驾车直闯军营，但庄贾在使者到达前就已经被处死。这时，田穰苴又对军法官说："军营中禁止驾车狂奔，使者犯法，应受什么惩罚？"

军法官回答："应当斩首示众！"

使者闻言大惊，生怕自己也性命不保，便急忙表示自己是奉齐景公之命来军营的。

田穰苴说："既然是奉了君命，那就不应处死使者，但是军法必须执行。"说完，田穰苴下令斩杀拉车的马，以示军令威严。

　　全军将士都被田穰苴不畏权贵、执法如山所折服，由衷地尊敬这位将军。有了将士们的信服，再加上自己卓越的智谋，田穰苴顺利收复了全部失地，赶走了入侵的晋、燕联军。

　　大军凯旋之日，满朝文武在齐景公的带领下出城迎接并慰劳田穰苴。田穰苴后来担任齐国的大司马，深得国君信任。

田穰苴不畏权贵，严格执行军法，使用"指桑骂槐"之计，斩杀国君的宠臣，令全军将士深为折服，从而起到了整顿军纪的作用。

晏婴妙语讽谏齐景公

春秋时期，齐景公非常喜欢马，有一次，养马人意外地把齐景公的爱马养死了。齐景公怒不可遏，命人用刀将养马人的四肢卸下来。

晏子此时正陪侍在齐景公身边，他阻止了拿刀的人，向齐景公发问："尧、舜肢解人的身体，先从身上的哪一块儿下手呢？"齐景公立刻听出了晏子的言外之意，尧、舜是古时候的贤君明主，他们压根儿就不使用酷刑。齐景公于是收回肢解的命令，让狱官治养马人的罪。晏子说："他对自己的罪责还不知晓，死到临头了，让我来列举他的罪状，叫他死得心服口服，之后再交由狱官处理。"齐景公应允了。

晏子指着养马人说："你有三大罪状，该处以死刑。君主让你养马，你却将它养死，此为其一；养死的马还是君主最心爱的马，此为其二；你令君主为了一匹马杀人，百姓知晓此事一定会觉得君主昏庸暴虐，列位诸侯知晓我们国君如此重马不重人，一定会看不起我们的国家，更有甚者还可能来攻打我们。你令君主的马死去，激起民怨，让邻国削弱我国的国力，此为其三。综上所述，你是死罪难逃了，应该交由狱官处理。"齐景公听完幡然醒悟，连忙说："把他放了吧，我不要因此失去仁义的名声。"

通过这件事，我们可以看出，晏子表面上在数落养马人有罪，实际上是在指责齐景公重马轻人。臣子

对君主不方便直接指责，所以晏子先是采用明知故问的方式提醒齐景公肢解的刑罚不是贤明的君主所为，其次用列罪状的方式，委婉地说明杀人的不良影响，正话反说。齐景公听出晏子话里有话，当即把养马人放了。此例中，晏子对"指桑骂槐"之计的运用可谓炉火纯青。

郭威杀爱将以慑军

五代十国时期，后汉太祖刚刚驾崩，后汉节度使李守贞、赵思绾、王景崇就联合起来起兵造反，史称"三镇之乱"。后汉朝廷立即派大将郭威带兵前去平叛。出征前，郭威找到老太师冯道，向他请教治军良策，冯道说："李守贞是员老将，他带兵凭借的是自己的威望，因此能上下一心，倘若你能重赏手下的将士，提高将士们的士气，必能战胜他。"郭威认真地记在了心里。

不久后，郭威带兵抵达了李守贞盘踞的河中城(位于今山西永济市内)外，并下令将城池包围，断绝李守贞与外界的联系，使其无法求援。在军中，郭威遵照冯道的建议，慷慨地对部下论功行赏，还亲自探望受伤的士兵，对犯错的士兵也网开一面。时间一长，郭威果然获得了很高的威望，可是却也助长了军中的不良风气。

李守贞被围困在城中许久，曾数次想杀出重围向赵思绾求援，但每次都被郭威击退。就在李守贞一筹莫展之际，他听到城中的将士们议论郭威宽容的治军政策，于是李守贞决定利用郭威的宽容扰乱后汉军心。

他派出一批精明的士兵扮作行商的百姓，在后汉军营附近开了几家酒馆，引诱后汉士兵前去饮酒。不仅如此，这些酒馆里的酒价格十分低廉，还允许赊账。渐渐地，后汉士兵们经常三五成群地前去饮酒，而将领们则睁一只眼闭一只眼。

一天晚上，李守贞命令部将王继勋率领千余精兵趁着夜色偷偷出城，对后汉军营发动突然袭击。此时后汉军的巡逻骑兵早已喝得酩酊大醉，全然不知敌人来犯，后汉军营毫无戒备。

一阵喊杀声惊醒了郭威，他立刻指挥作战，可手下将士们全都吓破了胆，畏首畏尾，不敢上前。好在关键时刻，郭威的禆将李韬带头冲锋，提振了后汉军队的士气，最终击退了王继勋的队伍。

　　经过这次事件，郭威深深地反省自己的不足，他知道是自己的宽容导致了军纪涣散，这对于带兵打仗来说是极其危险的，于是他下令："除了犒赏宴饮，任何人都不准再饮酒。违令者军法处置。"

　　可是，就在军令颁布后的第二天，郭威的爱将李审就违令饮酒了。郭威得知后火冒三丈，尽管李审跟随自己多年，但军令如山，他还是下令将李审斩首示众，以正军法。军中士兵见郭威对自己的爱将都毫不

留情，就再也不敢违抗军令，军纪也变得十分严明。

　　郭威整顿军纪后，率军向河中城发起猛攻，打败了李守贞，随后又镇压了赵思绾和王景崇之军，终于平定了"三镇之乱"。

计谋运用

　　1. 杀鸡儆猴，树立威信。在统领部队时，常会有一些士兵不服将令，为了严肃部队内的纪律，树立将领的威信，将领必须找适当的借口，对不服从管教之人进行间接的警告或威慑，以达到严明军纪的目的。这一计对弱小的敌人也同样奏效。

　　2. 敲山震虎，展示力量。在面对旗鼓相当或强大的敌人时，可以用指桑骂槐之计来展示己方强大的力量及强硬的态度，目的是威慑敌人。

假痴不癫

第二十七计

假痴不癫原意是指装出一副痴傻的样子，掩人耳目，实则另有所图。在军事上指面临强敌时不去硬碰硬，而是装作懦弱不堪来韬光养晦，使敌人放松警惕，寻找机会给敌人致命一击。

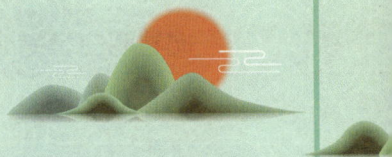

思维导图

装作痴傻的样子，迷惑敌人，实际上韬光养晦，等待时机 — **定义**

计名出自民间俗语"装疯卖傻" — **探源**

表面上隐藏自己的才能，让敌人放松警惕，暗中等待时机实现自己的目的 — **解析**

假不

揣着明白装糊涂，迷惑敌人，获得其信任

装疯卖傻，假装无能，掩盖自己的真实才能 — **运用**

耐心等待时机到来，不可让敌人发现

痴癫

经典战例

刘备借惊雷掩真意
- 刘备为图自保，假装胸无大志
- 曹操青梅煮酒，称刘备为英雄
- 刘备假装怕雷，消除曹操的猜疑

司马懿装病除曹爽
- 曹爽猜忌司马懿，司马懿告病不出
- 司马懿装作濒死，曹爽放松警惕
- 曹爽外出祭祀，司马懿趁机夺权

朱棣装疯卖傻登皇位
- 建文帝登基，削藩巩固地位
- 朱棣装疯卖傻，企图保住爵位
- 朱棣被迫起兵，顺利夺得皇位

窦建德诈降胜官军
- 瓦岗农民起义，隋朝派兵镇压
- 窦建德散布谣言，麻痹薛世雄
- 薛世雄轻敌上当，被民兵打败

计谋故事

　　本计的计名由俗语"装疯卖傻"而来，相传箕子就是使用这一计，佯装痴傻，从而保全了自己。

　　商纣王统治期间，暴政不断，百姓深受其害。作为商纣王的叔父，箕子不愿坐视不理，他多次劝说商纣王废止暴政，却招致商纣王的记恨。无奈之下，箕子只好佯装痴傻，保全自己的性命。

　　有一次，商纣王喝得大醉，忘记了年月日，就醉醺醺地向身边的人询问。大家都怕说错话而招致商纣王的酷刑，纷纷假装醉酒，说自己也不知道年月日。商纣王又让人询问箕子，箕子给出了与其他人相同的回答。纣王身边的人感觉奇怪，询问箕子说："您的身份尊贵，不必像我们那样畏惧不敢言，为什么您也说自己不知道呢？"箕子说："大王贵为天子，却把国家置之度外，整日花天酒地，甚至到了忘记日期的程度，看来国家离灭亡的时刻不远了。既然大家都说自己不知道，假如我与众不同，说自己知道，那么死亡离我也就不远了。因此，我索性也假装醉酒，说自己

不知道。"

　　生活中，我们经常见到人们使用假痴不癫的计策，例如一些人有意做出癫狂愚蠢的行为，实际上是在缓和矛盾，从而保全自己。在军事领域，假痴不癫一般用于愚兵，即己方假装痴傻，从而愚弄敌方。通过装疯卖傻来降低对手的警惕性，为自己赢得更多的时间来积蓄力量，待时机成熟后再发动进攻。这的确不失为一条好计策。

计谋解析

　　假痴不癫，重点在一个"假"字，即伪装。装疯卖傻，痴痴呆呆，而内心却特别清醒。此计作为政治谋略和军事谋略都算高招。表面给人以碌碌无为的印象，隐藏自己的才能，掩藏内心的抱负，以免引起敌人的警觉，只等时机成熟，实现自己的抱负。

计谋原典

宁伪作不知不为①，不伪作假知妄为②。静不露机③，云雷屯也④。

— 注释 —

①伪作：佯装，假装。

②妄：胡乱，随便。

③静不露机：静，沉静，平静；机，这里指心机。

④屯：艰难，困难。

— 译文 —

宁可假装无知而不行动，也不要自作聪明而胡乱行动。要保持内心沉静而不泄露心机。这是从《屯卦》象辞"云雷，屯；君子以经纶"一句中悟出的道理。

经典战例

刘备借惊雷掩真意

东汉末年，汉室衰颓，身为汉室宗亲的刘备虽然有心匡扶汉室，但势单力薄，不得不依附于挟天子以令诸侯的曹操。曹操心胸狭窄，刘备不得不假装胸无大志，以免被曹操加害。刘备把自己关在家里，每天在后园种菜，假装对天下大事不闻不问，关羽和张飞对此十分不解。实际上，刘备是在保全自己，并非真的贪图安逸生活。

有一天，刘备照常在后园种菜时，曹操的手下突然赶来，说曹操请刘备入府相见。刘备担心曹操会谋害自己，但苦于没有应对之策，只好胆战心惊地前往曹操府邸。曹操见到刘备后，面无表情地说："你在家干大事呀！"刘备闻言大惊，以为曹操要下手除掉自己，一时间无言以对。曹操接着说："你在家里种菜，不容易呀！"刘备这才知道曹操暂无谋害他的意思，心下稍安。曹操说："我刚才见到园子里的青梅，不禁想起过去的一件事（即"望梅止渴"）。枝头上这么多青梅，正好可以观赏，所以我在小亭煮酒，邀请你前来相会。"

于是，曹操带着刘备来到小亭，各种酒器已经提前摆放整齐，青梅也放在盘子里了。两人对坐，往酒樽中放入青梅开始煮酒，酒熟后便开怀畅饮。酒兴正浓时，突然天空乌云密布，大雨将至。曹操趁机评论

龙的品行，又把当世英雄比作龙，向刘备问道："依你的看法，当世英雄都有谁呢？"刘备装出一副眼界短浅的样子，列举了当时的几个名人，但曹操将他们全部否定。

曹操一直想知道刘备内心的真实想法，便借此机会试探他有没有雄心壮志，说："所谓的英雄都志向远大，足智多谋，包藏着像宇宙那样深不可测的玄机，心怀纵横天下的壮志。"刘备问："那如今有谁是这样的英雄呢？"曹操说："如今的英雄，只有你和我两个而已！"听到这句话，刘备心惊胆颤，以为曹操看穿了自己谋取天下的心思，筷子也从手中掉到地上。此时恰好天降大雨，雷声滚滚，刘备急中生智，立即俯身捡起筷子，说："这声惊雷把我吓得连筷子都丢掉了。"曹操笑了笑，说："大丈夫还怕区区雷声吗？"刘备说："圣人在大风惊雷面前也会失态，何况是我呢？"

刘备沉着镇定，巧妙地使用"假痴不癫"之计，将自己的志向成功隐藏起来，通过一声惊雷，打消了曹操对自己的怀疑，让曹操把自己看成一个见识浅薄、庸庸碌碌、胆小如鼠的普通人，从而保全了自己。

司马懿装病除曹爽

公元239年，魏明帝曹叡病逝，年仅三十六岁，传位于太子曹芳，托孤于大将军曹爽和征西大都督司马懿。曹爽对司马懿心怀忌恨，又有何晏在身旁进谗言说："主公，大权不能委托于他人，恐怕后患无穷！"曹爽心知何晏所说之人正是司马懿，于是回答说："司马公与我一起受先帝托孤之命，我怎么能背叛他呢？"何晏又添油加醋地说："想到曾经先主公与司马懿一起攻蜀，先主公多次因司马懿大发雷霆，最后不幸患病而死，这件事难道您不知道吗？"何晏的话让曹爽心烦意乱，便与手下商量该如何处理这件事。商议后由曹爽亲自出马向魏王曹芳上奏："司马公德高望重，应该提拔为太傅!"曹芳年纪还小,心中无决断,听曹爽言之凿凿,索性便同意了。从此,朝廷兵权全部落入曹爽一人手中,曹爽的权势一下子大了起来,前来攀附曹爽的官员数不胜数。只有司马懿称病不上朝,整日闭门不出,他的两个儿子也辞去官职,闲居在家。

曹爽手握大权后,有些忘乎所以。一天,他出去游猎,曹爽的弟弟曹羲向哥哥谏言道:"哥哥位高权重,却喜欢外出游猎,若是有心之人想要谋害你,该怎么办哪?还是要小心谨慎点好。"曹爽充耳不闻,觉得弟弟在长他人志气,灭自己威风,说道:"朝廷兵权尽归我手,试问天下谁敢来谋害于我?"他虽然嘴上这样说,心里还是有些顾虑,最担心的还是在家装病的司马懿。所以,曹爽乘着自己手下李胜调任荆州刺史的时候,派李胜去司马懿家摸摸司马懿的底细。李胜受命去往太傅府,早有门吏通报此事。司马懿得到消息后,嘱咐两个儿子说:"这是曹爽派人来试探我了。"说完便对两个儿子交待一番,接着派人去迎接李胜。

李胜进入司马懿的房中,看到司马懿散乱着头发坐在床上,身旁各有一名侍女搀扶着,整个人似乎病入膏肓了。李胜走上前行礼,小声说道:"许久未见太

傅，想不到你竟病到如此程度，我奉魏主的命令，去荆州担任刺史，今天特地前来向您辞行！"司马懿佯装耳背听不清楚，说道："并州离北方近，你务必要加强边防呀！"李胜听司马懿说错了地方，便纠正道："我是去荆州，并非并州哇！"司马懿依旧佯装听不清楚，又说道："你说什么，你刚从并州回来？"李胜见司马懿又说错了，便嘀咕道："太傅的病竟如此严重，都听不清楚话了！"侍女解释说："太傅的耳朵很久以前就聋了！"于是李胜便将要说的话写在纸上，再拿给司马懿看，司马懿看了之后对李胜说："我现在眼睛和耳朵都不听使唤了，怕是不中用了，你去荆州一定要保重呀！"说着又张大嘴巴，示意侍女喂药。司马懿喝药时，将汤药弄得全身都是，又故意用沙哑的嗓音说：
"我已经年老，又身患重病，已经时日无多了，我有
两个不争气的儿子，承蒙你日后多加照顾，如果见到
大将军，也请你为我说几句好话！"说完就躺倒在床
上，不停地喘气。

李胜一离开，司马懿便立刻起身对两个儿子说：
"李胜这一去定会到曹爽那里报告消息，曹爽一定会
放松对我的警惕，现在只要等他外出游猎，我们便可
采取行动！"

果然，李胜离开太傅府后立刻就去曹爽那里复命
了，他将发生的事全部告诉了曹爽。曹爽听了心中暗
喜，说道："这个老匹夫一死，我便没有后顾之忧了！"

没过几天，曹爽果真请魏主曹芳去高平陵（位于今
河南汝阳东南）祭祀先帝。随行的还有大小官员、曹爽
兄弟四人以及一队护驾的御林军。这时，司农桓范提醒
曹爽说："您统领禁军，兄弟几人都离开皇宫恐怕不妥！"
曹爽压根听不进去，仍然依照已经安排好的行程出发。

这一天，司马懿见曹爽一众人马出城，心中喜不
自胜，马上与两个儿子带领一队人马，直闯宫禁，先
抢占了曹爽兄弟几人的营地，接着又逼迫郭太后与魏

主曹芳将曹爽押入大牢，然后将曹爽全家都杀死了。

司马懿用"假痴不癫"的计谋，铲除强劲的对手，从此独揽大权，为司马氏夺权打下了基础。

朱棣装疯卖傻登皇位

公元1398年五月，朱元璋病逝。由于皇太子朱标早逝，所以皇太孙朱允炆继承了皇位，改年号为建文，他就是建文帝。

朱允炆虽然当上了皇帝，但他总是提心吊胆，因为叔叔们分守各地，根本不把他放在眼里。尤其是镇守北平（今北京）的四叔朱棣，在各亲王中，拥兵最多，势力最大。

一天，建文帝把他的老师黄子澄请到宫中，心事重重地对他说："以先生之见，我现在该怎么办呢？"黄子澄知道事情很严重，自己拿不定主意，于是又去找兵部尚书齐泰商议此事。齐泰说："现在亲王中要数朱棣的力量最大，如果要削藩，必须先铲除朱棣。"

黄子澄愁眉不展，摇了摇头，说："朱棣早有准备，如果先拿他开刀，势必会引起大乱。我们不如先从其他亲王那里下手，除掉那些与朱棣关系密切的亲王。周王是朱棣的亲弟弟，应该首先把他的藩号削掉。"

恰巧这时有人控告周王谋反，建文帝就派大将李景隆带兵进军开封（今河南开封），趁周王不备，包围了周王府。周王被擒后，被押到了京城。建文帝下令废除周王的封号，把他贬为庶人，发配到云南。

在审理周王谋反案的时候，湘王、代王等也都被牵扯进来。建文帝对他们不是废黜就是关押，仅一年的时间，就先后削除了五个藩王的爵位。

朱棣看到这种情况，心里也害怕了。为了躲过这场灾祸，他决定使用装疯卖傻的计策。主意一定，朱棣便打乱自己的头发，披上一件破破烂烂的衣服，一边哈哈大笑，一边往街上跑去。他的身后跟着一群看

热闹的孩子。朱棣跑到一家小饭馆里，抓起肉来就吃，端起酒来就喝，还把一些吃的东西分给围观的孩子。朱棣满街乱跑，累了就躺在地上睡觉。府里的家人来拉他回家，他就对家人连打带骂。第二天，整个北平城的人都知道朱棣疯了。

但朱棣并没有因此而幸免。不久，建文帝下了一道圣旨，剥夺了朱棣的爵位，下令逮捕朱棣手下的官吏，并派大军向朱棣居住的北平进发。

朱棣急忙召集自己手下的将官，对他们说："朝中出了黄子澄、齐泰两个小人，他们挑唆皇帝杀戮亲王，真是罪该万死！今天我朱棣被迫起兵，希望各位将军随我前去除掉这两个奸贼！"众将齐声答应。

朱棣久经沙场，智勇双全。他率领的军队势如破竹，很快就控制了北平一带的广大地区。

刚开始，建文帝派耿炳文讨伐朱棣，但耿炳文被朱棣打得几乎全军覆没。然后，建文帝召回了耿炳文，让李景隆来指挥三军。

朱棣听说李景隆挂帅，不由得哈哈大笑。他说："李景隆本是个不懂兵法的小辈，让这样的人指挥军队，我朱棣必胜无疑了。"他突然心生一计，对众将官说："如果我朱棣亲自镇守北平，李景隆一定不敢轻易来攻。现在永平（治所在今河北卢龙县）危急，我先带兵去救援永平，他一定前来攻城，那时我再回师北平，咱们内外夹击，李景隆必定大败。"

李景隆果然中了计，被朱棣的军队打得溃不成军，连夜逃回德州。这样一来，朝廷的军队元气大伤，朱棣的军队更加锐不可当。大多数守将一见朱棣大军杀来，不是弃城逃跑，就是开门投降。

公元1402年五月，朱棣出动奇兵迅速攻进了南京（今江苏南京）。南京城里一片混乱，宫内发生大火，建文帝从此失踪，朱棣成功登上了皇位。这是"假痴不癫"之计的又一经典战例。

窦建德诈降胜官军

隋朝末年，由于隋朝统治者残暴不仁、荒淫无度，全国各地烽烟四起。处于黄河下游的瓦岗农民起义军迅速发展壮大起来，声势极为浩大，很快就占据了河南的许多郡县，令隋炀帝担忧不已。于是隋炀帝急忙派遣自己的爱将薛世雄去围剿瓦岗军，为东都洛阳（今河南洛阳）解围。隋炀帝还放权给薛世雄，让他拥有

沿途镇压起义以及临阵处置的权力。薛世雄马上率领三万精兵南下。当时，河北地区也出现了一支农民起义军，这支起义军的领袖叫窦建德，拥有十几万人马，在寿县（今河北献县）建立政权，自称长乐王。

薛世雄恃才傲物，不可一世，当他率军来到窦建德占领的地盘时，窦建德派手下散布谣言说："窦建德惧怕用兵如神的薛世雄，听说薛将军挥师南下，吓得立刻就仓皇逃命去了。"这些谣言很快被薛世雄知晓。骄傲自满的薛世雄果真相信了谣言，以为窦建德已经逃跑了，因此在行军和扎营时都放松了警备。

窦建德得知这个情况后，从军中挑选出一批精锐将士，组成敢死队，其余人马提前埋伏在隋军营地附近。一天，天刚蒙蒙亮，窦建德亲率敢死队趁着大雾的掩盖冲进了薛世雄的大营。由于事发突然，隋军毫无防备，被打得七零八落，损失惨重。薛世雄本人也身受重伤，虽然在几名士兵的掩护下侥幸逃脱，但没多久就因羞愧难当、忧愤成疾去世了。

窦建德巧妙运用了"假痴不癫"之计，迷惑了薛世雄，让他放松了警惕，间接导致隋军的战斗力减弱，从而取得了战争的胜利。

计谋运用

1. 以假乱真。"假痴不癫"之计最难做到的就是揣着明白装糊涂，通过装糊涂来迷惑他人，掩盖自己的真实目的或者麻痹敌人。

2. 大智若愚。如果所处条件对己方不利，己方可以用装疯卖傻的方式来蒙混过关，给人一种软弱无能、痴痴呆呆的假象，实际上是将自己真实的才能和意图掩藏起来。

3. 深藏不露。将自己真实的意图隐藏起来，绝不可过早地让人发现，静静地等待时机到来，一鸣惊人，出其不意地取得胜利，否则计划容易失败。

上屋抽梯

上屋抽梯原意是在别人爬上梯子登上高楼后，撤掉梯子，使人无法下楼。比喻将敌人引诱至陷阱或圈套中再截断其退路，将敌人困在其中。在军事上指先利用小计引诱敌人进入己方圈套，待敌人落入圈套，就截断他的退路，再将其控制或消灭。

思维导图

将人引诱至陷阱或圈套中再截断退路，将敌人困在其中 ─ 定义

本计源自东汉末年"上屋抽梯"的典故 ─ 探源

根据不同的敌人设置不同的陷阱，使敌人中计，然后围歼敌人 ─ 解析

上抽

故意露出破绽或用利益诱惑敌人，然后截断其退路

要针对敌人的不同特点设置陷阱，不能暴露自己的真实意图 ─ 运用

当敌人落入己方陷阱，根据实际情况抽梯制敌

屋梯

经典战例

赵高除李斯
- 秦始皇驾崩，赵高扶持胡亥登基
- 赵高蒙蔽胡亥，设计冤枉李斯
- 李斯喊冤被斩，赵高执掌大权

韩信背水斩陈馀
- 楚汉争雄，韩信攻打赵国
- 韩信假装不敌，陈馀主动追击
- 韩信背水一战，彻底击败赵军

宋太祖杯酒释兵权
- 宋太祖为保皇位，宴请一众大臣
- 宋太祖暗示收权，大臣被迫同意
- 众大臣交出兵权，宋朝更加稳定

计谋故事

　　本计出自一个典故。东汉末年，刘备在一次战败后投奔远亲刘表。刘表当时为荆州牧，他有三个儿子，分别是刘琦、刘琮和刘修。刘琦是刘表长子，但因其生母早亡，继母十分忌惮他，欲除之而后快。为了不致被继母所害，刘琦向刘备寻求解救之法。刘备说诸葛亮足智多谋，定能给刘琦出主意，于是刘琦便邀请诸葛亮来自己家做客，对诸葛亮说："继母几次三番想害我性命，我如今危在旦夕，请先生救我！"诸葛亮说："想来，这是你们的家事，我如果插手会有离间母子之情的嫌疑，如果此事传扬出去一定会有不好的影响。"因此果断拒绝了刘琦的请求。

　　刘琦见百般请求无果，就对诸葛亮说："我住的阁楼之上有一部古籍绝本，想请您同我去观赏。"诸葛亮甚爱古籍，一听说有古籍，便兴冲冲地跟着刘琦来到楼上。

　　可是，诸葛亮到了楼上，环顾四周并没有看到古籍，就质问刘琦。此时，刘琦跪拜在地上，说楼上根本没有什么古籍，他并非有意欺骗诸葛亮，只是想请

诸葛亮搭救自己。诸葛亮听后很气愤，转身就要下楼离开，但刘琦已经让手下的人将梯子抽走了。刘琦又一次请求说："先生迟迟不肯帮我，无非是怕我将此事泄露出去。此处没有别人，不论您说什么都不会有第三个人知晓，请您救我一救吧！"说着又以拔剑自刎相要挟。诸葛亮无可奈何，只好说出了"申生在内而亡，重耳在外而安"的故事，让刘琦早点离开荆州这个是非之地，才能保全性命。听从诸葛亮的劝告，刘琦离开荆州到了江夏（位于今湖北武汉东南），果然躲过一劫。此后，"上屋抽梯"的故事便流传开来。

计谋解析

　　上屋抽梯，使敌人进退不能，对己方是非常有利的。但是敌人一般不会那么容易上当，所以，应该先安放好"梯子"，也就是故意给敌人以方便。等敌人"上楼"，进入己方布好的"口袋"之后即可拆掉"梯子"，围歼敌人。安放"梯子"有很大学问，对性贪之敌，则以利诱之；对情骄之敌，则示弱以惑之；对莽撞无谋之敌，则设下埋伏以使其中计。总之，行此计要根据实际情况巧妙地"放梯子"，使敌人中计。

计谋原典

　　假之以便①，唆之使前②，断其援应，陷之死地③。遇毒，位不当也。

— 注释 —

①假：借，贷。便：便利。
②唆：唆使，引申为诱使。
③死地：指不死战就难以生存的境地。

— 译文 —

　　将一些便利借给敌方，诱使敌方（盲目）前进，然后截断他的声援接应，就能置敌方于死地。这是从《噬嗑卦》象辞"遇毒，位不当也"一句中悟出的道理。

赵高除李斯

公元前210年，李斯跟随秦始皇出巡的途中，秦始皇病危，便命令赵高写了一封诏书，让大儿子扶苏赶回咸阳（今陕西咸阳）办理丧事。这时，扶苏正在上郡监督蒙恬的军队。诏书还没有发出，秦始皇就去世了。这事只有胡亥、李斯、赵高和另外几个宦官知道。皇位暂空，李斯担心声张出去会发生变故，就严密封锁了这个消息。

为了让与自己关系亲密的胡亥上台，赵高就去劝诱李斯。赵高软硬兼施，威逼利诱。面对赵高的威胁，李斯贪恋荣华富贵，一再妥协退让，终于听信于赵高，同意立胡亥为秦二世。

不久，赵高毁掉了秦始皇的遗诏，逼死了扶苏，杀害了蒙恬，立胡亥为二世皇帝。赵高当上了郎中令，在宫中操纵秦二世，把持政权。赵高上台后，排除异己，大肆屠杀大臣。兵役、徭役无休无止，赋税越来越多。许多农民被迫背井离乡，有的又重新沦为奴隶。这激起了人民的反抗。

李斯对赵高的所作所为深感不安。他曾多次进谏，但被秦二世拒绝，李斯为了避免国家动荡，便给秦二世上了《劝行督责书》。当时，秦二世昏庸无能，完全被赵高控制住了，他不可能领会李斯的良苦用心。

赵高因为杀人过多，唯恐朝中大臣在秦二世面前揭发他，便劝秦二世深居宫中，不要与大臣们见面。秦二世一味贪恋声色享受，无心朝政，对赵高深信不疑。

赵高是有阴谋的。过了几天，赵高趁秦二世跟宫女们饮酒作乐，玩得正开心的时候，派人去通知李斯说："这会儿皇帝有空，请赶快去上奏。"李斯信以为真，赶忙到宫门求见。秦二世正玩在兴头上，哪里肯接见李斯呢？李斯一连碰了几次钉子。

秦二世认为李斯是故意打扰他，与他为难，很生气。他对赵高说："我平时经常有空，李斯不来。偏偏我玩得正高兴的时候，李斯就来捣乱。这不是看不起我，故意跟我作对吗？"

    李斯碰壁以后，知道上了赵高的当。李斯非常气愤，但又无法见到秦二世，便给秦二世上书，揭发赵高的罪行。但是，秦二世受赵高蒙蔽已经很深，不但不听李斯的劝告，反而认为赵高对自己一片忠心，说赵高精明能干，既了解地方人情，又顺从自己的意志，是国家忠良。他对赵高不但没有警惕，反而害怕李斯伤害赵高，就把这件事告诉了赵高。

    赵高进一步诋毁李斯，说："李斯最嫉恨的就是我赵高。我一死，他就可以杀君谋反了！"秦二世一听，勃然大怒，立刻把李斯逮捕入狱，并派赵高负责审讯。李斯被套上刑具，关进了监狱。

李斯被赵高严刑拷打，百般折磨，因忍受不了痛苦，只好招认了"谋反"的罪行。在咸阳街头被腰斩，他的一家老小也全被杀害。

赵高先是用荣华富贵引诱说服李斯，让李斯站在自己的阵营，增强自己的实力。等到秦二世完全听命于赵高后，李斯这时不仅没有利用价值了，还阻碍赵高专权，所以赵高向秦二世进谗言，在背后陷害李斯。利用"上屋抽梯"的计策，杀死了李斯，也葬送了秦朝。

韩信背水斩陈馀

秦朝灭亡后，汉王刘邦迅速崛起，在夺取关中地区后，准备与楚王项羽争夺天下。

公元前204年，刘邦派韩信前去攻打投靠了项羽的赵国。赵王得知汉军来袭的消息后，立刻派大将陈馀前去御敌。井陉是汉军进攻的必经之路，因此陈馀便集结了二十万大军，准备在井陉迎战汉军。

赵国谋士李左车向陈馀献策道："韩信带领的汉军士气正盛，锐不可当，但汉军远道而来，肯定需要不断地运输粮草。而我们据守在井陉口，这里道路崎岖狭隘，车马很难行走，汉军若从这里经过肯定会把粮草放在大部队后面。因此，我请求领兵三万，前去截取汉军粮草，您只需在此坚守不战。等我夺取了汉军的粮草，他们便难以为继，不战自败。"没想到，目光短浅的陈馀坚持要与汉军正面对决，根本不听李左车的意见。

韩信心里清楚，赵军兵多将广，粮草充足，如果打持久战，肯定对汉军不利。韩信派人暗中打探，得知陈馀没有采纳李左车的建议，而是坚持正面对决，十分高兴，于是心生一计。

韩信召集了手下将领，开始下达命令：先派两千名士兵埋伏在山谷的密林中伺机待发；又派一万兵马趁着夜色越过泜水（即今泜河，在河北南部），背靠河岸，列阵等待，迷惑敌军。陈馀和赵军见汉军背水列阵，不给自己留退路，忍不住窃喜，以为韩信根本不懂兵法。

第二天一早，韩信命令军士扬旗示众，擂鼓助威，大模大样地闯进了井陉口，向赵军逼近。陈馀听说韩信亲率汉军杀来，便大开营门，挥兵出战。赵军仗着人多势众，一拥向前，准备将汉军一举击败。经过一番激战，韩信命令军士抛旗弃鼓，舍弃大量军用物资佯装败退。陈馀眼见汉军败退，得意扬扬，于是命令赵军全军出动，追击汉军。就连军营中留守的士兵也派了出去参与追击。

韩信率领汉军终于退到泜水岸边，与在河岸边严阵以待的汉军会合。这时他对汉军士兵大喊道："如今我们前面是滔滔河水，背后是赵国的追兵，已经没有退路了，不如跟我一起背水一战，击溃赵军！"没了退路的汉军士兵一个个奋力向前，争先杀敌。本以为

胜券在握的陈馀看到战败的汉军竟然又杀了回来，大惊失色。而赵军士兵忙于抢夺汉军留下的物资，队列已然混乱不堪，不久便被汉军杀得丢盔弃甲。

陈馀见状，立刻下令撤兵回营。不料他们刚退到大营外竟发现大营之上已遍插汉军旗帜，当下震惊不已。原来，韩信事先安排的埋伏在树林中的两千名士兵早已趁着赵军倾巢而出追赶韩信时，把赵军大营给占领了。赵军士兵见大营沦陷，已经吓得无力再战，纷纷溃逃，结果被汉军前后夹击，全军覆没。

正所谓"置之死地而后生"，身处绝境的人往往能爆发出意想不到的力量。韩信反向利用了"上屋抽梯"之计，自断退路，背水作战，激发了汉军的斗志，最终以少胜多，击败了陈馀。

宋太祖杯酒释兵权

赵匡胤原本是后周的将领，通过"陈桥兵变"夺取了皇位。登上皇位后，他担心禁军将领石守信、王审琦、高怀德等众多功臣功高震主，危及自己的皇位，但又不能昧着良心将这些功臣赐死，于是召集心腹商量应对之策，终于想出了"上屋抽梯"之计，于是摆下宴席邀请众功臣前来。

宴席进行到一半，各位大臣都有些醉意，宋太祖屏退了身边的太监宫女。他手拿一杯酒，邀请众大臣共同举杯说："没有诸位大臣的帮助，朕也不会有今天。人人都道做皇帝好，但皇帝也有自己的苦恼，万事都要受拘束，还不如做节度使轻松自在。说实话，朕自从做了皇帝，从来也没有睡过安稳觉。"

石守信等大臣听后觉得不解，就询问是什么大事让皇帝这么忧心。宋太祖这才缓缓地说："众位大臣跟在我身边这么久，这个道理还不明白？我虽贵为皇帝，但手中却没有多少权力，而且皇帝这个位子，自古以来都是人人争着想坐的位置。"

石守信等大臣终于听出了弦外之音。大家害怕皇帝觉得他们有谋反之心，全都吓得跪在地上说："陛下怎么能这么说呢？现在天下一统，谁还敢对陛下有不臣之心？"

宋太祖摇着头说："你们都是朕最信任的大臣，一直都忠心耿耿，但朕只怕你们的手下，如果有人蓄意谋反，像当初一样，将黄袍披在你们身上，你们就算想拒绝也无可奈何呀！"

　　石守信等大臣听到这里，预感皇帝恐怕要降罪于他们，纷纷磕头不断，哭着说："我们都是山野粗人，确实没有考虑到这一点，请陛下示意，给我们留一条活路。"

　　宋太祖趁机说道："我仔细为你们打算过了，你们不如上交兵权，然后到地方上做个闲官，置办些田产房屋，安度晚年。我可与你们结为姻亲，如此双方都放心，这不是两全其美的事吗？"大臣们听后，顿时放下了悬着的心，连连叩头拜谢。

　　次日，石守信等大臣纷纷上奏说自己身患重疾，无力胜任目前的职位，都交出了兵权，宋太祖也欣然同意，罢免了他们现有的职务，调派他们到地方担任节度使。石守信等人的兵权解除后，宋太祖又精心挑选了一些资历浅、好掌控的人担任禁军将领，并乘机削弱了禁军的兵权，将军权大部分掌握在朝廷的手中。后来宋太祖还兑现了与禁军高级将领结亲的承诺。

宋太祖巧施"上屋抽梯"之计，轻松地收回了高级军官们的兵权，不仅没有使君臣关系恶化，还轻易地消除了权臣发动兵变的可能性。后来，他颁布了新的军事制度，从地方军队中选出精锐之士，组编成禁军，由皇帝直接管理，各地行政长官由朝廷直接任命。经过这一系列的举措，北宋王朝实现了稳定。

计谋运用

1. 诱敌上梯。想施行"上屋抽梯"之计，必须先"放梯"诱敌，故意露出一些破绽或用利益诱惑敌人，然后截断其退路，使其陷入孤立无援的境地，再将其控制或歼灭。

2. 巧妙置梯。要针对不同敌人的特点，巧妙地安置梯子，不能暴露己方的真实意图。

3. 果断抽梯。当敌人落入己方陷阱，便只剩最后一步——抽梯，此时要根据实际情况决定抽梯的方法，可快可慢、可明可暗。

趣|读|兵|家|经|典　　传|承|千|年|智|慧

趣读 三十六计

笑里藏刀

王宇鹤 主编

北京工艺美术出版社

图书在版编目（CIP）数据

趣读三十六计 . 笑里藏刀 / 王宇鹤主编 . -- 北京 ：
北京工艺美术出版社，2023.11
ISBN 978-7-5140-2632-0

Ⅰ . ①趣… Ⅱ . ①王… Ⅲ . ①《三十六计》－儿童读
物 Ⅳ . ① E892.2-49

中国国家版本馆 CIP 数据核字 (2023) 第 100927 号

出 版 人：陈高潮　　策 划 人：杨玲艳　　装帧设计：弘源设计
责任编辑：周　晖　　责任印制：王　卓

法律顾问：北京恒理律师事务所　丁　玲　张馨瑜

趣读三十六计　笑里藏刀

QUDU SANSHILIU JI XIAOLICANGDAO

王宇鹤　主编

出 版	北京工艺美术出版社	
发 行	北京美联京工图书有限公司	
地 址	北京市西城区北三环中路6号　京版大厦B座702室	
邮 编	100120	
电 话	（010）58572763（总编室）	
	（010）58572878（编辑室）	
	（010）64280045（发　行）	
传 真	（010）64280045/58572763	
网 址	www.gmcbs.cn	
经 销	全国新华书店	
印 刷	天津海德伟业印务有限公司	
开 本	700 毫米×1000 毫米　1/16	
印 张	8	
字 数	59千字	
版 次	2023年11月第1版	
印 次	2023年11月第1次印刷	
印 数	1～20000	
定 价	199.00元（全五册）	

前言

　　《三十六计》素以"谋略奇书"之名享誉世界，是我国军事史上的宝贵财富。

　　在现实生活中，如果提起"三十六计"，相信大家都能列举出其中的几个计谋，如打草惊蛇、声东击西、调虎离山等。但真正能准确地指出三十六计的来龙去脉及其中蕴含的智慧精髓，且能够恰如其分地加以应用的人并不多。

　　三十六计被广泛应用于古今中外的各种军事战争中，也常被应用于政治、经济、外交等诸多领域，甚至在人们的日常生活中也经常使用，可见三十六计的影响力和实用价值。

　　斗转星移，山河变迁。如今，三十六计中的一些计策已不符合当代社会的核心价值观，但为了使读者了解三十六计的历史全貌，本书仍做收录，读者应理性分析，去粗取精地学习。

　　本书以小故事的形式讲解了三十六计各计的来源，并且介绍了各计策的含义和运用等知识，其中包括每计对应的经典战例。插图生动有趣，语言通俗易懂，图文并茂，旨在带领读者领略三十六计的智慧与精妙。

亲爱的读者，快快翻开这本书，在一个个精彩绝伦、睿智经典的小故事中，全方位地领略"三十六计"的魅力以及古为今用的大智慧吧！

目录

第八计　暗度陈仓

计谋故事	4	贺若弼破陈	11
计谋解析	8	康熙帝计除鳌拜	13
经典战例	9	陈玉成智取武昌	16
曹操计败乌桓	9		

第九计　隔岸观火

计谋故事	26	董卓乱中取利	35
计谋解析	28	杨彪拆散李傕、	
经典战例	30	郭汜联盟	38
夹缝中的生存之道	30	曹操坐山观虎斗	40
苏代暗中点"火"	32	韩琦保持中立	44

第十计　笑里藏刀

计谋故事	50	勾践忍辱灭吴	55
计谋解析	54	商鞅智擒公子卬	57
经典战例	55	关羽中计	60

第十一计　李代桃僵

计谋故事	66	计谋解析	68

目录

经典战例 ┈┈┈┈┈┈ 69   李牧诱敌 ┈┈┈┈┈┈ 73

   程婴舍子救主 ┈┈┈┈ 69   完子舍身退越兵 ┈┈ 76

   田忌赛马 ┈┈┈┈┈┈ 72

第十二计 顺手牵羊

计谋故事 ┈┈┈┈┈┈ 82   秦国灭滑国 ┈┈┈┈ 85

计谋解析 ┈┈┈┈┈┈ 84   赵匡胤灭南平 ┈┈┈ 88

经典战例 ┈┈┈┈┈┈ 85   丁宝桢智斩安德海 ┈ 91

第十三计 打草惊蛇

计谋故事 ┈┈┈┈┈┈ 98   刘备与东吴和亲 ┈┈ 102

计谋解析 ┈┈┈┈┈┈ 99   魏军兵败木门道 ┈┈ 104

经典战例 ┈┈┈┈┈┈ 100   萧衍妙计除强敌 ┈┈ 106

   蹇叔哭师 ┈┈┈┈┈ 100

第十四计 借尸还魂

计谋故事 ┈┈┈┈┈┈ 112   项梁立楚怀王 ┈┈┈ 117

计谋解析 ┈┈┈┈┈┈ 114   曹操迎献帝 ┈┈┈┈ 119

经典战例 ┈┈┈┈┈┈ 115   康有为托古改制 ┈┈ 121

   陈胜起兵 ┈┈┈┈┈ 115

暗度陈仓

本计是从刘邦与项羽的战争中衍生出来的。这一计谋的核心是：将真实意图隐藏在看似平常的行动的背后，使敌人疏于防备，然后迂回进攻，出奇制胜。

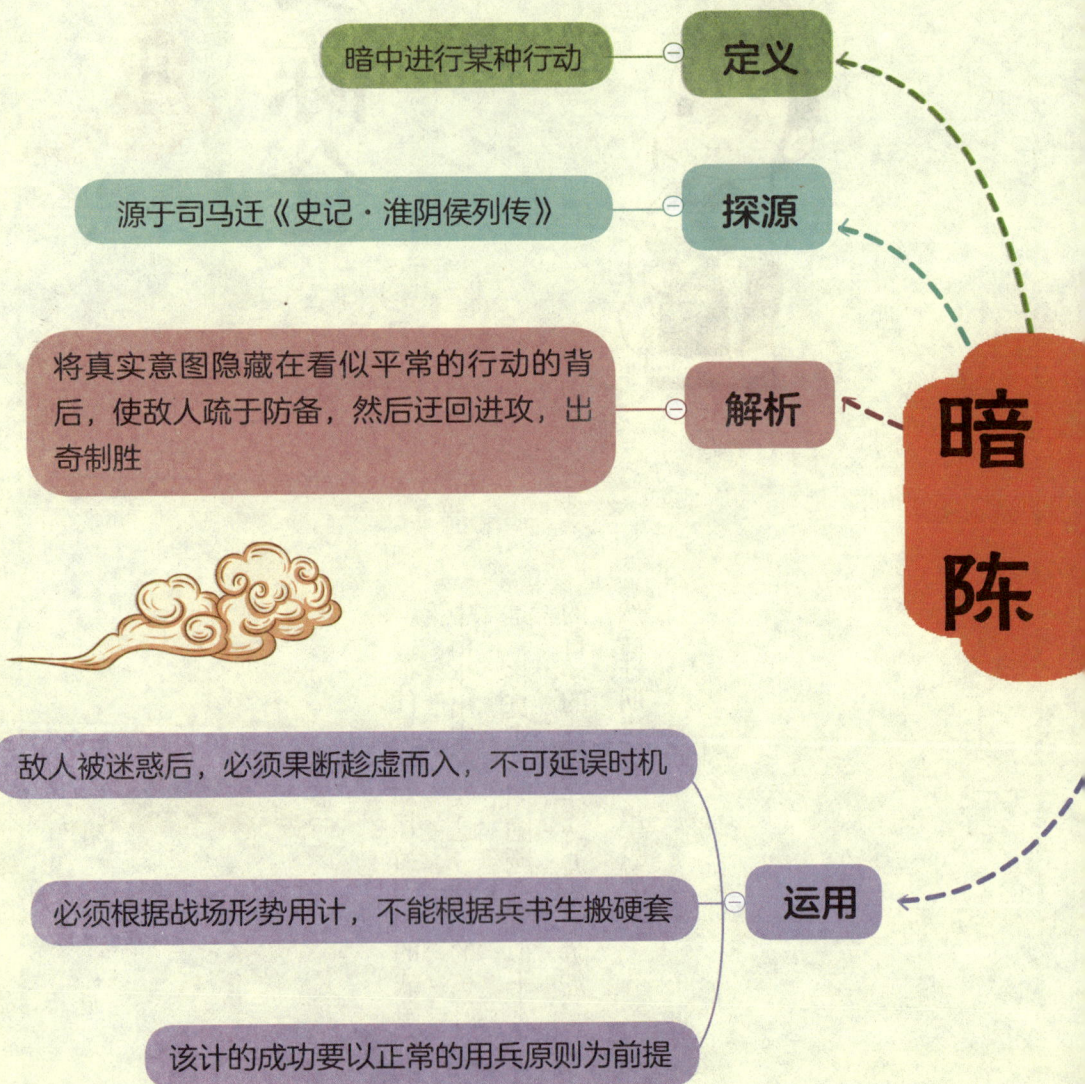

思维导图

暗中进行某种行动 —— 定义

源于司马迁《史记·淮阴侯列传》 —— 探源

将真实意图隐藏在看似平常的行动的背后，使敌人疏于防备，然后迂回进攻，出奇制胜 —— 解析

敌人被迷惑后，必须果断趁虚而入，不可延误时机

必须根据战场形势用计，不能根据兵书生搬硬套 —— 运用

该计的成功要以正常的用兵原则为前提

暗陈

度仓

经典战例

曹操计败乌桓
- 曹操假装退兵
- 曹军从小路杀向乌桓都城，大破敌军

贺若弼破陈
- 贺若弼派人在江边迷惑陈军
- 隋军暗中渡过长江，直逼陈都

康熙帝计除鳌拜
- 康熙帝表面上沉迷于与少年玩耍
- 康熙帝指挥少年擒拿鳌拜

陈玉成智取武昌
- 太平军在正面佯攻
- 陈玉成率五百精兵爬上武昌城，清军溃散

计谋故事

本计源于司马迁《史记·淮阴侯列传》，记述了一代名将韩信"明修栈道，暗度陈仓"的故事。

项羽在巨鹿之战中破釜沉舟，击败了秦军的主力。同时，刘邦率领自己的队伍一路向西，一直杀到咸阳城下。秦王子婴出城投降，秦朝灭亡。后来，项羽火烧咸阳，自封为西楚霸王，又将刘邦封为汉王，让其进入汉中。项羽不放心刘邦，又封章邯为雍王、董翳为翟王、司马欣为塞王，驻扎在秦国旧地，世称"三秦"，负责扼制刘邦的出关之路。

刘邦在率军进入汉中时，下令烧掉了栈道（用木板在悬崖上铺出的道路），向项羽表示自己无心出关争夺天下。很多将领觉得跟着刘邦没前途，在进入汉中的路上纷纷逃跑了，其中就包括治粟都尉韩信。刘邦的心腹之臣萧何连夜追回了韩信，并极力建议刘邦将原本名不见经传的韩信封为军中大将。刘邦从善如流，真的让韩信当了大将。

此时，项羽所封齐、赵等地的诸侯公开起兵反叛，项羽立即率军平叛。刘邦知道机不可失，让韩信部署出关的计划。韩信知道，出关最大的阻碍就是雍王章邯。他经过一番考虑，决定采取"明修栈道，暗度陈仓"的计划。

这一天，韩信叫来大将樊哙，对他说："汉王马上就要出征，但是通往'三秦'的栈道已经被烧毁了，三军通行不便。现在请将军带领人马，重修栈道，疏通险阻，限期完工。如若不然，军法处治！"

樊哙说："栈道艰险，数百里都被烧毁了，短期内怎么能够完成？"

韩信说："素闻将军忠义，请不要推诿，立即启程吧。"

樊哙本来还要推辞，但又害怕有违军令，只得忍气吞声，带领人马赶赴栈道抢修。到了之后，只见栈道所处山路崎岖，树木丛生，三军无立足之地，修复工作非常困难。

樊哙想："一定是韩信不敢伐楚，故意迁延时日，才让我做这个短时间内无法完成的工作，好把责任推到我的头上。"随后，将士们翻山越岭，查看地形，带着满腔怨气在高处插木、断处架桥、隘处凿石、隐处开路，大家精疲力竭、怨声载道。樊哙一筹莫展。

樊哙率人修筑栈道的消息很快就传到了山那头的大散关守将章平的耳朵里。章平是雍王章邯的弟弟，他让人将这个情况报告给章邯。章邯回复说："韩信不过是个无名之辈，刘邦无知，让他当大将。韩信素来没有威望，三军怎么会服他呢？再说数百里栈道，短时间怎么可能完工？韩信真是个只会纸上谈兵的无能之辈，不必理会。"

得知哥哥的态度后，章平也放松了对汉军的防备。这一天，守关军士来向他报告："汉军修建栈道的百余名民夫嫌工程太过辛苦，逃过来投降。"

章平大喜，立刻差人将这些民夫带来。民夫行礼之后，就开始哭诉栈道工程艰险，就是一两年也未必能修完。又说汉王拜韩信为将，众人不服，逃兵越来越多。章平很高兴，随后将这些民夫收入军营之中。

韩信自从派遣樊哙去修筑栈道后，也开始整顿军马，准备奏请刘邦择日起兵。将士们不明就里，刘邦听闻韩信整顿兵马，连忙叫来韩信询问。韩信说："我表面上让樊将军去修栈道，只是为了麻痹'三秦'。大军则暗地里从小路进军，不出十天就可以抵达大散关，让章平以为我军从天而降，定能获胜。得到大散关，我军就可以直逼重镇陈仓，不日即可擒杀章邯。"刘邦大喜。

接着，韩信派人替回修筑栈道的樊哙，又将人马分为四路，开始由小道前进。樊哙率先锋军开路，大军鱼贯而行。章平派人探听樊哙修筑栈道的进展，听说负责修建栈道的主将已经换了，民夫减少了许多，工程完工遥遥无期。章平听后顿觉心安。

这一天，守关士卒突然来报告，说汉军遍地，蜂拥而来，先锋樊哙已经杀到关下。章平大惊："栈道还没修好，汉军难道从天而降吗？"他一边派人去向章邯求援，一边出兵攻打樊哙。章平哪里是樊哙的对手，大败回关，下令坚守待援。这时，之前那百余名投降的民夫突然冲过来绑住了章平，原来他们是韩信派来诈降的。

章平手下的将士见强敌在外，主将又被绑，所以无心作战，开城投降了。就这样，汉军不费吹灰之力就占领了大散关。之后汉军继续前进攻击章邯，章邯大惊，在陈仓迎击汉军。章邯兵败，退守废丘（位于今陕西西安长安区附近）。坚守一年多以后，废丘城破，章邯自刎。翟王董翳、塞王司马欣也投降了刘邦。就这样，刘邦终于摆脱了"三秦"的束缚，开始向东与项羽争夺天下。

计谋解析

此计与"声东击西"之计有相似之处，都有迷惑敌人、隐蔽进攻的特点。二者的不同之处在于，声东击西隐蔽的是攻击点；暗度陈仓隐蔽的是攻击路线，是一种迂回进攻的出击方式。暗度陈仓需要向敌人显示虚假的行动，利用敌人因惯性思维而没有防范，我方暗中采取行动，这样就能出其不意获得胜利。

计谋原典

示之以动①，利其静而有主②，"《益》动而巽"③。

— 注释 —

①示之以动：动，行动，动作，这里指军事行动。全句意为：把佯攻的行动故意显示在敌人面前。

②利其静而有主：静，平静；主，主张。全句意为：利用敌人已决定固守的时机。

③《益》动而巽：益和巽，都是《易经》的卦名。《益卦》的《象》辞里说："《益》动而巽，日进无疆。"是说益卦，下卦为震、为动，上卦为巽、为风、为顺。意思是说，行动合理、顺理，就会天天顺利，无有止境。又解：益，收益；巽，为动、为前进。联系本计，意为：表面上努力使行动合乎常情，暗地里主动迂回进攻敌人，必能有所益。

— 译文 —

故意采取佯攻行动，利用敌人已决定固守的时机，暗地里迂回到敌后进行偷袭，乘虚而入，出奇制胜。

经典战例

曹操计败乌桓

公元207年，东汉权臣曹操率大军北征乌桓。大军还没到，曹操就先命人请来了一位神秘人物——田畴。田畴是幽州名士，长期生活在靠近乌桓的地方，对乌桓的情况非常了解。乌桓人长期骚扰幽州，田畴早就有心攻打乌桓，但实力不足。田畴听说曹操的意图后立刻加入了曹操的麾下。

田畴来到军中，开始帮助曹操谋划进攻乌桓的事宜。当时正值盛夏，连日大雨使道路泥泞不堪。更麻烦的是，道路上水浅的地方无法通行车马，水深的地方也无法驾船驶过。而且，乌桓人在险要的地方都设置了守军，曹军想要攻入乌桓难如登天。曹操非常担心，问田畴怎么办。田畴胸有成竹地说："除了这条道路，我还知道一条直通乌桓腹地的路。那条路已经有

二百余年荒废不通了，只有小路可以走。敌人觉得大军无法通过那条小路，应当疏于防备。我们可以先伪装退兵，接着悄悄返回，通过那条小路去攻打敌人，一定可以出其不意，成就大功。"

曹操听完非常高兴，立刻下令大军撤退，还在道口立了木牌，写着："如今正是盛夏，道路不通，等到秋冬两季一定会再来攻打。"乌桓的侦察兵看到了木牌，遂将木牌所写内容报告给乌桓单于蹋顿，蹋顿不由得放松了警惕。与此同时，曹军以田畴为向导，通过小路杀向乌桓的都城柳城（今辽宁朝阳），一直到距柳城二百里的地方才被发现。两军交战，乌桓军大败，蹋顿被杀，二十余万人投降。

贺若弼破陈

隋文帝杨坚建立隋朝之后，就开始筹备消灭南方的陈朝，欲一统天下。经过多年发展生产、提升军力，隋文帝认为灭陈时机已经成熟。公元588年，隋文帝让自己的两个儿子——晋王杨广和秦王杨俊率领五十余万水陆大军开始南下攻陈。其实，杨广和杨俊不过是名义上的主帅，实际指挥作战的是杨素、高颎、贺

若弼、韩擒虎等名臣宿将。

　　贺若弼作为隋军主攻部队的核心将领，奉命出广陵（今江苏扬州），陈兵长江北岸，配合杨广、韩擒虎围攻陈朝都城建康（今江苏南京）。贺若弼受命之后，为了迷惑陈军，他故意买了几十艘破旧的小船陈列在江口，让陈军误以为隋军缺乏战船。此外，贺若弼多次将换防士兵集于广陵，还让士兵们大张旗帜、遍设军帐，让陈军以为隋军就要大举进攻了，连忙派人防御。但是，贺若弼命士卒沿江射猎，人马喧噪，如此反复，陈军开始迷惑起来，对隋军的动向没有那么在意了。

公元589年的农历正月初一，陈军正在欢庆新年，贺若弼却下令隋军秘密渡江。此时恰好长江上大雾弥漫，再加上贺若弼战前采取了很多惑敌措施，使得陈军对渡江的隋军毫无察觉。渡江之后，贺若弼领兵直扑建康，一路上军纪严明、秋毫无犯，很快占据了建康东郊的钟山。与此同时，韩擒虎也渡江占据了建康西南的新林，两路大军包围了建康。

陈军毫无准备，在建康附近的十余万大军无奈之下仓促应战，但被贺若弼等人击败了，连陈朝的骠骑大将军萧摩诃都被俘虏了。接着，贺若弼攻入建康城，韩擒虎俘虏了陈后主，陈朝随即灭亡。

康熙帝计除鳌拜

公元1661年，8岁的玄烨继承皇位，第二年更换年号为"康熙"。但由于康熙皇帝年纪还小，朝政大权被索尼、苏克萨哈、遏必隆与鳌拜这四个辅政大臣把控。

鳌拜在四个辅政大臣中最善于玩弄权术，他具有强大的政治野心，颐指气使，不可一世。依照祖宗立下的规矩，康熙帝到14岁就应该亲政了。此时，索尼已经去世了，苏克萨哈因与鳌拜有过节，鳌拜就污蔑他反对康熙帝亲政，使苏克萨哈被康熙帝处死。遏必隆依附鳌拜，对他言听计从。原本在康熙帝亲政后，鳌拜应当把权力交回康熙帝手里，然而他非但不这么做，反而变本加厉地专政。

康熙帝阅读了很多汉文经典，了解了很多安邦定国的措施。他勤奋好学，不但表现在阅读经论上，还表现在苦练骑射技艺上，因此他拥有强健的体魄，还习得了一身纯熟的武艺。康熙帝为了对付鳌拜，从皇

族中选出一些十几岁的少年，在宫内苦练摔跤。朝廷中到处都是鳌拜的同党，康熙帝暗中把鳌拜的很多亲信谴出京城，命自己信任的人掌握了京城的军权。鳌拜打心眼里看不起小皇帝，得知他每天都和一帮小侍卫玩摔跤，更是对他不加防备。

　　某天，康熙帝对"宫廷摔跤队"的小侍卫们说："你们是听命于鳌拜，还是听命于我？"

　　小侍卫们异口同声地说："我们直接听命于皇上。"

　　康熙帝见时机成熟，便言辞激烈地说："鳌拜身为辅政大臣，有负先皇的重托。他背弃国法，把自己的亲信安插到朝廷各处，党同伐异，滥杀无辜。对于朝廷政务，他都是先斩后奏。长此以往，国家如何能安稳？我这个皇帝形同虚设！"

　　小侍卫们听完都很气愤，康熙帝又低声说："虽然你们都很年轻，但都是我的股肱之臣，我需要你们帮忙解决掉他！"

　　康熙帝把鳌拜召进宫来，埋伏在四周的小侍卫们当即冲向鳌拜。鳌拜是武将出身，曾立下赫赫战功，被誉为"满洲第一猛士"。他发现冲过来的都是乳臭未干的小孩子，一点儿也没有将他们看在眼里，只是下意识地施展拳脚反抗一番，却不料寡不敌众，很快就被小侍卫们结结实实地捆了起来，不能行动。

朝臣们得知康熙帝把鳌拜抓了，不禁拍手称快，还罗列出鳌拜的三十条罪状，奏请康熙帝处死鳌拜。朝堂之上，心惊胆战的鳌拜一下子脱去上衣，露出身上的疤痕，说："这是老臣随先皇征战的印证啊！"

康熙斟酌了一下说："尽管鳌拜犯了大罪，可他也立过战功，应当免除他的死罪。"便命人将鳌拜关押，为被鳌拜残害的朝臣平反昭雪。不久，鳌拜死于狱中，鳌拜一党被连根拔除。

陈玉成智取武昌

太平天国的杰出将领陈玉成崭露头角的一战就是智取武昌。他在这场战争中采取了"明修栈道，暗度陈仓"的计谋，展现出很高的军事指挥才能。

陈玉成原名陈丕成，他自幼父母双亡，祖父母含辛茹苦地将他养大，还送他念了一段时日的私塾，但终因家境贫寒而辍学。陈玉成十岁左右就开始给人帮工，自谋生路。他曾给人放牛，也曾帮人家盖房子，饱尝人间辛酸。在这个过程中他养成了机警、倔强、不怕吃苦、敢于冒险的性格，身体也锻炼得十分强壮。

　　当时，洪秀全创立的拜上帝会四处传教、招收信徒，教义在陈玉成的家乡传播开来，少年陈玉成成为该教会员。陈玉成十四岁时，洪秀全发动了金田起义，陈玉成和好友陆海平（后来的来王陆顺德）、李以文（后来的忠王李秀成）都加入了太平军，同时参与起义的还有陈玉成的二十多个同族兄弟、叔伯等。

　　陈玉成年纪小，就当了大将罗大纲的亲兵。起初他没有参加多少战斗，直到1854年，十七岁的陈玉成终于一鸣惊人。

　　当时，陈玉成在军中担任主管粮食的下级军官，负责协助北王韦昌辉的弟弟韦志俊西征。韦志俊攻打重镇武昌，但一连数月无法攻克。东王杨秀清唯恐夜长梦多，于是严令韦志俊限期拿下武昌，否则就要将他治罪。但是武昌城池坚固、守军众多，韦志俊一筹莫展。

　　初生牛犊不怕虎的陈玉成已经对武昌的情况有了充分的了解，并想出了一个惊人的攻城方案。于是，他找到韦志俊主动请缨，说自己能够攻下武昌。

　　韦志俊并不相信这个毛头小子，但病急乱投医，他还是想听听陈玉成有什么见解。陈玉成表示，继续长时间地与清军对峙对太平军不利，而速战速决、继续西征才是出路。韦志俊意识到陈玉成虽然年龄不大，却见识非凡，对他的轻视一扫而光，开始对陈玉成的攻城方略充满期待。

陈玉成胸有成竹地对韦志俊说："据我观察，武昌城中的粮草和弹药即将消耗殆尽，守城的清军已疲惫不堪。虽然如此，但武昌城高池深，我军正面进攻，依然难以取胜，会白白消耗有生力量。"

韦志俊听他说出了症结所在，连连点头，说道："那么，依你之见该如何攻城呢？"

陈玉成说："我军围城数月，清军的注意力均被吸引到正面。您让我率领几百名精兵，从防备松懈的地方突入城中，清军猝不及防，必然溃散，破城将易如反掌。"

听罢，韦志俊紧锁的眉头终于舒展了一些，但对这个冒险的计划，他还是放心不下。但是一想到东王的命令，他还是决心拼一把，于是同意了陈玉成的计划。

事不宜迟，韦志俊当即拨给陈玉成五百名身强力壮、反应敏捷的士兵，并为士兵配备精良的武器。陈玉成开始率领这五百名精兵日夜操练。

很快到了1854年农历五月下旬，陈玉成率领五百精兵进入武昌城外的梁子湖，绕到了城东。到了六月初二夜间，行动终于开始了。当时夜色漆黑，四周一片寂静，武昌城头的守军放松了警惕。突然，长期围城的太平军又行动起来了，他们高声鼓噪，战鼓震天，旌旗飘扬，大炮轰鸣，作势要登城。又困又饿的守军无奈，再次集中到城头进行防守。对于太平军徒劳的进攻，他们早已习惯，口中不断咒骂这些不死心的"长毛贼"。

武昌守将岳兴阿也听到了动静，急忙登上城楼，看到黑压压一片太平军。于是他照例下令紧闭城门，并让人向城外开炮、放枪、射箭。眼见太平军仍像过去几个月一样，根本无法逼近城门，岳兴阿紧绷的神经放松下来，于是下城回府去了。疲惫不堪的守城清军看到守将走了，再加上这么一番折腾，都精力不支。他们发现太平军并没有逼近城下的意思，声势也渐渐小了，于是仅留少数人盯着城下，多数人都横七竖八地在城头睡着了。

实际上，城下的太平军是在佯攻，只是闹出很大的动静，并没有进攻。陈玉成看到城上城下都没有什么劲头了，就带着五百名精兵悄悄来到城墙下。

陈玉成低声下令，大家各自将打好扣的绳子扔上城墙，套到了城垛上。接着，陈玉成低声下令："上！"话音刚落，他就带头抓着绳子朝城头上爬去，五百名战士就像猿猴一样，一个接一个爬上了城头。

陈玉成在城头站稳之后，立刻高喊："天兵来了，天兵来了。"率领登上城墙的先头部队冲向城头的清兵。清兵没想到敌人从天而降，哪里有抵抗之心，一

个个鬼哭狼嚎，四处奔逃。陈玉成又下令点燃了城墙上的火药桶，城头顿时火光冲天。城中清军都被惊醒了，还以为哪个城门已经被太平军攻破了，于是争先恐后地狂奔。有的清军为了逃出城去，打开了城门。韦志俊早已率领大军等在城外，于是乘势率兵攻入城内。天蒙蒙亮时，武昌城已经落入太平军手里了。

武昌城被攻下的消息传到天京，天王洪秀全大喜过望，将陈玉成越级提升为殿右三十检点。十七岁的陈玉成从此成为太平军中最年轻的高级将领。

此战中，太平军正面佯攻吸引守军，陈玉成趁敌人疲惫不堪之机，自己带领精兵暗度陈仓进行偷袭，一举攻克坚城。

计谋运用

1. 暗度陈仓的运用要点，就是表面佯动，暗中有另外的行动。

2. 在敌人中计后，必须把握机会乘虚而入，一旦延误时机，计谋就会失败。

3. 战场上的形势千变万化、不可预测，在用暗度陈仓之计的时候，一定要看清形势，从书上照搬某种计谋是难以成功的。

4. 出奇制胜的用兵之法来自正常的用兵原则，如果没有正常的用兵原则也就没有出奇制胜。

隔岸观火

第九计

本计的核心是：静观其变，随变而动。先让敌人自相残杀，等到敌人实力大减之后，我方及时行动，坐收渔利。

思维导图

比喻见到别人有危难不援助而采取袖手旁观的态度 — 定义

最早见于唐代僧人乾康的诗《投谒齐己》 — 探源

静观其变，随变而动。先让敌人自相残杀，等到敌人实力大减之后，我方及时行动，坐收渔利 — 解析

隔观

不要逼迫，而是远远退避，待其内乱 — 敌人自相倾轧

表面中立，暗地里煽风点火，激化敌方的矛盾 — 敌人有和解的势头

运用

岸火

经典战例

夹缝中的生存之道
- 郑无奈降楚
- 怕晋问责，郑挑拨离间，导致晋楚大战

苏代暗中点"火"
- 白起被赐死
- 赵国暂时得以保全

董卓乱中取利
- 何进被宦官杀害，袁绍诛杀宦官，小皇帝被挟持出逃
- 董卓以保护皇帝为名把持了朝中大权

杨彪拆散李傕、郭汜联盟
- 杨彪派人散播消息称郭汜与李傕之妻有染，使郭妻诋毁李傕
- 李傕、郭汜中离间计开始互相攻打，联盟被拆散

曹操坐山观虎斗
- 公孙康杀死袁尚、袁熙
- 曹操不费一兵一卒除掉两个心腹大患

韩琦保持中立
- 同僚争吵或互相诋毁时，韩琦不偏不倚
- 使同僚之间保持相安无事

计 谋 故 事

本计的计名最早见于唐代僧人乾康的《投谒齐己》一诗："隔岸红尘忙似火，当轩青嶂冷如冰。"

晚唐时期，有一位著名的诗僧，法号齐己。齐己出身贫寒，出家后云游天下，创作了很多杰出的诗歌。特别是他的《早梅》一诗，脍炙人口："万木冻欲折，孤根暖独回。前村深雪里，昨夜一枝开。风递幽香出，禽窥素艳来。明年如应律，先发望春台。"

齐己游历归来时，他的诗名已经传遍大江南北。齐己晚年定居家乡长沙，时常有仰慕他的人前来拜访。如果是志同道合的诗友来访，齐己自然兴奋不已，与对方畅谈诗文，其乐无穷；但如果来的是世俗之人，齐己就变得烦躁起来。出于礼貌，他不得不与对方交谈，但内心却盼望对方赶紧离开。这样的事情多了，齐己就吩咐童子说："以后再有访客，如果是雅士，你就请他来见我；如果是俗人，你就告诉他我出去云游了，不在寺中。"童子点头记下了。

这一天，一个衣着简朴的老僧人来到寺院，很有

礼貌地向正在烹茶的童子搭话，请求拜访齐己。童子
看他貌不出众，就有了几分轻视之意，说道："师父出
门云游了，您改日再来拜访他吧。"老僧人说："童子
莫要诓我，你不是正在为齐己烹茶吗？"

　　童子没想到自己的谎话这么容易就被拆穿了，脸
不由得红了，同时也发现这位老僧并非俗人，于是正
色说道："老师父，请恕我冒昧，我师父确实在寺中。
请告诉我您的法号，我为您通报一声。"

　　老僧早就听闻齐己只爱与雅士交游，于是故意不
说自己的法号，而是让童子拿来纸笔，写了一首诗，
让童子拿给齐己看。

齐已得知有人来访，心中有几分不悦。童子连忙递上那首诗，齐已接过来看了一眼，立刻被那龙飞凤舞的字迹所吸引，连连赞赏："好字！好字！"接着，他高声吟诵起这首题为《投谒齐已》的诗："隔岸红尘忙似火，当轩青嶂冷如冰。烹茶童子休相问，报道门前是衲僧。"齐已朗诵完后拍案而起，连声说道："好诗！好诗！"原来，诗中将寺院与河对岸的喧闹城市进行对比，此处的清幽冷寂与彼岸的喧闹红火判若霄壤，更体现出修行之人内心的恬淡。这样的好诗，齐已怎能不击节叹赏呢？

这下齐已也不让童子去请客人了，自己快步走出禅房，到院中去与客人相见。一番交谈之后，齐已才知道对方法号乾康，也是一名诗僧。齐已留乾康在寺中一连住了数月，乾康走后，齐已又到处宣扬乾康的诗名。如此，乾康与《投谒齐已》这首诗声名远播，诗中衍生出的成语"隔岸观火"也家喻户晓。

计谋解析

隔岸观火，也就是俗话所说的"坐山观虎斗""黄鹤楼上看翻船"。敌人内部分裂、相互倾轧时，切不可匆忙进攻，免得他们一时联手反击。静观其变才是上策，让敌人互相残杀，力量削弱，甚至自行瓦解。当然，此计也不是纯粹站在旁边看热闹，一旦时机成熟，就要改"坐观"为"出击"，以达到取胜的目的。

计谋原典

　　阳乖序乱，阴以待逆①。暴戾恣睢②，其势自毙。顺以动《豫》，《豫》顺以动③。

— 注释 —

①阳乖序乱，阴以待逆：阳、阴，指敌我双方两种势力；乖，分崩离析；逆，混乱，暴乱。全句意为：敌方众叛亲离、混乱一片，我方应静观以待其发生大的变乱。

②暴戾恣睢：穷凶极恶。

③顺以动《豫》，《豫》顺以动：语出《易经·豫卦》："《豫》，刚应而志行，顺以动《豫》。《豫》以顺动，故天地如之，而况'建侯行师'乎？"豫即喜悦。豫卦坤下震上。顺以动，坤在下，是顺；震在上，是动。意思是说，阴阳相应，天地之间也能任你纵横，何况建诸侯国、出兵打仗呢？这些目的一定能达到。用在本计上，即以欣喜的心情，静观敌方发生有利于我方的变动，以便顺势而制之。

— 译文 —

　　当敌人内部发生争斗、秩序混乱时，我方应静待其发生变乱。敌人穷凶极恶，自相残杀，必然自取灭亡。顺应时势而行动，就能像《豫卦》所说的那样，要达到令人喜悦的目的，必须顺应时势行动，不宜操之过急。

29

夹缝中的生存之道

春秋时期，楚庄王励精图治，令楚国实力剧增，而后他开始谋求霸主地位。公元前597年，由于郑国之前遭晋国攻打而叛楚归晋，楚庄王大举攻郑。

郑国国小力微，无险可守，郑襄公只得派人向晋国求救。晋国的援军迟迟不来，郑国苦苦支撑三个月后，都城终于被楚军攻破了。郑襄公袒露上身，手牵着羊，打开城门向楚庄王投降，献上了郑国的国书、地图。

郑国是楚国与晋国的缓冲地带，它的存在对楚国来说是有重要意义的。于是，楚庄王说："灭掉郑国是名不正言不顺的，而且郑襄公谦虚和顺、深得民心，想吞并郑国也不容易，因此允许郑襄公求和吧。"楚军后撤了三十里，与郑国签订了盟约。

盟约签订不久，晋景公派来的援军也渡过了黄河，听说郑楚结盟，就停下来屯兵不前。晋军不想跟

楚国交战，但又担心不救郑国会丧失在诸侯中的威望，因此非常纠结。楚庄王原本打算撤军，听说晋军来了，就率楚军北上与晋军对阵。但是，楚庄王对打败晋军也没有把握，几次派出使者到晋营，声称楚军只是想惩处郑国，不想跟晋军打仗，双方还约好了订立结盟合约的时间。

郑襄公十分担忧，害怕晋国因郑楚结盟一事向自己兴师问罪，于是召集群臣一起商议对策。众大夫议论纷纷，大夫皇戌说："臣愿意去晋营，劝说晋军去与楚军决战。如果战争的结果是晋军获胜，我们就重新归附晋国；如果是楚军获胜，我们就继续与楚国结盟。"郑襄公就派皇戌去晋营，鼓动晋军攻楚。

皇戌到了晋营，对一心想攻楚立功的中军副帅先毅说："郑国服从楚国，只是害怕被楚国吞并而已，并不是对晋国有二心。现在楚国骄傲狂妄起来，肯定疏于防备。晋楚交兵之时，郑军从背后攻击，定能大败楚军。"皇戌的话煽动起先毅的狂热情绪，使他决心进攻楚军。与此同时，郑襄公还派出使者到楚军处，怂恿楚庄王与晋军开战。

楚晋之间的矛盾由来已久，如今再加上郑国的煽风点火，晋军与楚军终于爆发了一场规模巨大的战争。结果晋军战败，溃逃回国，楚庄王的霸主地位因此确定。郑国继续臣服楚国，避免了被晋军兴师问罪的危险。

苏代暗中点"火"

战国时期，中原被割裂成很多小国。列国为谋取霸主之位，常常相互攻伐，致使中原大地战火弥漫。周王室日益衰落，群雄并起，各自割地称王。在经年累月的战争中，燕、赵、韩、魏、齐、楚、秦形成七方势力。其中，秦国在商鞅变法的影响下逐渐强大起来，成为霸主。此时能与强秦分庭抗礼的国家只有赵国。

秦国想要逐鹿中原，于是最先拿赵国开刀。秦、赵两军在长平地区大战了一场，最终武安君白起率领的秦军获胜，四十万赵军被其坑杀，赵国国内人心惶惶。白起乘胜追击，接连攻下了赵国十几座城池，大军压境，不日便可攻破赵国都城邯郸。形势迫在眉睫，赵国国相平原君的门客苏代为平原君出谋划策，想要铤而走险前往秦国，以解亡国之虞。

苏代带着厚礼去咸阳拜谒秦相范雎，对范雎说："这回武安君长平一战威风八面，如今又想攻破邯郸，倘若得逞，他就成了秦国一统天下一等一的功臣。我是替您担心哪！您如今的地位高于他，但以后只怕要受他压制了。这个人可不是盏省油的灯！"苏代伶牙俐齿、巧舌如簧，一番话令范雎哑口无言。稍后，范雎询问苏代有什么应对之策。苏代说："赵国已衰弱至极，不如劝说秦王暂且答应和谈。如此一来就能夺去武安君的兵权，您的地位便安如磐石了。"范雎点头认可，马上进宫去见秦王。

范雎对秦王说："秦兵常年征战，兵困马乏，需要

整顿，不如暂且下令息兵，同意赵国割城求和。"范雎深得秦王的宠信，很有话语权，秦王听罢真的允许罢兵休战了。于是，赵国割让六座城池给秦国，两国休战。赵国一时免去了灭国之灾。

过了两年，秦王想要再次发兵攻打赵国，白起觉得时机不合适，多次称病拒不出战。秦王本就火冒三丈，范雎还在一旁火上浇油，秦王便罢免了白起的官位，把他赶出咸阳城。而后范雎又向秦王谏言："白起必定心存怨恨，倘若任由他前往他国，以他的军事才能及对我国的熟悉，他日恐终将成为秦国的祸害。"秦王闻言，立即命人赐给白起一把剑，让他自尽。这个为秦国立下赫赫战功的一代名将最终却因受到猜忌而被赐死。

白起将要攻陷邯郸的时候，秦国内部并没有矛盾，但是苏代用三寸不烂之舌燃起了范雎的妒火，令秦国朝堂内部"失火"了。

董卓乱中取利

董卓出身凉州豪绅家族，他性格凶悍、善骑射且极有心计。他以小吏起家，后率军屡次抵御异族入侵，不断升迁，掌握军队的人数越来越多，曾担任并州刺史、河东郡太守。黄巾起义爆发后，董卓被封为东中郎将，奉命进攻起义军首领张角。董卓因迁延无功被罢免，后又被赦免起用。

汉灵帝病重时，对手握重兵的董卓心怀猜忌，于是封董卓为并州牧。表面上是给董卓升了官，实际上是想让他离开经营多年的凉州。董卓接受了任命，但不肯交出兵权。他带人向并州进发，但途中就不走了，开始观望朝中的局势。

当时，朝廷内部争权夺利的斗争日趋白热化，政局动荡日甚一日。斗争的中心，就是外戚何进与专权

的宦官集团。汉灵帝驾崩后，何进的外甥刘辩继位，何进执掌了大权。对于妨碍他专权的宦官，何进恨之入骨，于是决定利用天下人怨恨宦官的心理除掉宦官。在袁绍、袁术等士族名士的帮助下，何进除掉了宦官蹇硕。袁绍等人劝何进下定决心诛杀所有宦官，免得为其所害。何进缺谋少智，再加上他的妹妹何太后的阻挠，何进下不了决心。

　　这时，袁绍又给何进出了个引狼入室的馊主意："将军可以调集四方猛将，令其到都城洛阳，逼迫太后同意尽除宦官。"何进的主簿陈琳当即指出这个计谋切不可行，但愚蠢的何进不听劝阻，下令召董卓等人带兵进京。

　　对于这个千载难逢的机遇，董卓自然不会放过。他立即率领麾下人马日夜兼程地赶路，最先到达京师。董卓不是来增援何进的，而是打算乘机夺取朝廷大权。他一边赶路，一边上书弹劾张让等宦官，让朝中的形势更加紧张。而何进在听到一些风言风语后也后悔了，派人劝阻董卓，不让董卓进京。董卓一边上书为自己的行为辩解，一边继续前进，一直到了洛阳城外才暂时停了下来。

不久，以张让为首的宦官意识到，只有先下手才能有一线生机。于是，他们趁何进入宫晋见何太后之机，杀死了何进。何进的部属袁绍、袁术等带人焚烧宫门、攻入皇宫，遇到宦官不分老少全都杀死，有些人不是宦官，只因为没有长胡须也被杀死。张让等人只得挟小皇帝刘辩出逃。

洛阳城外的董卓，看到皇宫火起，立刻领兵追赶张让和小皇帝，并在洛阳城西邙山上找到了他们。张让投水自尽，小皇帝落入董卓之手。从此，董卓成为朝中一手遮天的权臣。

杨彪拆散李傕、郭汜联盟

公元192年，为患天下三年之久的董卓终于被王允、吕布等人合谋除掉了。但是，天下并没有因此获得太平。原来，王允为了彻底铲除董卓的势力，在朝中大肆捕杀"贼党"，难免株连无辜，董卓的部将更是寝食难安。

于是，董卓的部将李傕、郭汜在谋士贾诩的建议下攻入了长安城，他们杀死王允，赶走吕布，控制了汉献帝，朝政开始被此二人把控。二人在长安放纵士兵胡作非为，百姓惨遭蹂躏，民不聊生，米价达到五十万钱一石。

当时朝中大臣以太尉杨彪为首，他不肯屈从李、郭的淫威，差点被杀，经人解救才幸免于难。杨彪并不畏惧，而是想方设法欲除掉李、郭二人。但是二人手握重兵，且互相勾结，难以击破。要想除掉二人，必须先拆散他们的联盟。

杨彪经过四处打听，得知郭汜的妻子十分善妒，他灵机一动，想到了离间李、郭的计谋。杨彪派出亲信，在长安城中四处散播谣言，说郭汜与李傕的妻子有染。不久，消息传到了郭汜妻子的耳中。郭妻大怒，决心挑拨郭汜与李傕的关系。

一次，李傕让人将一些饭菜送到郭家，郭妻声称菜中的豆豉是毒药。郭汜不信，但妻子特意挑出豆豉，并说了李傕很多坏话。郭汜表面上与李傕友善，其实二人早就因争权夺利产生了裂痕，所以郭汜渐渐相信了妻子的话。又过了几天，李傕设宴宴请郭汜，把郭汜灌得大醉。郭汜回到家中，怀疑李傕毒害自己，喝了一些粪汁来催吐。这下，二人彻底决裂了。

很快，郭汜点起军队，杀向毫不知情的李傕。李催只得率兵抵抗，两军死者达到上万人，两人的实力大为削弱，过了两年先后被杀。

曹操坐山观虎斗

官渡之战后，袁绍萎靡不振，过了两年就抱病离世了。袁绍有三个儿子，分别是袁谭、袁熙、袁尚，小儿子袁尚最得袁绍喜爱，成为继承人，大哥袁谭快快不服。虽然三兄弟面对曹军的大军压境，仍然携手抗击，但实际上相互之间已心存嫌隙。公元203年春，曹操大军把黎阳外城围困起来，袁氏兄弟只得出城迎敌，结果被曹操打得溃不成军，连夜逃往冀州，曹军追到了冀州治所邺县（位于今河北临漳西）。众将士都认为曹操应该趁机攻占邺县，然而谋士郭嘉却对曹操说："袁绍死了以后，他的儿子之间存在诸多矛盾，各成党派。如今遭遇我军进攻，他们暂且一致对外，我们一旦撤军，他们为了争夺各自的利益，一定会自相残杀。不若我们暂且不攻打冀州，声称南下攻伐荆州刘表。倘若袁谭、袁尚兄弟相残，我们便能坐享其成，不日便可拿下冀州。"曹操觉得郭嘉所言甚是，于是挥师向南，对外声称要讨伐刘表。

　　果不其然，曹操退兵后，袁谭、袁尚为了夺取冀
州大打出手。袁谭打不过袁尚，只能退守平原（位于
今山东平原西南）。袁尚亲率大兵追击，并围困平原
城。军师郭图向袁谭献计："现在城中粮食不足，不若
暂且命人向曹操乞降。倘若曹军进攻冀州，袁尚必然
会回援，到时候曹军在前面进攻，我军在后面追击，
袁尚还能逃向哪里？袁尚被捕，将军便能聚集兵马，
再抗击曹操。曹军长途跋涉，粮饷难以供给，日子久
了定会撤退，这样我们便可以保住河北一带。"

　　袁谭对郭图的计谋颇为赞同，命谋士辛毗向曹操乞降求援，曹操的很多部将都疑心袁谭是在诈降，荀攸、郭嘉等谋士则竭力劝说曹操接受辛毗的投降，然后挥师北上。他们认为，河北不平，终究是一个很大的隐患，现下恰好趁着他们内斗，平定青、冀两州。荆州刘表庸碌无能，往后再解决他也不迟。曹操立刻挥师北上，朝冀州而去。

　　袁谭得知曹操挥师北上，进攻冀州，认为曹操已中计，十分高兴。曹操率军抵达冀州地界后，袁尚接到消息就离开了平原，回援冀州。袁尚的部将吕旷、吕翔兄弟向曹操投降，袁谭得知后，悄悄地把两颗将军印送给吕氏兄弟，让他们在曹军中做卧底。

　　当曹操围攻邺县的时候，袁谭并没有发兵援助，而是进攻安平、河间等地。袁尚自然不敌曹操和袁谭的联合兵力，一败涂地后逃到中山，投靠二哥幽州刺史袁熙。袁谭收编了袁尚的部分军队，背叛了曹操。曹操一气之下打败且杀死了袁谭。就这样，曹操把青、冀两州平定了，又把袁绍的外甥——并州刺史高干打败了，大举攻占了青、冀、并三州，又朝幽州进攻。

　　袁熙、袁尚深知很难抵挡曹军，便投靠了北方的乌桓。曹操打算一举拿下北方，解决攻打南方的后患，就去攻打乌桓。乌桓属于东胡的一支，住在辽西草原，其单于蹋顿和袁绍私交甚密。曹军在抵达白狼山的时候，与袁熙、袁尚以及蹋顿等率领的数万前来复仇的乌桓兵马不期而遇。白狼山下一战使得蹋顿战殒，乌桓兵马溃散，袁熙和袁尚又带领少数亲随投靠了辽东太守公孙康。

平定乌桓后，众将士都建议曹操趁热打铁，攻打辽东，捉拿袁熙和袁尚。然而曹操下令班师。有些部下对此举深感困惑，然曹操故弄玄虚地笑道："不必再劳烦众将士出战，我很快便能取得二袁项上人头。"大军班师刚动身，公孙康便命人将袁熙和袁尚的首级送了过来。

曹操对众将士解释道："公孙康始终担心袁氏吞占辽东，二袁去投靠他，他势必加以防备。倘若我们发兵，他们便会齐心协力应战对抗我们；倘若我们不发兵，公孙康与袁氏兄弟的隔阂一触即发。公孙康畏惧我军的势力，又担心二袁对自己构成威胁，一定会杀死二袁令我安心。"众人闻言都赞叹曹操料事如神。

韩琦保持中立

身处某个集体中时，遇到身边的人因一些大事小情争得面红耳赤，并不是什么稀罕事。我们处在中间，劝解的话很可能厚此薄彼，惹"火"上身；不劝解，又不堪其扰。此时，不妨学学北宋名臣韩琦，用一种隔岸观火的态度，反而能让争吵的双方冷静下来。

韩琦是出将入相的一代名臣：在朝中，他与范仲淹一道主持了著名的庆历新政；在边疆，他率领大军抵御西夏，士兵们赞叹"军中有一韩，敌人闻之心胆寒"。韩琦在朝中为官时，他的同僚很多都才能过人，

但性如烈火，韩琦却能靠自己的隐忍、练达调和他们的关系。

有一年，韩琦与王拱辰、萧定基等人在开封府主持科举考试。王、萧二人时常因考生试卷的优劣等问题争得面红耳赤，韩琦却仿佛听而不闻、视而不见，一心坐在案前判卷。

树欲静而风不止。王拱辰与韩琦年龄相当，又在同一个部门为官，王拱辰觉得现在自己被前辈萧定基欺负，韩琦却当什么事也没有发生，心中大怒，于是用阴阳怪气的语调问韩琦："你在这里练习气度吗？"

韩琦不动声色，向他道歉后依然我行我素。看到韩琦的态度，王拱辰和萧定基反而觉得再吵下去没什么意思，此后遇事反而能商量着来了。韩琦保持中立、隔岸观火，没有偏向同龄友人，也没有偏向前辈，换来了比较好的结果。

韩琦在陕西抵御西夏时，同僚颜师鲁和夏竦关系很差。颜师鲁常常在韩琦面前说夏竦的坏话，夏竦也常常对韩琦说颜师鲁的坏话。韩琦每次都摆出一副认真倾听的样子，让对方以为韩琦是站在自己这一边的。两人说过的话，韩琦一句都没有泄露出去，因此两人能够相安无事，共同处理好陕西防务，否则肯定不得安宁了。韩琦用中立的态度又避免了一场同僚之间互相倾轧的风波。

计谋运用

1. 敌人自相倾轧的势头出现时，不要急于逼迫对方，逼迫就会遭到反击。如果退避得远远的，敌人就会自己出现内乱。

2. 如果没有外部势力推波助澜，敌人可能解决掉内部矛盾。因此，此计运用必须表面上保持中立，暗地里煽风点火，加速敌人内部的分裂，使其矛盾激化。

笑里藏刀

本计的特点是：用善良、友好的言行举止掩盖阴险毒辣的企图。在军事谋略上，通常指运用外交手段来麻痹对方，掩盖己方重要的、突然的军事行动。

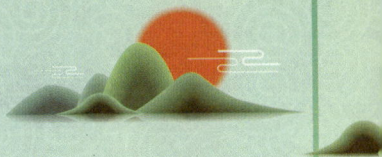

外表和善，内心阴险狠毒 —— 定义

本计源于唐代白居易《天可度》一诗 —— 探源

通常指运用外交手段来麻痹敌人，掩盖己方重要的、突然的军事行动 —— 解析

笑藏

根据敌人的性格特点区别对待

运用

要能忍受敌人的羞辱以及己方的不理解乃至排斥，将计谋贯彻到底

里刀

经典战例

勾践忍辱灭吴
- 勾践忍受屈辱侍奉夫差，越国臣服吴国
- 归国后勾践励精图治，最终吞并吴国

商鞅智擒公子卬
- 商鞅假装叙旧，设宴擒获公子卬
- 秦军击败魏军，魏王被迫割地求和

关羽中计
- 吕蒙装病、陆逊示弱以麻痹关羽
- 吕蒙白衣渡江夺得荆州，关羽兵败被杀

计谋故事

本计出自唐代白居易《天可度》："君不见李义府之辈笑欣欣，笑中有刀潜杀人。"除此之外，司马光主修的《资治通鉴》曾对李林甫有这样的评价："口有蜜，腹有剑。"意思与笑里藏刀十分相似。

唐玄宗在位前期，任人唯贤，国富民强，缔造了"开元盛世"，步入老年后，他渐渐亲近佞人，变得昏庸。他重用的第一个奸臣就是"口蜜腹剑"的李林甫。

李林甫看似厚道、待人亲和，其实阴狠毒辣。只要是冒犯过他的人都会遭到他的残害，而且所用的手段非常阴毒，叫人无法设防。谁的才能比他高，或是不愿意与他沆瀣一气，他就会变着法儿地整治对方，直到把对方踩在脚下为止。

李林甫通过勾结唐玄宗身边的嫔妃和宦官来讨好唐玄宗，进而提升自己的权势。他得知武惠妃是唐玄宗最宠爱的嫔妃，高力士是唐玄宗最宠信的宦官，就千方百计地讨好这二人，让他们向唐玄宗推举自己，通过这种方式渐渐获取唐玄宗的信任。

　　在数年的苦心经营之下，李林甫一朝取得宰相之位。那时候朝中还有其他宰相，张九龄算是最有名望的。李林甫绞尽脑汁地在唐玄宗跟前诋毁张九龄，由此，张九龄这位开元盛世时期的最后一位贤相被排挤出朝廷。

　　朝堂之内没有了像张九龄这样德高望重的权臣，李林甫便更加肆意妄为了。有一回他找来负责纠察官员的御史，对他们训话："皇上是个明君，做朝臣的服从他还来不及，岂能说他的过失呢？各位有没有看见皇宫仪仗队的马匹？它们一日吃三品草料，待遇不可谓不优渥，然而，若哪一匹马胆敢胡乱鸣叫便会被舍弃，那时候悔之已晚。"之后，有个"不识时务"

的谏官上奏政事，次日便遭到李林甫的罢免。自此之后，御史们都不敢直言进谏了，李林甫行事更加无法无天。

与李林甫一朝为相的还有李适之。李适之做事仔细，从来没有犯过错。但因为他比李林甫有才，李林甫就心生妒意想要除掉他。

有一天，李林甫装作与李适之聊天，说："华山有金矿，假如能够将其开采，国库便会更加充裕，遗憾的是皇上还不知道这件事。"李适之不知道李林甫在害他，向皇帝禀报政务的时候偶然间说了此事。唐玄宗就此事询问李林甫的意见，李林甫答道："臣一早就得知了此事。可是华山是我朝的根基，挖山会使龙脉动摇，因此始终不敢上奏。"唐玄宗闻言，认为只有李林甫对自己忠心耿耿，就训斥了李适之一顿，告知他以后禀奏的政务务必预先与李林甫商议。此时，李适之才知道自己中了李林甫的诡计，却有苦说不出，他很快就辞掉了宰相一职。

李林甫左右逢源，善于暗中使绊，常令他人遭受陷害却不明其中缘由。一天，唐玄宗在楼上隔着帘幕欣赏乐舞，兵部侍郎卢绚以为唐玄宗早已离去，策马缓缓从楼下走过。卢绚仪表堂堂，风度翩翩，唐玄宗看了很是欣赏，赞美不已。李林甫担心卢绚对自己的地位产生威胁，便叫来了卢绚的儿子，说："你父亲在朝内颇有威望，如今广州、交州一带时常出现动乱，皇上打算命你父亲前往那里整饬一番，不晓得他愿不愿去？"交州是个偏僻之地，而且瘴气弥漫，卢绚一家当然不愿去。李林甫便胁迫道："倘若拒绝圣上的旨意，触怒了圣上，难免会获罪啊。"卢绚的儿子顿时惶恐不安，不知如何是好，只能请求李林甫在圣上面前说情。

李林甫装作很为难的样子说："这么着吧，我让你父亲前往东都洛阳就任太子詹事或者太子宾客，如何？那也是个肥差，你回头劝说一下你父亲。"虽然卢绚不愿前往偏远的地方任职，但是害怕被贬官，只得奏请圣上就任太子詹事，远离了长安。

李林甫做了十九年宰相，是唐玄宗时期在位时间最长的宰相。他做宰相期间朝纲紊乱，唐朝日趋衰弱。公元752年，李林甫在家中病逝。不久，仇视他的杨国忠便与边将安禄山同谋，污蔑李林甫蓄意谋反。最终，唐玄宗命人把李林甫的棺椁打开，剥去其朝服，抄没其家产，把其全部家眷流放岭南。三年后，安史之乱爆发。

计谋解析

笑里藏刀，原意是指脸上挂着笑容，心中藏着杀人的尖刀。此计用在军事上，是指用外交手段去欺骗、麻痹对方，来掩盖己方的军事行动。这是一种表面友善实则暗藏杀机的谋略，虽然不光彩，却往往有奇效。《孙子兵法》写道："敌人言辞谦卑，却在加紧备战，这是要发起进攻的征兆，没有预先相约而请求讲和，一定另有阴谋。"

计谋原典

信而安之，阴以图之①，备而后动，勿使有变②。刚中柔外也③。

— 注释 —

①信而安之，阴以图之：阴，暗地里；图，图谋。全句意为：表面上使对方深信不疑，从而安下心来，暗地里却另有图谋。

②备而后动，勿使有变：备，这里指充分准备；变，这里指发生意外的变化。全句意为：做好充分准备再行动，不要引起意外的变故。

③刚中柔外也：表面上软弱，内里却很强硬，表里不一。

— 译文 —

　　表面上要做得使敌人深信不疑，从而使其安下心来，放松警惕，暗地里我方却另有图谋，要做好充分准备，然后再采取行动，不要引起意外的变故。这就是外表要柔和，骨子里却要刚强的谋略。

经典战例

勾践忍辱灭吴

　　春秋时，越王勾践被吴王夫差包围在会稽山，被迫屈膝求和。夫差虽然赦免了勾践，但是将勾践、勾践夫人、大臣范蠡等作为人质扣留在吴国。

　　在吴国，勾践自称是东海贱臣，向吴王服罪。他向夫差和吴国的大臣赠送了许多珠宝，从而赢得了他们的好感。勾践被安排在夫差父亲墓前的石屋里，专管马匹，打扫马厩。夫差派人暗中监视勾践，每次都看到勾践衣衫褴褛，粗茶淡饭，安分守己地干活，从来没有什么怨言。慢慢的，夫差就放松了警惕。就这样过了三年，此后，夫差把勾践等人放回了越国。

　　勾践回到日夜思念的越国，时刻不忘在吴国遭受的耻辱。生活上，他每餐只吃一个素菜，衣服只穿一种颜色，睡觉时连褥子都不用，床上铺的是柴草。屋子中间，挂着一只猪苦胆，勾践每天醒来就能看到，每餐之前他都尝一口，时刻提醒自己不能忘记耻辱。勾践回越国后发展生产，鼓励纺织，免收赋税，增强国力；他经常外出巡视，亲自慰问死伤者，抚慰贫穷者，深受百姓的爱戴；他鼓励生育，增加人口，厚待宾客，招揽人才。不过几年的时间，越国的实力就大大增强了。

为了迷惑夫差，勾践年年向吴国进贡，而且献上的物品一年比一年贵重。勾践还把越国的美女西施和郑旦送给夫差，使夫差沉溺于酒色之中。夫差要建姑苏台，勾践立刻派人送去上好的木料。一次，勾践向吴国借了一万石粮食。第二年，他将颗粒饱满的一万石粮食煮熟后晒干，还给吴国。夫差见归还的粮食颗粒饱满，就命令手下将其做种子种了下去，结果大片土地颗粒无收，闹起了饥荒，全国民怨沸腾。接着，勾践又用计除掉了夫差的重臣伍子胥。

勾践见时机已经成熟，于是兴兵征讨吴国。吴国军队大败，越军包围了吴王的王宫，夫差自杀，吴国就此灭亡，成为越国的一部分。勾践因此成了春秋时期的最后一位霸主。

商鞅智擒公子卬

战国时期，秦国经过商鞅变法，迅速强大起来，开始对外扩张，发展自己的势力。秦国首要的目标，就是从魏国手中夺取地势险要的河西之地。于是，秦孝公派遣商鞅率领军队攻打魏国。

商鞅大军直接开到魏国境内，魏惠王让自己的弟弟公子卬率军迎战。商鞅曾经在魏国为官，与公子卬关系很好，于是他想利用这个关系击破魏军。商鞅马上修书一封，主动与公子卬套近乎，信中写道："如今虽然我们各为其主，但我还是十分怀念我们过去的友谊，不忍心与公子开战。不如我们当面会谈，订立盟约，痛饮一场之后各自撤兵，两国也可以相安无事。不知公子意下如何？"书信中念旧之情溢于言表。信送出后，商鞅还摆出主动撤兵的姿态，让秦军前锋从阵前撤回。

公子印读了信，发现秦军又撤了兵，心中大悦，就与商鞅商定好了会谈的日期。商鞅发现公子印中了计，于是偷偷地在会谈的地方埋下伏兵。到了约定的日子，公子印只带了少数人前往约好的地方，见商鞅的侍从也十分少，还全都没有携带兵器，就不再疑心商鞅的诚意。

会谈的氛围非常融洽，商鞅和公子印再叙往日情分，以示两国修好的诚意。为了款待公子印，商鞅还摆设了盛大的宴席。谁知，公子印的席子还没坐热，

就听见一声令下，四面八方的伏兵冲上前来，把措手不及的公子卬等人全部擒获。随后，秦军开始攻击魏军，魏军毫无防备，被打得溃不成军。魏惠王异常畏惧，不得不把河西之地割让给秦国求和。

关羽中计

赤壁之战后，荆州被刘备占据，刘备让心腹大将关羽镇守荆州。公元219年，刘备在与曹操争夺汉中的战争中获得胜利。不久，关羽率大军攻打曹军占据的樊城，并击败了名将于禁率领的增援大军，一时间威震天下，吓得曹操一度考虑迁都，经过谋士劝阻才作罢。

此时，刘备名义上的盟友——孙权，却动起了歪脑筋。孙权早就想夺取荆州，此时关羽率大军北上，正是一个好机会。于是，孙权命令大都督吕蒙见机行事，谋取荆州。吕蒙侦察得知荆州的防守较为严密，强攻很难奏效，便决定用计来夺取荆州。于是，他声称自己病重，让名不见经传的陆逊代替自己。

陆逊上任后，装出一副懦弱和善的样子，备好丰盛的礼物，又写了一封信，命人送给关羽。信中用谦卑的言辞贬低自己、吹捧关羽，并表明自己对关羽极为敬仰，无意与关羽为敌。关羽读完信后，仰天大笑，道："我不用忧虑江东了！"于是他就把用来防守江东的荆州守军调到樊城去了。

陆逊得知关羽中计，立刻上报孙权。孙权命吕蒙和陆逊征讨关羽，并且暗中与曹操联系，双方约定对关羽进行夹击。吕蒙让将士们穿上商人的白衣，又将

战船伪装成商船，神不知鬼不觉地沿江而上，兵不血刃地拿下了荆州。关羽在前线得知这一噩耗，立刻撤军，途中士卒渐渐溃散，关羽也中了孙权手下大将潘璋的埋伏，被擒获后随即被杀害。

此战中，陆逊的"笑里藏刀"之计用得炉火纯青，为战争的胜利奠定了基础。

计谋运用

1. 笑里藏刀之计的运用，重点是掌握敌人的特点，并根据敌人的特点来区别对待：敌人高傲自大，就要自示谦恭，助长其傲气；敌人心怀畏惧，就要想方设法表示"诚意"，让其放松警惕。

2. 无论何时都以"笑"面对敌人，这是很难做到的，有时候要忍受敌人的羞辱以及己方的不理解乃至排斥，但必须贯彻到底，不露痕迹，以免被敌人看出破绽，使得计谋落空。

李代桃僵

后人用李代桃僵借指以此代彼或替人受过。这一计用在军事上，指当敌我双方势均力敌或敌优我劣时，可以牺牲局部利益换取大的胜利。

思维导图

借指以此代彼或代人受过 —— 定义

本计源于《乐府诗集·鸡鸣篇》 —— 探源

指当敌我双方势均力敌或敌优我劣时，可以牺牲局部利益换取大的胜利 —— 解析

往往应用于敌我大致处于均势或者敌强我弱之时 —— 运用

运用此计不能患得患失，不能妄想追求"全胜"，也不能不计代价

李代桃僵

代僵

经典战例

程婴舍子救主
- 赵氏门客程婴用自己的儿子代替赵氏孤儿赵武而死
- 赵武长大后除掉仇人

田忌赛马
- 孙膑建议田忌调整上、中、下三等马的出场顺序
- 田忌三局两胜，最终赢了齐威王

李牧诱敌
- 李牧让人舍弃了漫山遍野的牛羊，引匈奴人争抢
- 匈奴大败，十余年不敢靠近赵国边境

完子舍身退越兵
- 完子自愿率领贤良之士战死
- 越国退兵，田成子的地位稳固下来

计谋故事

　　李代桃僵的计名出自《乐府诗集·鸡鸣篇》，诗中讲述了这样一个故事：汉朝时，有一户权贵人家，家中有兄弟三人。当时天下太平，三人靠着祖上的荫庇过着豪奢的生活。他们的宅邸用金玉装饰，堂前常常摆设酒宴，歌伎乐师每日几乎毫不间断地上演着乐舞。而且，兄弟三人都在朝中担任侍中郎，前途无量。因此，京师的人无不羡慕他们。三人中任意一人出现在街头，就会引起人们的观注和议论，大家赞叹地看着他那华丽的服饰、镀金的马辔头，认为其富贵真的无与伦比。

　　这一天，兄弟三人一同骑马出现在京城最繁华的大街上，原来他们接到皇帝的命令，要前往皇宫议事。京城街头一下子沸腾了，艳羡不已的人们围住了兄弟三人。皮匠李老也想上前看看这三人又添置了什么新的豪华马具，他正要往前挤，一回头看到开书肆的王生正在慢悠悠地整理书卷，仿佛对人群的喧闹毫无察觉。

李老好奇地来到王生面前，说道："王生，你怎么对这兄弟三人毫无兴趣啊？"王生淡淡一笑，回答道："别看他们现在烈火烹油、煊赫无比，但这种好日子不会长久的。"李老好奇地问："你为什么会这么说？"王生说："你听没听说过李代桃僵的故事？在井台边长着两棵树，一棵是桃树，另一棵是李树。这一天，虫子来咬桃树的根，李树自愿代替桃树被咬坏了根，就这样僵死了。我听说这兄弟三人为了家产、为了在朝中的地位甚至为了一些鸡毛蒜皮的小事总是争吵，互相钩心斗角，他们连桃树和李树都

不如，富贵怎么能长久呢？"李老听了，若有所思地点点头，对上前围观毫无兴致了。

过了几年，这兄弟三人因为争权夺利完全闹翻了。他们的政敌趁机将他们各个击破，都赶出了朝廷。三个纨绔子弟没有什么谋生的手艺，坐吃山空，一个曾经显赫的家族就这样迅速败落了。大家对王生的远见极为佩服，王生就写了一首《鸡鸣》诗劝诫世人，诗中写道："桃生露井上，李树生桃旁。虫来啮桃根，李树代桃僵。树木身相代，兄弟还相忘。""李代桃僵"一词由此广为人知。

计谋解析

观察我方和敌方的情况，各有优势和劣势。在战争中，获得全胜是很困难的。决定战争胜负的关键在于比较敌我双方的优势和劣势。而实战中，又有用劣势战胜优势的秘诀。例如田忌用下等马对抗齐威王的上等马，用上等马对抗齐威王的中等马，用中等马对抗齐威王的下等马这样的事例，确实是军事谋略家独具的谋略，不是用平常的道理可以推测出来的。

"李代桃僵"也是趋利避害的一种方式。指挥战争，必须会"算账"。古人云："两利相权从其重，两害相衡取其轻。"以较小的损失换取大局的胜利，是划得来的。因此，战场上兵家往往牺牲局部保全整体，或牺牲小股兵力来保存实力，以获得最后的胜利。

计谋原典

势必有损①，损阴以益阳②。

— 注释 —

①势必有损：势，局势；损，损失。

②损阴以益阳：阴，这里指局部利益；阳，这里指整体利益。

— 译文 —

当局势发展到一定会有损失的时候，可以损失局部利益来保全整体利益。

经典战例

程婴舍子救主

公元前607年，晋国发生内乱，颇有实力的赵氏家族杀死了荒淫无道的晋灵公。继位的晋成公在几年后去世，晋景公成为晋国又一任国君。晋景公的宠臣屠岸贾诬陷赵氏家族意欲再次谋反弑君，晋景公下令屠岸贾诛灭赵氏家族。

有位晋国大臣不忍见到赵氏被灭族，就暗中透露消息给赵朔。赵朔是赵氏家族的重要成员，他自知无法避祸，只能将出身晋国公室的夫人赵庄姬送到宫中避难，接着自杀身亡，而赵氏家族的其他成员都被屠岸贾的军队杀死了。赵庄姬已经怀有身孕，在宫中生下一个男婴，名字叫赵武。为了孩子的安全，赵庄姬无奈之下忍痛把赵武送到宫外躲藏。不幸的是，屠岸

贾得知了这个消息，立即满城寻找赵氏孤儿，并命令部下杀死赵氏一个月以上、六个月以下的所有婴儿，如果有人藏匿赵氏孤儿，也一并杀死。

赵氏家族面临着覆灭的危机，幸运的是，程婴和公孙杵臼这两位赵家的门客为人忠义，决定拼死保护赵氏孤儿，践行"士为知己者死"的人生信条。程婴的夫人不久前生下了一个男婴，尽管有万般不舍，程婴还是决定用自己的孩子代替赵武去死。公孙杵臼说："既然你愿意牺牲自己的儿子，我也就不必吝惜自己的性命了。我把你的儿子带到一个隐秘的地方藏起来，然后你去向屠岸贾告密，屠岸贾必定前来追杀我和你的儿子。赵氏孤儿就拜托你抚养了，等他长大后再寻机报仇。"就这样，屠岸贾杀死了程婴的儿子和公孙杵臼，赵武由程婴抚养长大。

赵武15岁时，晋悼公为冤屈的赵氏家族平反了。赵武希望报仇雪恨，便请求晋悼公说："罪魁祸首是屠岸贾，他死有余辜。我请求杀死他，祭奠无辜枉死的赵氏家族成员、公孙杵臼和程婴的儿子。"晋悼公答应了，赵武终于报了大仇。

田忌赛马

战国时的齐国大将军田忌十分喜欢赛马，有一天，他又同齐威王赛起马来。

他们把自己的马分成上、中、下三等。比赛开始了，齐威王派出上等马，田忌也派出上等马，结果第一场比赛田忌输了。接着，齐威王派出中等马，田忌也派出中等马，结果田忌又输了。第三场比赛，齐威王派出下等马，田忌也派出下等马，结果仍然没有赢。

三场比赛都失败了，田忌非常不高兴。正当他垂头丧气地想离开的时候，他的门客孙膑说："从比赛的情形看，您的马同齐王的马相比也差不了多少。您按照我说的，同齐王再比一次，我保证让您赢。"

齐威王赢了比赛，正得意扬扬地夸耀着自己的马，这时田忌过来了，请求再赛一次。齐威王轻蔑地同意了，他认为不管再赛几次，田忌的马也不如自己的马。

一声锣响，赛马又开始了。第一场比赛，孙膑让田忌用下等马对齐威王的上等马，结果田忌输得很惨。这下齐威王更加得意了。但是田忌已经明白了孙膑的用意，信心满满地开始了第二场比赛。这次，孙膑让田忌用上等马对齐威王的中等马，结果田忌赢了。这时齐威王有些坐不住了。第三场比赛，田忌用中等马对齐威王的下等马，又胜了一场。比赛结果，田忌胜了两场，输了一场，赢了齐威王。此刻，齐威王目瞪口呆。马还是原来的马，只是调换了一下出场的顺序，田忌就转败为胜了。

李牧诱敌

战国末期，北方游牧民族的实力越来越强，地处北方的赵国，既要直面强大的秦国的威胁，又要不断抵御游牧民族的侵扰。当时，侵扰赵国边境的是匈奴、东胡、林胡等部落，这些部落的士兵以骑兵为主，来去如风，抢了就跑。赵国边境守将想打又打不到，追又追不上，而且防不胜防，不堪其扰。于是，赵王把一代名将李牧派到了赵国北方的门户——雁门，任务是防御匈奴。

李牧上任后，一改前任将领每天如临大敌的应对策略，而是每天杀牛宰羊，犒赏全军将士，并让将士们每天进行骑马射箭的训练。同时，李牧还下了一个

严格的命令：一旦匈奴入侵，任何人都不允许与敌人交战，而是要赶快收拢人马回到营垒之内固守，有敢出战的斩首。

这样过了几年之后，人马和物资都没有什么损失，而赵国的军队也得到了休养，实力更加强大。当然，匈奴也因此觉得李牧胆小，就连李牧手下的将士都觉得李牧胆小怯战。赵王知道后，责备李牧，但李牧依然如故。赵王大怒，将李牧召回，另派将领去雁门。这名将领与匈奴交战多次，损兵折将，老百姓也没办法耕地、牧羊了。赵王无奈，命李牧再去防守雁门。但是李牧不答应，直到赵王同意他可以像以前一样做，他才回到了雁门。

李牧又按照原来的策略固守雁门，匈奴好几年一无所获，但仍坚持认为李牧是一个懦弱的对手。此时的赵军兵强马壮、士气高昂，将士们待遇丰厚却久不出战，非常想跟匈奴打一仗。李牧当然将敌我双方的情况看在眼里，觉得时机成熟了，决心对匈奴开战。他召集了十余万人马，严阵以待，同时他还让人赶着大批牲畜去放牧，牛羊遍布山野。匈奴人见了，派出小队骑兵前来抢掠。李牧的士兵与他们交战，佯装不敌败退，牲畜全部落入匈奴人之手。这一下，匈奴人更看不起李牧了，他们派出大批人马前来攻打雁门。

李牧早就准备好了，他让训练好的士卒兵分三路，预先布置成一个口袋阵。匈奴军队根本就没把李牧放在眼里，大摇大摆地走进了口袋阵。李牧一声令下，将士们如猛虎般冲向敌人，匈奴人猝不及防，毫无还手之力，十余万人被杀。此后十余年，匈奴人再也不敢靠近赵国边境了。

完子舍身退越兵

春秋末期，齐国发生内乱，大夫田成子杀了齐简公。田成子找了个傀儡当国君，自己掌控了齐国朝政。越国以田成子弑君为借口，出兵攻打齐国。敌军压境，田成子立即召集幕僚商议对策，但众人议论纷纷，没有给出统一的意见。田成子的地位尚不稳固，他担心自己仓促领兵出战，如果不能取胜，就会失去大权；如果退让求和，其他人就会认为自己懦弱无能，最终也会被别人赶下台。田成子进退两难，不知如何是好。

田成子的哥哥田完子见此情形，主动献计说："现在只有一个办法能解决困境，那就是我亲自率领一批忠义之士与越军交战，但是我们必须战败，而且必须全军覆没。只有这样，越国才会退兵，齐国田氏才能保全下来。"

田成子不明白哥哥的用意，田完子解释道："你治理齐国的时间并不长，政绩不显著，大部分百姓不仅不了解你的治国才能，反而还认为你是个弑君窃国的盗贼。越国正是看到你的地位不稳固，才会兴兵进犯。越国的目的也不是灭亡齐国，而是展示自己的实力，想在诸侯面前称霸。现在我率领一批忠义之士为国牺

牲，齐国百姓就会认为田氏家族忠于国家，而越国在取胜后也就达到了出兵目的，自然会撤兵回国。这样的话，外患和内忧都能解决，你的地位就能稳固了。"

田完子的牺牲精神打动了田成子，尽管万般不舍，但为了大局，田成子也只能采用哥哥的办法。最终，田完子的推断都应验了，齐国百姓对田氏的好感大大增加，越国在得胜后选择撤兵，田成子也巩固了自己的地位。

田完子审时度势，为了顾全大局，毅然选择牺牲自己，使用李代桃僵之计，不仅成功解除了齐国的兵祸，还巩固了田氏的地位。

计谋运用

1. 战场形势瞬息万变，不到最后一刻，谁也不知道胜利的天平会倾向哪一方。因此，很多时候局部的失利反而有助于保全实力，获得最后的胜利。睿智的指挥官能够活用李代桃僵之计，牺牲局部，换取整体的利益。

2. 李代桃僵往往应用于敌我大致处于均势或者敌强我弱之时，此时就要敢于用小的代价来换取大的胜利。

3. 在激烈的对抗中，患得患失，妄想追求"全胜"，结果往往要付出更大的代价。但是，如果不计代价地施行李代桃僵之计，也有可能得不偿失。因此，运用此计必须慎之又慎。

顺手牵羊

后人用顺手牵羊形象地比喻乘机利用别人，或趁势将敌人抓走。本计的特点是：在不影响完成主要任务的前提下，抓住机会派出一部分人，神出鬼没地发动攻击，获取额外的战果。

思维导图

指顺便把人家的羊牵走 —— **定义**

本计的思想出自《草庐经略·游兵》，计名出自关汉卿的元杂剧《尉迟恭单鞭夺槊》 —— **探源**

在不影响完成主要任务的前提下，抓住机会派出一部分人，神出鬼没地发动攻击，获取额外的战果 —— **解析**

利用敌人的弱点和过失取得利益

打败仗时也可以应用这个计策

最重要的是做好侦察工作

不要看不上微小的利益，要善于积小胜为大胜

运用

顺牵

手羊

经典战例

秦国灭滑国
- 秦国千里奔袭郑国失败，不得已退兵
- 不甘心无功而返，秦军顺手消灭了弱小的滑国

赵匡胤灭南平
- 武平发生叛乱，向北宋求援
- 宋军借道南平，趁势吞并南平，接着又吞并了武平

丁宝桢智斩安德海
- 安德海恃宠而骄，被丁宝桢抓住把柄
- 丁宝桢巧借宫中矛盾除掉了安德海

计谋故事

本计的思想出自《草庐经略·游兵》："伺敌之隙，乘间取胜。"计名出自关汉卿的元杂剧《尉迟恭单鞭夺槊》。

隋朝末年天下大乱，各地都有军事势力趁机割据，其中盘踞在洛阳的王世充称帝建郑，盘踞长安的李渊称帝建唐，这是两股强大的力量。李渊为了一统天下，派出自己的次子李世民率大军攻打洛阳。

　　洛阳兵精粮足、城池坚固，唐军虽然围住了洛阳，但进攻了很久都没能攻破洛阳。一天，李世民带人到洛阳城外的一片树林中打猎。这时，王世充突然带领数万人冲过来，想要杀死李世民。李世民带来的人很少，王世充麾下骁勇善战的大将单雄信快马冲向了李世民。千钧一发之际，刚降唐不久的勇将尉迟恭大吼一声，一槊（像矛但是比矛长的兵器）刺伤了单雄信。趁郑军吓得稍稍退却，尉迟恭飞快地保护着李世民冲出了重围。此后，李世民更加信任尉迟恭了。

　　李世民的弟弟李元吉此时也在军中，他也是个英勇善战的人，听说尉迟恭善于躲避敌人的槊，还能夺过敌人的槊反过来刺杀敌人，心中非常不服气。于是，李元吉宣称自己能够像顺手牵羊一样擒住尉迟恭而不费吹灰之力。尉迟恭当然不服气，二人约定比试一番。

　　将士们听说军中两位勇士要比武，纷纷围拢到了练武场，只见尉迟恭和李元吉都手持长槊骑在马上。李元吉说："我们都去了锋刃，看看谁能击中谁。"尉迟恭说："我去掉锋刃，殿下不用去。"李元吉大怒，策马举槊刺向尉迟恭，二人在练武场上追逐半晌，李元吉一次都没有刺中尉迟恭。

李世民高声问："夺槊难还是躲槊难？"尉迟恭说："夺槊难。"李世民就让尉迟恭夺李元吉的槊。李元吉一听，把槊挥舞得更快了，想要刺中尉迟恭一次。没想到，尉迟恭反而像顺手牵羊一样，在很短的时间内三次夺走了李元吉的槊。李元吉这下不得不承认，自己实在不是尉迟恭的对手。

计谋解析

"顺手牵羊"是个比喻，喻指意外获得某种利益，或毫不费力地获得某种平常要花大气力才能获得的东西。要着意寻找敌方的空子，或诱使敌方出现漏洞并进一步利用漏洞，抓住时机进攻，只要有利可图就可以行动，不必苛求全胜。

计谋原典

微隙在所必乘①，微利在所必得。少阴，少阳②。

— 注释 —

①微隙在所必乘：微，微小；隙，间隙，这里指漏洞、过失。全句意为：敌人微小的漏洞、过失，也要及时利用。

②少阴，少阳：阴，这里指疏忽、过失。阳，这里指胜利、成就。

　　敌人出现微小的过失时一定要及时利用，即使是微小的利益也一定要努力得到。这就是将敌人的微小过失变为我方的微小胜利的计策。

经典战例

秦国灭滑国

　　春秋时期，秦国为了争霸中原，不断派间谍前往其他诸侯国搜集情报，打探各国的动向。公元前627年，在郑国做间谍的杞子为秦国传递消息说："现在郑国国君非常信任我，把城门的钥匙交给我保管。只要我国军队秘密发动进攻，就能一战吞并郑国。"得知这个消息，秦穆公非常兴奋，连忙调兵遣将，秘密奔赴郑国，准备实施杞子的计划。

　　此时，郑国商人弦高外出做生意，来到了滑国。有一天，其他同行突然整理行装，纷纷离开滑国。弦高十分不解，经过多方打听才得知秦军不久就会来到滑国，同行们为了避难而纷纷离开。弦高见识过人，知道秦军只是路过滑国，郑国才是其真正的目标，于是他立即派人前往郑国报信。为了迷惑秦军，弦高还假冒郑国使者，拿出十几头牛献给秦军。

　　弦高的情报很快就送到了郑国。郑穆公得知后开始怀疑杞子，就派人搜查杞子的馆舍，结果发现杞子已经把战车、兵器、战马都准备齐全了。秘密已经泄露，杞子连忙离开郑国逃命去了。

　　秦军在行进途中得到了秘密泄露、杞子逃跑的消息，此时弦高又以郑国使者的身份来犒劳秦军，因此秦国将领认为突袭郑国的计划已经无法执行了，郑国必定做好了战斗准备。然而，秦军不愿劳而无功，就在撤退途中顺便灭掉了滑国。

　　秦国"顺手牵羊"的做法，是在无法完成既定目标的情况下所实施的一种补偿行为，可以获得一些原本计划之外的好处。

赵匡胤灭南平

　　五代十国时期，天下分裂成十多个割据政权，这些政权的更迭十分频繁。其中，后周的禁军大将赵匡胤发动陈桥兵变，建立宋朝，史称北宋，赵匡胤就是宋太祖。宋太祖是个胸怀大志的人，虽然四周强敌环伺，但他决心一统天下。于是，他和谋士赵普制定了先易后难、先南后北的战略，决定一步步消灭其他割据政权，统一南北。

　　当时，南方最强大的政权是南唐，此外还有南平、武平、后蜀、吴越等。其中，武平政权是后梁大将刘言建立的，占据今湖南一带的大片土地。后来，刘言的部将王逵击败刘言，继任武平节度使。几年后，王逵也被部将所杀，周行逢继任武平节度使。北宋建立后，周行逢承认北宋是武平的宗主国，但其独立地位依然存在，宋太祖自然不允许这种状况长期持续下去。

　　公元962年，周行逢病逝，他十一岁的儿子周保权继位。武平大将张文表不服幼主，起兵反叛。周保权一面派出大将平叛，一面派人向盟友南平政权及宗主国北宋求援。此时，南平王也刚刚换成十九岁的高继冲。高继冲明白唇亡齿寒的道理，有心救援武平，但南平国小力微、爱莫能助，于是高继冲也上表北宋，请求北宋帮助武平平叛。

两表先后送到宋太祖面前，让他大喜过望。原来，宋太祖早就想吞并南平和武平这两个割据政权，苦于没有借口。这下，他决定采用顺手牵羊之计，"出师湖南，假道荆渚"，一举吞并两国。

于是，宋太祖让大将慕容延钊、李处耘率领大军南下。与此同时，宋太祖另派使者去位于荆州一带的南平，请求借道南下，去武平平叛。有南平大臣担心宋军以借道为幌子消灭南平，建议不借道。但高继冲害怕得罪北宋，最终还是答应借道。宋军进入南平境内后，高继冲还派人犒军。慕容延钊用盛大的宴席招待犒军的使者，这个消息使高继冲悬着的心放下了不少。犒军的使者还没走，李处耘就率数千骑兵快马加鞭冲向南平的都城江陵（今湖北荆州）。高继冲得知宋军来了，连忙出城迎接，没想到宋军直接冲入城中，迅速占领江陵。高继冲无奈，只得向宋军投降，南平灭亡。

宋军兵不血刃吞并南平之后，稍作休整，大军继续南下，还顺便征调了数万刚刚归顺的南平将士一同进军。此时，武平人已经靠自己的力量平定了叛乱。得知北宋已经占据了南平，业已清楚了宋太祖的意图，于是派兵抵抗宋军。宋太祖派使者劝降，但周保权拒绝了。于是，慕容延钊分兵两路，水陆并进，攻打武平。在宋军强大的攻势下，武平军节节败退，宋军很快占据了武平的都城朗州（今湖南常德），周保权当了俘虏。至此，武平割据政权也灭亡了。

宋太祖巧用顺手牵羊之计，没费多大力气便平定了两个割据政权，为之后入川灭蜀、进军岭南、东灭南唐创造了有利条件。

丁宝桢智斩安德海

清末，慈禧太后有一个心腹太监，名叫安德海。安德海平素骄横跋扈、欺压群臣，甚至目无皇帝，朝野上下对他怨声载道。但是安德海聪明伶俐，善于巴结慈禧太后，同治皇帝和大臣们都对安德海无计可施。

1869年，安德海奉慈禧太后之命到江南采买服饰。出京之后，他让人在船上升起大旗，大肆宣扬，并让沿途官吏接待自己，一路上大肆受贿索贿，沿途各地都受到惊扰。船到了山东德州境内，德州知府没有接到军机处有关钦差出京的公文，为谨慎起见将此事报告给山东巡抚丁宝桢。

丁宝桢为官清廉，且很有胆识，他早对安德海不满，听到德州知府的汇报之后，知道除掉这个恃宠而骄的太监的机会来了。于是，丁宝桢立刻下令捉拿安德海。此时，安德海一行已经进入泰安境内，泰安知县捉住了安德海，送到了济南，由丁宝桢亲自审讯。

　　安德海虽然被抓，却有恃无恐，觉得丁宝桢不敢把自己怎么样，甚至威胁丁宝桢要将得罪自己的官员全部治罪。没想到，丁宝桢很快得到了军机处的旨意，允许他处死安德海。原来，按照清朝祖训：太监不经差遣，不准出皇城；即使出京，也不许交接外官。安德海没有携带任何公文出宫，被丁宝桢抓住了把柄。当然，他知道安德海出宫肯定是为慈禧太后效劳，让慈禧太后杀安德海绝无可能。因此，丁宝桢巧妙地将处死安德海的奏章送到了当时与慈禧太后一同垂帘听政的慈安太后手中。

　　慈安太后虽然不像慈禧太后那样贪恋权势，但也是一位实权派人物，且与慈禧太后存在一定的矛盾。更重要的是，慈安太后早就看安德海不顺眼了。当时正好慈禧太后生病了，于是此事就由慈安太后全权处理，正是她示意军机处下发了处死安德海的命令。于是，安德海被抓获仅仅五天之后，就在济南被杀了。丁宝桢之所以这么快就行刑，自然是害怕夜长梦多、慈禧太后从中作梗。

　　丁宝桢杀死了权势熏天的安德海，震惊朝野。令人意外的是，慈禧太后事后也没有找丁宝桢的麻烦。

93

毕竟，安德海只是一个家奴，丁宝桢却是才能过人的地方大员。更重要的是，慈禧太后知道此事是慈安太后主使的，她没有必要为了一个奴才得罪慈安太后。就这样，丁宝桢顺手"牵住"两位太后的矛盾，除掉了一个人人喊打的权宦。

计谋运用

1. 在调动大军的过程中，可以利用的机会非常多，利用敌人的微小过失或弱点就能获得利益，不一定非要和敌人战斗。

2. 打胜仗时可以用这个计策，打败仗时也可以用这个计策。

3. 运用此计，最重要的是做好侦察工作，时刻关注敌人的一举一动。当敌人露出一点破绽时，果断出击。

4. 不要小瞧微小的利益，有时候积小利可成大利，甚至有可能扭转战争局势。

打草惊蛇

打草惊蛇意思是打草（割草）的时候，惊动了草里的蛇。指做事不周密，行动不谨慎，而使对方有所觉察。在军事谋略中，是指在敌方的兵力还没有显露，或者敌方的意图不明确的时候，切不可轻敌冒进，以免被敌人钻了空子。

比喻采取机密行动时，不慎惊动了对方 ── 定义

计名来自北宋郑文宝的《南唐近事》 ── 探源

在敌方的兵力还没有显露，或者敌方的意图不明确的时候，切不可轻敌冒进，以免被敌人钻了空子 ── 解析

打惊

己方占据主动，可以通过打草惊蛇把敌人从暗处赶到明处

己方处于被动，可以通过打草惊蛇刺探情报，探明敌人的真实意图

运用

草蛇

经典战例

蹇叔哭师
- 秦军千里突袭郑国，郑国早有防备
- 秦军在崤山被晋军伏击，全军覆没

刘备与东吴和亲
- 诸葛亮大张旗鼓，惊动了吴国太
- 孙权、周瑜被迫假戏真做，让刘备与孙尚香成亲

魏军兵败木门道
- 蜀军大张旗鼓撤军，引司马懿追击
- 蜀军在木门道设伏，大败魏军

萧衍妙计除强敌
- 萧衍利用王天虎的特殊身份，离间刘山阳与萧颖胄
- 萧颖胄杀死刘山阳，萧衍不费吹灰之力除掉了强敌

计谋故事

　　计名来自北宋郑文宝的《南唐近事》。五代时期，南朝境内的当涂县有个县令，名叫王鲁。王鲁这个人出身贫寒，好不容易考中进士，又苦等了多年才得到县令一职。当时，朝廷上下奢侈成风，王鲁也受到熏染，很快变成一个以"捞钱"为务的官员。他在任上受贿索贿，搜刮了大量钱财。上梁不正下梁歪，王鲁属下的大小官吏也无所不用其极地搜刮百姓钱财，甚至比县太爷还要猖狂，搞得当涂县民不聊生。

　　这一年，百姓们实在无法忍受主簿的盘剥了，于是联名写了一纸罪状，上面写明主簿贪赃枉法的种种罪行，请求县令从严处罚。王鲁拿到状纸，看到上面所写的桩桩件件，都与自己的作为所差无几，有些甚至还与自己有瓜葛。看着看着，王鲁的冷汗就下来了。这时他终于想起"水能载舟，亦能覆舟"的话来，想起"多行不义必自毙"的道理。主簿的罪行昭然若揭，如果不惩治他就会引起民愤。下一个被处理的，会不会是自己……

　　由此，王鲁决心收敛自己的行为，他下令依法处置主簿，并在状纸上批示道："汝虽打草，吾已蛇惊。"
意思是你们虽然不是告我，但我已经知道害怕了。此
后，王鲁果然收敛了不少，当涂官场的风气也有了一
定的改善。

计谋解析

　　敌方不显露实力，将阴谋深深隐藏起来，千万不能轻
敌冒进，应该仔细地探明敌人的锋芒所在，摸清敌方的主
力和基本情况后再行动。《孙子兵法》上说："军队的旁边
如果有险要阻塞之地、低洼的沼泽、丛生的芦苇以及被繁
茂的茅草遮蔽的地方，一定要谨慎地多次搜索，因为这些

地方可能隐藏着伏兵和奸细。"此计的特点是造成大动干戈的假象，目的却是弄清敌方虚实，以免遭到埋伏。

计谋原典

疑以叩实①，察而后动②；复者③，阴之媒也④。

—— 注 释 ——

①叩，叩问，询问；叩实，问清楚、查明真相。

②察：洞察，考察。

③复：反复，多次。

④阴之媒也：阴，这里指一些隐藏的、不明显的人或事；媒，媒介、手段。

—— 译 文 ——

有所怀疑就应该查明真相，洞察实情之后再采取行动；多次侦察，是发现隐藏之敌的有效手段。

经典战例

蹇叔哭师

春秋时期，秦国僻处西方，很难插手中原诸侯国的事务。秦穆公立志争霸中原，于是决定派大军远征郑国。

老臣蹇叔劝阻说:"我们的军队跋涉千里去攻打别的国家,怎么可能不被发现呢?"但是秦穆公一心扩张自己的势力,不将蹇叔的劝告放在心上,还认为他年老变得懦弱了,于是命大将孟明视、西乞术、白乙丙率领大军东进。

秦军出师那天,蹇叔来到大军前,哭着对好友百里奚的儿子孟明视说道:"孟明视,我老了,恐怕只能看见大军出发,却看不到大军回来了!"

接着,他又哭着对自己的儿子白乙丙、西乞术说:"晋国会在崤山伏击你们,你们将死在两山之间,我会到那里去收殓你们的尸骨!"

秦穆公十分厌烦,派人对蹇叔说:"你懂什么?你要是活到中寿(中等寿命,指六七十岁)就去世的话,坟墓上的树都有两手合抱那么粗了,你实在是年老昏聩了!"

但是,事情还是被蹇叔言中了。秦军认为郑国早有准备,不再去攻打郑国,于是在灭掉小国滑国之后西归,途中在崤山遭到晋军伏击,秦军大败,孟明视、西乞术、白乙丙都做了俘虏。

这场战争,秦军劳师远征,声势浩大,早已打草惊蛇，令沿途的敌人有了准备。晋国趁机伏击秦军，让秦穆公东征的梦想成为泡影。

刘备与东吴和亲

关于"打草惊蛇"，罗贯中在《三国演义》中虚构了一个有趣的故事。曹操赤壁大败后，孙权欲向刘备讨回荆州，就派鲁肃前去会谈。荆州的战略地位十分重要，刘备好不容易才得到，自然不愿轻易送还，于是表示出"暂借荆州，将来交还"的意思。最终，鲁肃空手而归。过了一段时间，刘备丧妻，周瑜想出了一条索要荆州的计策。他建议孙权假意把妹妹孙尚香许配给刘备，邀请刘备来东吴成亲，届时扣押刘备，就能讨回荆州。孙权听从周瑜的建议，派吕范前往荆州做媒。

这个计谋瞒不过诸葛亮的眼睛，但是拒绝联姻就会破坏与东吴的关系，于是诸葛亮决定将计就计。在刘备前往东吴成亲前，诸葛亮把应对计策告诉了跟随刘备前往东吴的赵云。

赵云依计而行，一到东吴就让部下四处散布刘、孙两家结亲的消息，同时在城里置办婚礼所需的各种

物件，并且请求刘备先行拜访乔国老。乔国老的两个女儿大乔和小乔分别是孙策和周瑜的妻子，也就是说乔国老是孙策和孙权之母吴国太的亲家。等到刘备离开，乔国老就去向吴国太道喜。

吴国太对孙权和周瑜以孙尚香为饵诱骗刘备的行为十分不满，认为他们这样做不仅没有考虑到孙尚香的幸福，还会被天下人耻笑。吴国太决定"假戏真做"，接纳刘备做自己的女婿，并一直保护刘备，让他安全地带着孙尚香回到荆州。

得知刘备返回荆州后，周瑜大惊失色，连忙领兵追赶，却又中了诸葛亮提前设下的埋伏，最终"赔了夫人又折兵"。

魏军兵败木门道

公元231年春，诸葛亮第四次北伐，包围了祁山，占领了卤城（位于今甘肃天水西南）。魏主曹睿命司马懿出师御敌，司马懿命张郃为先锋总督大军，又令郭淮守陇西诸郡，其余众将则分道而进。诸葛亮在上邽（今天水市）一带打败了由郭淮带领的魏军后，东上，迎头拦住了司马懿的主力部队，准备决战。

司马懿深谙兵法，知道蜀军远道而来，粮草有限，所以凭险坚守，拒不出战。诸葛亮无奈，只好用计诱敌军来犯。魏军大将见司马懿只守不战，讥讽说："都督按兵不动，畏蜀如虎，难道不怕天下人耻笑吗？"在众将的一再要求下，司马懿只好派兵出战，结果被蜀军打得一败涂地。

正当蜀军大败魏军之际，从汉中传来后主刘禅要求诸葛亮退兵的命令，加上粮草也将用完，于是诸葛亮嘱咐魏延、关兴带领一万人马外加一千名弓箭手先到木门道设伏，又命围攻祁山的王平、吴班分兵两路徐徐撤兵，然后自己率领全部兵马，大张旗鼓地撤军。

蜀军这样张扬地撤军，司马懿不可能不知道。为了建功，他将一贯的谨慎抛之脑后，派大将张郃带领五千兵马去追赶，自己带领两万兵马做后队。张郃一马当先，紧追魏延与关兴。魏延假装大败，跑进了木门道，回头一看张郃还在追他，便装出异常惊慌的样子。张郃看得真切，往后一招手，魏兵跟着全进了木门道。此时天色昏黑，两旁是险崖密林，张郃心慌，正想掉头撤兵，突然一阵鼓响，山上火光冲天，巨石乱木滚将下来，高崖两边万弩齐发，一代名将张郃身中数箭，落马身亡。

魏军不察战情，轻举妄动，"打草惊蛇"，终遭惨败。

萧衍妙计除强敌

南朝齐晚期，雍州刺史萧衍决定自立为帝，暗中计划推翻当时的皇帝萧宝卷。萧宝卷得知后，命令辅国将军刘山阳和南郡太守、兼管荆州事务的萧颖胄共同出兵讨伐萧衍。

萧衍不愿束手就擒，打算联络周围各州郡共同起事。萧衍特意选择自己的参军王天虎作为使者协调这件事，因为他是萧颖胄的心腹，萧衍想利用王天虎挑起刘山阳和萧颖胄的矛盾。萧衍送给其他州郡的密信中都有详细内容，只有送给萧颖胄与萧颖胄之弟萧颖达的密信中只写了"王天虎口述"五个字。其实，萧衍并没有向王天虎交代什么话。

萧衍派人到处送信的行为引起刘山阳的怀疑，他担心萧衍联络其他势力攻打自己，因此不敢贸然进入荆州。萧颖胄兄弟清楚，只有交出萧衍的密信，才能得到刘山阳的信任。但是，刘山阳根本不可能相信密信中只有五个字，况且王天虎根本没从萧衍那里得到什么口述的内容，无法让他前去对质。

萧颖胄想不出好办法，只好召集幕僚共同商议对策。有人说："萧衍很早就在雍州拥兵自重了，实力不容小觑，消灭他是非常困难的。况且消灭萧衍后，我们也难保朝廷不会过河拆桥。为今之计，只有派人把王天虎的人头交给刘山阳，打消刘山阳的疑虑，等到他进入荆州，我们再除掉他，这样才能保全自己。"萧颖胄听从了这个建议。

第二天，王天虎就被萧颖胄杀了，首级不久便被送到刘山阳的手中。刘山阳果然不再怀疑，只带了少数随从进城与萧颖胄相见。没想到萧颖胄设下埋伏，刘山阳进城不久就被杀死了。

在这个事例中，获胜者无疑是萧衍。他临危不乱，使用"打草惊蛇"之计，从王天虎这棵"草"入手，把刘山阳这条"小蛇"惊扰得疑心重重，进而惊动萧颖胄这条"大蛇"，使其主动帮自己除掉一个对手。萧衍成功地改善了自己的处境，为自己争取到整顿兵马的时间。

计谋运用

1. 己方占据主动，可以通过打草惊蛇的方式把敌人从暗处赶到明处，方便己方进攻。

2. 己方处于被动，这时候通过打草惊蛇可以刺探情报，探明敌人的真实意图，方便自己防守。

3. 打草惊蛇用得好，能让自己占据更多优势；如果用错了，那就是把自己暴露给敌人了。

借尸还魂

人们用『借尸还魂』喻指一些已经消亡的事物在某些条件下重新出现的现象。也有人用来喻指一些新的力量或事物借助旧的力量或事物得以发展的现象。用在军事上，是指利用那些没有作为、已经消失的势力来达到己方目的的策略。

思维导图

比喻某种已经消亡或没落的思想、行为、势力等假托别的名义重新出现 —— 定义

本计源于"八仙"之一的铁拐李得道成仙的传说 —— 探源

指利用那些没有作为、已经消失的势力来达到己方目的的策略 —— 解析

借还

战争失败后，可以想方设法借助各种方式东山再起

对于那些在大多数人眼中并无价值的东西，要善于发掘并利用其价值 —— 运用

改朝换代的时候，拥立那些已被推翻的王朝国君的后代为新君，以实现自己的目的

将兵权置于别人的名下，代替别人指挥士兵

尸魂

经典战例

陈胜起兵
- 陈胜打着公子扶苏、项燕的旗号起兵
- 天下纷纷响应，陈胜建立"张楚"政权

项梁立楚怀王
- 项梁找到战国君主楚怀王之孙，将其立为楚怀王
- 四方势力纷纷云集到项梁麾下

曹操迎献帝
- 曹操将汉献帝接到许昌
- 曹操从此挟天子以令诸侯，与群雄对峙时占尽优势

康有为托古改制
- 康有为著书，将孔子塑造成改制维新的"祖师爷"
- 为维新变法制造了舆论，推动了戊戌变法的实施

计谋故事

　　本计源于"八仙"之一的铁拐李得道成仙的传说。另外，借尸还魂的故事还出现在《东游记》《吕洞宾度铁拐李岳》等文学作品中，情节略有不同。在我国的民间传说中，铁拐李又称李铁拐，是"八仙"之首，他以挂着一根铁拐、背着一个大葫芦的形象出现在很多象征吉祥的画作中，深受人们的喜爱。

　　但是，根据明代小说《东游记》的记载，铁拐李原本是一个仙风道骨、相貌堂堂的道士，姓李。李道士得到太上老君的青睐，太上老君邀请他与自己一同游历四海。李道士此时还没有成仙，只得灵魂出窍去伴随太上老君。于是他让自己的弟子杨子守护着自己的身体，说自己七天后就会回来；如果自己七天后还没有回来，杨子就可以将自己的身体烧掉。说完，李道士就像死去了一样躺在了床上。

　　杨子尽心尽力地看守着师父的身体，就这样一连过了六天。第六天时，杨子的家里突然来人了，原来杨子的母亲病重，想看儿子最后一眼。但是，师父还

没有回来，杨子犹豫着不肯离开。家里人说："你的师父已经去世六天了，哪还有生还的道理？再说亲恩和师恩哪个更重要，你分不出吗？如果不为母亲送终，你会后悔终生。"杨子一向孝顺，再说这么多天过去了，师父也不像能够回来的样子，所以他下定决心回家了。由于道观在山上，杨子唯恐师父的身体被野兽吃掉，于是他痛哭了一场，祭拜了师父之后将师父的身体烧掉了。

第二天，李道士的灵魂在跟随太上老君游历四海后归来，却找不到自己的身体了。这时，他发现路边有一个饿死的乞丐，于是灵魂就依附在乞丐的躯体上活了过来。从此，李道士变成了一个蓬头垢面而且跛了一条腿的乞丐。为了方便行走，他将乞丐的竹杖变成了铁杖，因此被人们称为铁拐李。后来，铁拐李成了神仙，但他的样子再也改变不了了。

计谋解析

借尸还魂的含义是自己在失败之后，要凭借或利用某种力量，以图东山再起。用在军事、政治上，是指利用、支配那些本身没有能力的势力来达到己方目的的策略，但是要注意不能因此被对方支配。

计谋原典

有用者，不可借①；不能用者，求借。借不能用者而用之，匪我求童蒙②，童蒙求我。

—— 注释 ——

①借：借助，利用。

②匪我求童蒙：匪，通"非"，不是；童蒙，幼稚而蒙昧。

—— 译文 ——

自身能有所作为的人，往往很难控制，因此不能为我所用；自身不能有所作为的人，往往需要借助别人来生存，因此有可能为我所用。将那些自身不能有所作为的人加以利用，不是我要求助于那些幼稚而蒙昧的人，而是那些幼稚而蒙昧的人要求助于我。

经典战例

陈胜起兵

秦始皇统一天下后，没有休养生息，而是继续滥用民力，实施严刑峻法，百姓苦不堪言。秦始皇去世后，继位的秦二世依旧推行暴政。公元前209年，忍无可忍的百姓揭竿而起，轰轰烈烈的大泽乡起义正式爆发。

陈胜和吴广是这场起义的领袖，他们都是贫苦百姓，被朝廷征发，与许多穷人一起前往渔阳（位于今北京密云区）守边。因为两人十分聪明，所以领队的两名军官便派他们当屯长。

赴渔阳守边途中，抵达大泽乡（位于今安徽宿州东南）的时候，天降暴雨，道路被冲毁，众人无法继续赶路。如此耽搁下去，他们肯定无法按期抵达渔阳。

秦律规定，戍卒若不按期抵达边境，将治死罪。大家十分恐惧，纷纷感到绝望。

陈胜和吴广秘密商量对策，认为只有反抗暴秦才能活命。然而，想让天下百姓都勇敢地反抗暴秦，实在是非常困难的事。陈胜思虑再三，决定借用两位死者的名义，鼓励天下百姓反秦。

这两位死者就是公子扶苏和项燕。公子扶苏是秦始皇的长子，为人宽厚仁德，原本应该继承皇位，却遭人谋害，被迫自尽，这才使得残暴的秦二世胡亥即位。项燕是楚国将军，骁勇善战，连秦国名将李信都是他的手下败将，但楚国大势已去，他最终兵败自尽。这两个人都在民间享有威望，但是许多百姓并不知道他们的死讯。陈胜认为只要以公子扶苏和项燕为旗号，就能号召天下百姓跟随自己起义。吴广也赞同陈胜的想法，两人便开始行动。

首先，他们在一块绸子上写下"陈胜王"三个字，把它塞进鱼肚里。接着，他们在晚上模仿狐狸的声音不断喊叫："大楚兴，陈胜王。"戍卒们议论纷纷，都认为这是上天的旨意。然后，吴广声称打算逃跑，故意激怒领队的两名军官，联合陈胜一起杀死了他们。

最后，陈胜和吴广召集所有的戍卒，鼓励众人奋起反抗，成功得到了戍卒们的响应。就这样，起义军以公子扶苏和项燕为旗号，开始反抗秦朝的统治。天下百姓被秦朝的暴政折磨已久，纷纷响应起义。几年后，那个曾经傲视四方的秦朝就被推翻了。

项梁立楚怀王

秦国统一天下的过程中，楚国的抵抗最为激烈，楚人也最不愿意接受秦人的统治，因此当时就有预言说："楚虽三户，亡秦必楚。"陈胜、吴广最早发动反秦起义，他们统领的农民军中大多数人就是原先的楚国人，而且他们也以"张楚"作为自己的国号。在陈胜、吴广揭竿而起后，项梁、项羽叔侄也响应起义，把秦朝的会稽郡守殷通杀死了，起兵反秦。当时，广陵人召平假传陈胜的命令，渡江找到项梁和项羽，把项梁封为张楚政权的上柱国（地位等同于丞相），要求他带领军队渡江向西攻打秦军。项梁和项羽就带领江东士兵，渡过长江，与秦军在江淮一带交战。项梁和项羽多次战胜秦军，陈婴、英布、蒲将军等人也率部投奔他们，使得他们的实力得到极大增强。

　　后来，秦军杀死了陈胜。这个消息传至项梁军中，一些谋士和将领就劝说项梁称楚王，举起反抗大旗，但项梁始终犹豫不决。此时，一位七旬老人求见，他就是范增。范增学识渊博，善于谋划，经常能献出奇计。范增建议项梁说："陈胜出身寒微，原本就没有什么声望，自身才能也有限，虽然最早反抗暴秦，但是没有拥立楚国王室后裔，反而自己称王，丧失了民心，最终败亡。如果您能拥立楚国王室后裔，原楚国民众就会欣然归附，问鼎天下就指日可待了。"项梁听从了范增的建议，于是派人寻找流落民间的楚国王室后裔。

　　不久，项梁找到了昔日客死于秦国的楚怀王熊槐的孙子熊心，便迎奉他为楚怀王，项梁被封为武信君。此后，项氏叔侄的实力不断增强，楚军规模扩大到几十万人。

在反秦起义中，熊心只是一具"政治僵尸"。范增提出"借尸还魂"之计，帮助项氏叔侄凝聚民心，为推翻秦朝打下了坚实的基础。

曹操迎献帝

公元196年春，汉献帝疲于奔波，先流落到安邑（今山西夏县），后来辗转抵达洛阳。作为帝国最高权力的象征，即使汉献帝毫无实权，其威严也是不容挑战的，毕竟当时汉室仍是天下正统，中央和地方官员名义上都要尊奉汉朝皇帝。因此，一些有远见卓识的政治家打算扶植汉献帝作为自己的傀儡。当时各诸侯中，袁绍的实力最强，谋士沮授就建议袁绍尽早迎接汉献帝，以免被他人抢先，但是袁绍对此犹豫不决。

与此同时，曹操也召集谋士商议是否迎接汉献帝。许多人认为不应该这样做，只有荀彧建议迎接汉献帝。荀彧说："皇帝代表的是民心，迎回皇帝不仅能收获声望，还能号令诸侯。"曹操听从了荀彧的建议，

准备前往洛阳迎接汉献帝。恰好这时大臣董承暗中请求曹操率军到洛阳勤王，于是曹操顺利来到洛阳拜见汉献帝。不久，议郎董昭以洛阳无粮为由，建议曹操带着汉献帝离开洛阳。曹操采纳了这个建议。于是汉献帝就被曹操迎接到许县（今河南许昌）生活。此后，曹操就把汉献帝当作自己的一枚棋子，借用皇帝的名义四处征战，逐渐统一了北方。

曹操果断迎回汉献帝，"挟天子以令诸侯"，使各诸侯大为震惊。尤其是袁绍，他在得知曹操迎回汉献帝后，对自己当初的犹豫后悔不已。

康有为托古改制

19世纪末，腐朽的清王朝已经成为案板上的鱼肉，遭受着帝国主义列强的疯狂瓜分，中华民族已经到了生死存亡的关键时刻。很多有识之士想尽各种办法救国，其中资产阶级改良派的代表——康有为，是当时最具影响力的人物之一。

康有为与弟子梁启超等人意识到，清政府如果不进行维新变法，中国就会面临亡国的危险。但是，清政府高层的顽固派们以坚持传统为借口，叫嚣着"天不变，道亦不变""宁可亡国，不可变法"等，维新变法面临强大的政治压力和社会阻力。

面对这种情况，康有为采取了一种巧妙的策略——借尸还魂，托古改制。康有为对传统儒学有着深入的研究，他知道在很多顽固派人的心目中，孔子、孟子等思想家和尧、舜、周文王、周武王等圣明君王有着至高无上的地位。而且，"荣古而虐今，贱近而贵远"是中国人的普遍心理。针对这种情况，康有为撰写了《孔子改制考》等著作，认为孔子看到春秋末期礼乐崩坏、社会动荡的情况，所以才将自己的政治理想假托是上古时代已经实行过的，很多上古圣君实际上是孔子为改制而假造出来的托古对象而已。这些文章的言外之意也很明显：孔子是改制维新的"祖师爷"，我康有为想要维新变法，并没有违背孔子的意愿，反而是对孔子精神的继承。

康有为在《孔子改制考》一书中隐约地将自己托古改制的意图表现出来："布衣改制，事大骇人，故不如与之先王，既不惊人，自可避祸。"表面上是在说孔子为了避祸才托古改制，实际上是在说自己的意图。

《孔子改制考》一经出版问世，立刻引起了轩然大波，为维新变法制造了舆论，推动了戊戌变法的实施。虽然戊戌变法以失败告终，但康有为在变法前实施的借尸还魂、托古改制的谋略，还是非常成功的。

计谋运用

1. 借尸还魂之计包含着十分丰富的内涵，例如在谋事失败后想方设法借助各种方式东山再起，就属于借尸还魂的范畴。

2. 对于那些在大多数人眼中并无价值的东西，要善于发掘其价值，令其以另一种形式"生还"，可能起到意想不到的效果。

3. 改朝换代的时候，人们纷纷拥立那些已被推翻的王朝国君的后代为新君，正是应了"借尸还魂"的内涵。

4. 凡是将兵权置于别人名下，实际上却是自己指挥士兵进攻或防守的人，都是运用了这个计策。

前言

　　《三十六计》素以"谋略奇书"之名享誉世界，是我国军事史上的宝贵财富。

　　在现实生活中，如果提起"三十六计"，相信大家都能列举出其中的几个计谋，如打草惊蛇、声东击西、调虎离山等。但真正能准确地指出三十六计的来龙去脉及其中蕴含的智慧精髓，且能够恰如其分地加以应用的人并不多。

　　三十六计被广泛应用于古今中外的各种军事战争中，也常被应用于政治、经济、外交等诸多领域，甚至在人们的日常生活中也经常使用，可见三十六计的影响力和实用价值。

　　斗转星移，山河变迁。如今，三十六计中的一些计策已不符合当代社会的核心价值观，但为了使读者了解三十六计的历史全貌，本书仍做收录，读者应理性分析，去粗取精地学习。

　　本书以小故事的形式讲解了三十六计各计的来源，并且介绍了各计策的含义和运用等知识，其中包括每计对应的经典战例。插图生动有趣，语言通俗易懂，图文并茂，旨在带领读者领略三十六计的智慧与精妙。

亲爱的读者，快快翻开这本书，在一个个精彩绝伦、睿智经典的小故事中，全方位地领略"三十六计"的魅力以及古为今用的大智慧吧！

目录

第一计　瞒天过海

计谋故事‥‥‥‥‥‥‥ 4　　　赵高献计立胡亥‥‥‥‥‥ 10

计谋解析‥‥‥‥‥‥‥ 6　　　太史慈巧突重围‥‥‥‥‥ 13

经典战例‥‥‥‥‥‥‥ 8　　　狄青夜袭昆仑关‥‥‥‥‥ 16

　孙膑减灶布疑阵‥‥‥‥ 8

第二计　围魏救赵

计谋故事‥‥‥‥‥‥‥ 22　　晋文公伐卫救宋‥‥‥‥‥ 27

计谋解析‥‥‥‥‥‥‥ 25　　诸葛亮妙计救江东‥‥‥‥ 29

经典战例‥‥‥‥‥‥‥ 27　　李秀成智解天京之围‥‥‥ 32

第三计　借刀杀人

计谋故事‥‥‥‥‥‥‥ 38　　刘秀计除李轶‥‥‥‥‥‥ 46

计谋解析‥‥‥‥‥‥‥ 39　　周瑜用计杀二将‥‥‥‥‥ 49

经典战例‥‥‥‥‥‥‥ 40　　孙权嫁祸曹操‥‥‥‥‥‥ 52

　晏子二桃杀三士‥‥‥ 40　　宋太祖借画除劲敌‥‥‥‥ 55

　子贡游说各国‥‥‥‥ 44

第四计　以逸待劳

计谋故事‥‥‥‥‥‥‥ 62　　计谋解析‥‥‥‥‥‥‥‥ 64

目录

经典战例 ············ 65
　齐鲁长勺之战 ············ 65
王翦伐楚 ············ 68
铁木真用计破劲敌 ······ 70

第五计　趁火打劫

计谋故事 ············ 76
计谋解析 ············ 78
经典战例 ············ 79
齐宣王攻打燕国 ········· 79
华雄夜袭孙坚 ············ 83
多尔衮入中原 ············ 85

第六计　声东击西

计谋故事 ············ 92
计谋解析 ············ 93
经典战例 ············ 95
　韩信虚张声势破魏军 ··· 95
班超用计打败龟兹国 ······ 98
司马懿声东击西，
诸葛亮将计就计 ········· 101
孝文帝迁都洛阳 ········· 104

第七计　无中生有

计谋故事 ············ 110
计谋解析 ············ 112
经典战例 ············ 113
　张仪渡难关 ············ 113
望梅止渴 ············ 116
祖逖运粮惑敌 ············ 117
秦桧陷害岳飞 ············ 119

瞒天过海

瞒天过海的原意是瞒骗皇帝，使其随大队人马平稳地渡过大海，引申为用伪装来欺骗敌人，暗地里偷偷地行动以取胜。用在兵法上是一种『示假隐真』的疑兵之计，用于战役中是指使用伪装，从而达到麻痹敌人、出奇制胜的目的。

用伪装来欺骗敌人，暗地里偷偷地行动 —— **定义**

出自《永乐大典·薛仁贵征辽事略》 —— **探源**

所谓"瞒"，就是一种迷惑敌人的战术，"瞒"是一种手段，"过海"是最终目标 —— **解析**

瞒过

在敌人习以为常时发动突袭 —— 经常示强 —— 敌弱我强

在敌人不设防时发动突袭 —— 经常示弱 —— 敌强我弱

运用

天海

经典战例

孙膑减灶布疑阵
- 孙膑减灶诱敌深入，吸引魏军
- 魏军大败，庞涓自杀

赵高献计立胡亥
- 秦始皇病倒，赵高废长立幼
- 扶苏自尽，胡亥继承帝位

太史慈巧突重围
- 太史慈每天出城练习射箭麻痹敌人
- 顺利完成了突围求援的任务

狄青夜袭昆仑关
- 侬智高起兵反宋
- 狄青率军突袭侬智高，一举平定叛乱

计谋故事

本计出自《永乐大典·薛仁贵征辽事略》。公元前1世纪，在我国东北辽东郡附近有一个叫高句丽的国家。高句丽建国初期，实力很弱，仅占据了浑江、鸭绿江中游的一小片土地。后来，高句丽逐渐发展壮大，疆域不断扩大。对于中原王朝，高句丽表面上顺服，实则暗中积聚力量准备向中原发展。

至隋唐时期，高句丽的实力已不容小觑。其与周边的部族频繁交战，对我国当时的中央政权构成了严重的威胁。

公元643年，唐太宗李世民御驾亲征，率领三十万大军讨伐高句丽，薛仁贵一同前往。这一天，大军到了海边，只见大海白浪排空、波涛汹涌，一眼望去无边无际。唐太宗从未见过如此阵仗，一下子就慌了神，怎么都不敢到船上去。众臣非常着急，他们都在思考怎么帮皇帝克服这个难题。

前部总管张士贵问属下薛仁贵有何主意，薛仁贵说："我们只要瞒着皇上，秘密地在海边修建一座设备齐全的高楼，再让士兵假扮平民在里面自由走动。等高楼建好后，我们再用计把皇上'请'上船。这样皇上误以为是在高楼中，也就不会害怕了。"张士贵一听，顿时喜出望外，连忙将此事安排下去。

过了数日，张士贵向唐太宗报告："在附近的海上，住着一位老翁，愿意为三十万大军提供粮食。"唐太宗听罢，非常高兴，君臣二人立即前去拜访这位老人。他们穿过一条用彩幕遮围的通道，来到一个处所。只见这里绣幔彩锦，茵褥铺地，百官迎候。太宗召见了老人，并召集文武百官与老人一起饮酒作乐。一时间，笙歌阵阵、美酒飘香，唐太宗听得如痴如醉。

过了一会儿，一阵风吹来，此处"房子"开始左

右摇晃，四面的帷幕被风吹得呼呼作响，桌子上的杯子、盘子都掉到了地上，唐太宗险些摔倒在地。

唐太宗心中起了疑惑，立刻命人掀开帐帘，只见滔滔海水一望无际，人分不清东南西北。唐太宗惊恐地问道："这里是哪里？"

张士贵答道："陛下，我们现在在海上，这是部将薛仁贵想出的办法。幸得一路顺风，三十万大军乘船过海，就要到达东岸了。"

唐太宗环视左右，果真在海上，又见即将至岸，心中十分喜悦。船到岸后，老人突然伏地请罪。唐太宗见老人伏地，遂问他姓氏，得知这"老人"即是薛仁贵，又想到"瞒天过海"之计出自薛仁贵，于是对薛大加褒奖。

就这样，唐军顺利渡过了大海，而薛仁贵也因此得到了唐太宗的重用。这就是著名的瞒天过海的故事。

计谋解析

瞒天过海，其实是利用了一种常见的心理现象，即人们对日常事物往往抱有信而不疑的态度。所谓"瞒"，就是一种迷惑敌人的战术，即军事上叫作"佯动"或"佯攻"的"佯"。"瞒"有瞒人和被瞒的区别，如果想要达到目的，有意去欺瞒敌人，就要看瞒得是否高明。善瞒的人，往往会将自己的诡计藏在心里，每一计都能牵制敌人。"瞒"是一种手段，"过海"才是最终目标。

"瞒天过海"的"瞒"之欺瞒的意思跟"欺上瞒下""掩耳盗铃"中的欺骗的意思完全不一样，不可以混为一谈。

计谋原典

备周则意怠①，常见则不疑。阴在阳之内②，不在阳之对③。太阳④，太阴。

— 注 释 —

① 备：防备。周：周全，周到。意：意志，思想。怠：懈怠，怠慢。
② 阴：这里指秘密的谋略。阳：这里指公开的行动。
③ 对：相反、对立的方面。
④ 太：这里是极端、特别的意思。

— 译 文 —

防备太周全就容易导致意志懈怠，平常易见的事情就不会轻易怀疑。秘密的谋略可以隐藏在公开的行动中，而不是与公开的行动公然对立。最公开的行动中常常隐藏着最秘密的谋略。

经典战例

孙膑减灶布疑阵

公元前342年，魏惠王命太子申和庞涓为统帅，会同赵国出兵进攻韩国。韩国无力抵抗，只能派使者去齐国请求其出兵援助。齐威王决定援救韩国，于是让孙膑担任军师，辅佐主将田忌，率军西进救韩。

庞涓和孙膑是同学，早年曾经一起学习、研究兵法，他们的军事才能都很高。庞涓十分自负，为人傲慢，心胸狭窄，忌妒比自己优秀的孙膑，便把孙膑骗到魏国加以残害，并把他软禁起来。孙膑历经千辛万苦才逃离魏国，来到齐国担任军师。孙膑很清楚齐军的实力不如魏军，但是魏军自恃强大，骄傲轻敌，因此孙膑决定不与魏军正面硬拼，而是利用魏军轻敌冒进这一弱点，设下埋伏以便战胜魏军。

一个"瞒天过海"的计谋逐渐在孙膑心中形成。他建议主将田忌不要与魏军血战，而是先假装不敌，示敌以弱，让敌军产生"自信心"，诱敌深入，然后

在地势有利的地方设下埋伏，等疲劳的魏军来到时再突然袭击，这样就一定能取得胜利。田忌决定采用孙膑的策略。

接下来，齐军假装惧怕魏军，不断退却避战。第一天，齐军在营地里修造了十万名士兵的饭灶；第二天，孙膑下令把饭灶缩减到五万；到了第三天，还剩三万。庞涓发现齐军的炉灶不断减少，他非常高兴，丝毫没有察觉到危险，反而得意地对太子申说："齐军不断撤退，他们的炉灶一天比一天少，看来齐军每天都有很多士兵逃跑。这是一举歼灭他们的好机会，我们应该轻装追击。"太子申没有迟疑便同意了。他和庞涓一起带领魏军精锐，轻装前进，马不停蹄地追击齐军。

马陵一带地势险要、道路狭窄，而且是魏军追击的必经之地，于是孙膑决定在这里伏击魏军。魏军昼夜兼程，追到马陵时已是深夜，就在此时，齐军万箭齐发，打得魏军措手不及，阵脚大乱，彻底成了任人宰割的"羔羊"。这一战，齐军大胜，魏军精锐死伤殆尽，太子申也成了齐军的俘虏。至于庞涓，则无法接受战败的事实，自杀谢罪了。

孙膑巧用"瞒天过海"的计策，通过"减灶"营造出齐军衰弱的假象，成功骗过了庞涓，使得齐军掌握了军事主动权，最终取得了战争的胜利。

赵高献计立胡亥

公元前210年，秦始皇又一次前往东南地区巡游，小儿子胡亥与中车府令赵高、丞相李斯一起陪同。在巡游返回的路上，秦始皇病倒了，病情恶化，他深知自己大限已到，当务之急是赶快确立储君，他命赵高写诏书给在边疆跟着蒙恬做监军的长子扶苏，让扶苏立即回咸阳，为自己主持丧事。诏书写好后，秦始皇

　吩咐赵高立即送出。赵高表面上答应着，但是他担心
扶苏继位后会对自己不利，而秦始皇的幼子胡亥昏庸
无能，如果胡亥继承帝位，将更利于自己把控朝政，
因此赵高暗中把诏书扣留下来。

　　没过多久，秦始皇病死了。丞相李斯担心皇上在
都城外死去，诸公子和天下百姓有可能趁机作乱，于
是将此事隐瞒下来没有发丧，将棺木放在辒辌车中，
派自己信任的宦官驾车，每到一个地方依旧给皇帝送
饭，百官奏报政事也照样进行，由秦始皇生前最宠信
的宦官传话允准。当时只有胡亥、李斯、赵高以及几

个宦官知道秦始皇已经死去。

赵高早期在宫中只是一个地位很低的宦官，后来秦始皇得知他精通兵法，所以将他提升为中车府令。秦始皇死后，赵高担心时间一长，自己擅自扣留诏书的事情会败露，于是便将扣留诏书的事情告诉了胡亥。胡亥是个纨绔子弟，对自己的老师赵高非常信任。很快，胡亥就和赵高达成了共识。接下来赵高又去说服李斯，争取这位秦国第一号朝臣也加入自己的阵营，参与废长立幼的阴谋。

丞相李斯起初并不同意，但赵高劝道："如果扶苏继位，丞相必定是蒙恬，至于你李斯，身首异处也不是不可能的。"李斯认为赵高的计谋对自己也非常有利，就与他合谋，二人对外假称秦始皇的遗诏是立胡亥为太子。于是李斯等人将诏书改写后交给扶苏。改写后的诏书责备扶苏没有能力开辟疆土创立功业，说将军蒙恬不能纠正扶苏的过失，"诏书"言将二人赐死，兵权交给副将王离。

公子扶苏看到诏书后，痛心疾首，正准备自杀，蒙恬对他说："陛下在外巡视，并没有立太子，派臣下率领三十万大军守卫边疆，公子担任监军。今天忽然有一人来，让我们自杀，谁知道其中有没有奸诈？等请示之后证实确是皇上的旨意，再自杀也为时不晚。"来人催促他们尽快了结，扶苏对蒙恬说："父亲命儿子自尽，就没必要再请示了。"之后便自杀了。蒙恬随即被抓。

赵高发出伪诏后，命令巡游的皇家车队继续赶往咸阳，当时正是夏天，秦始皇的尸体渐渐开始腐烂，臭气熏天。李斯迫不得已命令随从在车上装载一些鱼，利用鱼腥气味来掩盖尸腐臭气，瞒骗众人，使人们被迷惑，分辨不清真相。李斯和赵高等人回到咸阳后才正式给秦始皇发丧，太子胡亥在李斯和赵高的扶植下正式继承帝位。

赵高等人用"瞒天过海"的策略，立了一个昏庸的太子。

太史慈巧突重围

东汉末年，黄巾军把孔融围困在都昌。黄巾军人数众多，并且防守严密，无论白天还是黑夜，都有士兵在城池周边巡逻，这使得城内军队突围难度极大，哪怕是派人向外求援也几乎是办不到的。见此情形，

孔融召集将领们商议对策，最终决定由太史慈单骑突围搬救兵。这个任务十分艰巨，而且执行者还有生命危险，因为敌军势大，死拼硬冲的成功概率很小，如果突围失败，黄巾军必然不会放过突围者，而且此后还会加大围困力度。但太史慈并未临阵退缩，他在苦苦思索后终于想到一个绝妙的主意。

有一天，太史慈让士兵打开城门，他自己则骑马持弓来到城外，后面跟着两个士兵替他拿箭靶。城内士兵既忧心又敬佩，忧心的是太史慈可能有生命危险，敬佩的是他的勇敢无人能及。城外士兵也惊讶不已，不知太史慈为何敢身犯险地。只见太史慈气定神闲地来到堑壕里边，让士兵竖起箭靶，自己弯弓射箭，过了一会儿又收拾行装回到城里去了。敌军士兵纷纷

驻足观看他射箭。

　　第二天，太史慈再次打开城门骑马射箭，与前一天一样，在堑壕里边射了一会儿就回去了。敌军士兵仍旧好奇地观看他"表演"，不时还议论纷纷。

　　第三天、第四天……太史慈每天都出城射箭，没过多久便回城了。敌军士兵认为，太史慈只不过是觉得城里没有宽敞的射箭场地，才打开城门来到堑壕里边练习射箭，射完箭也就回去了。于是，敌军士兵逐渐感到厌烦，最开始时还会留心观看，过了几天便习以为常，躺卧在城外空地上休息，不愿去理睬太史慈了。

　　有一天，太史慈整理行装，匆忙吃完早饭，像前几天一样骑马出城。敌军士兵看到太史慈又打开城门出来了，依然没有放在心上。没想到，太史慈突然挥鞭抽打坐骑，战马吃痛加速奔跑，很快就冲出了城外的包围圈。敌军士兵如梦初醒，慌忙列队，想要截住太史慈，但为时已晚，他已经飞奔到很远的地方了。就这样，太史慈成功完成了突围求援的任务。

太史慈采用了"瞒天过海"的计策，所以才能顺利突围。他每天出城射箭麻痹敌人，降低敌人的警惕性，制造一种假象。敌人看惯了表演，逐渐适应了太史慈的重复行为，见怪不怪放松了警惕，产生了懈怠心理，不明真相、不明就里，正因如此，太史慈才能冲出敌人的包围圈。

狄青夜袭昆仑关

自宋太祖赵匡胤实行了"重文轻武"的政策后，北宋的军事力量日渐衰微，优秀的将领也不多。在这种情况下，狄青脱颖而出。狄青一生中有个很重要的成绩，那就是平定侬智高叛乱。

侬智高是生活在今越南一带的一个少数民族的首领，他因归附宋朝得不到接纳而建立了南天国。

1052年，侬智高起兵反宋，在短时间内攻克了重镇邕州（今广西南宁）。当时北宋的皇帝是宋仁宗，他命狄青率军去平定邕州的叛乱。宋仁宗为此召见狄青，狄青请求调用他原在西边统领的骑兵。宋仁宗答应了，狄青率精锐骑兵一万五千人南下。

此前叛军已经与宋军交战过，但宋军接连战败。狄青到了邕州北边的宾州后，召集全体将士，向大家宣布："没有我的命令，任何人不得擅自出兵作战，违令者斩。"但有个叫陈曙的将领为了抢夺战功，亲自率领八千步兵与叛军打了一场遭遇战，结果战败于昆仑山下。陈曙的这次失败打乱了狄青的战略部署。狄青命人将陈曙以及其他违令的人拿下并斩首示众。

在狄青的整顿下，宋军纪律变得极为严明，随后狄青展开了对侬智高的作战行动。当时正值正月十五，百姓家家张灯结彩，欢度元宵节。狄青做了一个出人意料的决定，他宣布大宴三日。第一日，狄青亲自主持，宴请全军将士，通宵达旦。第二日，狄青亲自主持，宴请全体军官。开宴时，狄青亲自劝酒一圈后，忽然说不舒服退到后帐，其间还几次派人出来劝酒。

众人深知主帅军令如山，谁也不敢离席外出，直到天明。忽然军使来报："狄将军已于昨夜三更亲率精锐，攻占昆仑关！"

原来叛军首领侬智高得知宋军宴乐三日，便放松了戒备。元宵宴乐第二夜，狄青率军突袭，一举拿下了昆仑关。

狄青运用"瞒天过海"之术，一举攻克邕州，平定了叛乱。

计谋运用

使用"瞒天过海"的计策时，往往分为以下两种情况。

1. 如果敌弱我强，则可以经常示强，通过常态性示强来疲敌、劳敌、惊敌，当敌人已经习以为常，不再十分戒备的时候，就可以发动突袭，取得出奇制胜的效果。

2. 如果敌强我弱，则可以经常示弱，使敌人骄傲轻敌，不再加强防备。当敌人因麻痹大意而疏于防守的时候，就可以打他一个措手不及，获得最终的胜利。

围魏救赵

围魏救赵原指战国时期魏国围攻赵国都城邯郸，齐国通过攻打魏国，迫使魏国撤兵从而援救赵国的历史事件。后用『围魏救赵』指袭击敌人后方，迫使进攻之敌撤回的战术。在军事领域，围魏救赵意指不能盲目地正面抵抗强敌，应该避其锋芒，寻找敌人的弱点，牵制敌人的进攻，从而缓解己方的困境，并寻机消灭敌人的有生力量。

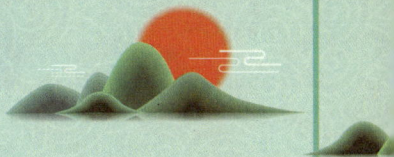

思维导图

指袭击敌人后方，迫使进攻之敌撤回的战术 —— 定义

出自《史记·孙子吴起列传》 —— 探源

关键在于把握敌人的核心利益，避免正面冲突，"救赵"才是核心和目的，"围魏"是实现目标的手段 —— 解析

围救

采用迂回式的进攻策略

避实击虚，抓住要害 —— 运用

攻打敌人的必守之地

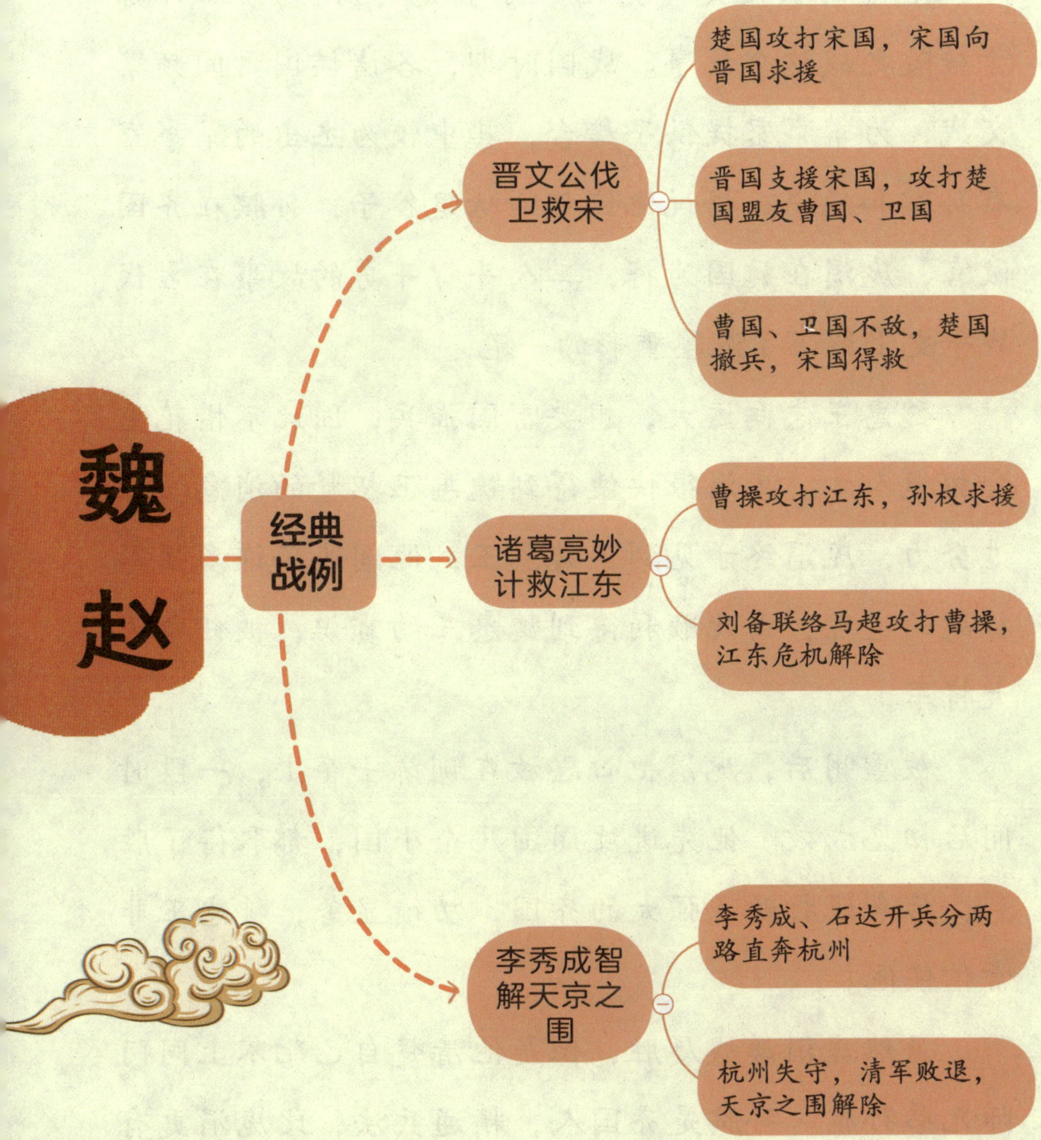

魏赵

经典战例

晋文公伐卫救宋
- 楚国攻打宋国，宋国向晋国求援
- 晋国支援宋国，攻打楚国盟友曹国、卫国
- 曹国、卫国不敌，楚国撤兵，宋国得救

诸葛亮妙计救江东
- 曹操攻打江东，孙权求援
- 刘备联络马超攻打曹操，江东危机解除

李秀成智解天京之围
- 李秀成、石达开兵分两路直奔杭州
- 杭州失守，清军败退，天京之围解除

计谋故事

　　本计的出处是《史记·孙子吴起列传》，本计源于桂陵之战这个故事。战国时期，各诸侯国之间频繁交战，为军事家提供了舞台，其中较为杰出的军事家有孙膑和庞涓。据说他俩都师从鬼谷子，孙膑在齐国做官，庞涓在魏国为将，二人斗智斗勇的故事在古代战争史上留下了浓墨重彩的一笔。

　　魏惠王志向远大，想要富国强兵，因此不惜花重金招揽人才。庞涓很快便得到魏惠王招贤的消息。经过努力，庞涓终于见到了魏惠王，他阐述了许多强军征战的道理，由此顺利得到魏惠王的赏识，被任命为大将军。

　　被重用后，庞涓把心思放在训练士卒上，一段时间后初见成效。他先进攻周围几个小国，都取得了胜利，后来还打败了强大的齐国，功绩显著，魏惠王非常信任他。

　　虽然庞涓屡战屡胜，但是他清楚自己比不上同门师兄弟孙膑。孙膑是齐国人，精通兵法，比庞涓更有谋略，魏惠王自然不愿放弃人才。庞涓担心孙膑的存在会使自己在魏国失势，就设计陷害孙膑，剜去了他的膝盖骨，还在他的脸上刺字。为了保全性命，孙膑装疯卖傻，最终回到齐国。

用兵如神的孙膑回到齐国，这令齐国大将田忌欣喜若狂，田忌立即向齐威王推荐了孙膑。齐威王与孙膑交谈后，非常赏识他的才华，决定留下他，让他帮助齐国富国强兵。

公元前354年，赵国攻打魏国的盟友卫国，魏惠王恼怒无比，便派庞涓领兵攻打赵国。庞涓经过慎重考虑，打算率军直扑赵国都城邯郸（今河北邯郸），这样能教训赵国，大大削弱赵国的实力。魏惠王也赞同庞涓的想法。于是庞涓率领大军围困邯郸。赵国自知不敌，只好向齐国求救。齐威王决定答应赵国的请求，就派孙膑为军师，辅佐主帅田忌前去援救赵国。

田忌和孙膑带兵来到魏赵交界地带。田忌原本打算直奔邯郸解围，但孙膑却向田忌建议道："使用蛮力强行撕扯是无法解开乱麻的；想要解决纷争，拿着武器帮助一方刺击对手是没有用的，反而会使自己也卷入其中。躲避强势之处，集中力量攻击对方空虚的地方，利用形势迫使他们罢手，那么问题自然就能解决了。如今赵国和魏国正在激战，魏国军队的主力肯定都在赵国境内，只有老弱残兵留守魏国境内。与其直奔邯郸去帮赵国解围，不如转而攻打魏国都城大梁（今河南开封），魏国必然会从邯郸撤军返回大梁防守。这样我们不用与魏军主力正面交战，也能帮赵国解围，

可谓一举两得。"

田忌采纳了孙膑的建议，率领军队攻打大梁。事情的发展正如孙膑所预料的那样，庞涓得知这个消息后，急忙从邯郸退兵，日夜兼程地赶赴大梁。这样仓皇地撤退恰恰犯了兵家大忌，但形势如此，庞涓不得不这样做。孙膑料定庞涓会率军奔赴大梁，于是在魏军的必经之地桂陵（今河南长垣西北）设伏。魏军经过长途跋涉来到桂陵，正是人困马乏的时候，突然遭到齐军的攻击，仓促之间难以应对，很快就被打得溃不成军。残余魏军在庞涓的带领下回到大梁。此次大战，魏国遭受重大损失，赵国虽然保住了邯郸却也实力大损，只有齐国才是真正的胜利者。

这就是中国历史上著名的"围魏救赵"的战例。

计谋解析

"围魏救赵"是一种战术，指袭击敌人后方据点迫使进攻之敌撤退，仅付出较小的代价而获得较大的收益。它的关键在于避免正面冲突，机动歼敌。其中，"救赵"是核心和目的，"围魏"是达到目的的手段。

战争时，当敌我力量差距过大，就可以采用"围魏救赵"的策略。假如正面对抗军事实力远远强于自己的敌人，无异于以卵击石，自身伤亡必定惨重。这时就应该避免硬拼，积极寻找敌人的弱点和要害，避实就虚，趋利避害，威胁敌人的后方，对敌人形成牵制，掌握战争的主动权，在行动中寻机消灭敌人的有生力量，以取得最终的胜利。如果此计运用得当，敌我双方的战略地位有可能因此实现转换。

计谋原典

共敌不如分敌①，敌阳不如敌阴②。

— 注释 —

①共：集中的。分：使分散。

②敌：攻打。阳：这里指正面，先发制人。阴：这里指侧面，后发制人。

— 译文 —

攻打集中的敌人不如攻打分散的敌人，从正面攻打敌人不如从侧面攻打敌人。

晋文公伐卫救宋

公元前632年，楚成王决定攻打宋国，便派大将成得臣率军进攻，纠合郑、许、陈、蔡四路诸侯一同攻伐。宋成公自知不敌，便让公孙固出使晋国求援。

从前晋国内乱时，晋文公被迫在外流亡十九年，其间楚成王曾经接纳他在楚国居住一段时间，因此晋文公要是派兵与楚军作战，就可能落下一个忘恩负义的骂名。就在晋文公犹豫不定的时候，参谋狐偃想出了解决办法，他对晋文公说："宋国必须救，但不能直接去救，何不派兵进攻曹国和卫国呢？这两国都与楚国结盟，曹国紧挨着楚国本土，卫国的楚丘城是楚成王舅父的封地，到时楚国为了救援盟国，就只能从宋国撤军了。况且昔日您流亡到这两国时，都没有得到友好的招待，我们也算是师出有名。"晋文公采纳了狐偃的计策，让公孙固回去复命。

宋成公得到晋国的支持后，决定继续抵抗楚军。

晋文公则任命先轸为将军，率军进攻卫国。晋国军队很快占领了五鹿城并对楚丘城也造成了巨大威胁，最终卫成公不得不向晋文公求和。然后，晋军继续东征，又打败了曹国军队。

在此期间，宋军节节败退，不仅丢失了缗邑，就连都城商丘也被楚军包围了。就在这时，楚成王突然得知晋军攻占了卫国的五鹿城，楚丘城已受到巨大威胁。无奈之下，楚成王不得不从攻打宋国的兵力中分出一部分去援救楚丘城。然而楚国援军还未赶到楚丘城，晋军就击败曹国军队，直接威胁到楚国本土了。

继续攻宋已经得不偿失，楚成王只好下令命成得臣带领剩余兵马撤出宋国。就这样，狐偃提出"围魏救赵"的策略，帮助晋文公解了宋国之危。

诸葛亮妙计救江东

公元210年，周瑜病逝，曹操认为心腹大患已除，开始筹划南征。曹操担心盘踞西凉的马腾乘虚而入，东进威胁许都（今河南许昌）。于是，曹操加封马腾为征南将军，让他带兵平定江东。马腾调集五千名西凉士兵，带着儿子马休、马铁，一起来到许都应召。然而，曹操趁机杀死了马氏父子三人，顺便把西凉士兵收入麾下。曹操觉得后顾之忧已经解除，便调集三十万大军，准备吞并江东。

孙权得知消息后，派鲁肃前往荆州，欲联合刘备共同抗曹。诸葛亮听来者表明来意即想出了对策，信心满满地对刘备说："我已经有办法对付曹操，不需要动用荆州和江东的军队，曹操自己会打消进军江东的念头。"诸葛亮答复使者说："对于曹操南征这件事，刘皇叔已有退兵的妙计。"

诸葛亮对刘备说："西凉军队是曹操最担心的后

方大患。虽然马腾已死，但是西凉部众仍然由马腾的长子马超掌管，他与曹操有杀父之仇，必不会为曹操所用。主公只需联络马超，让他出兵入关，曹操必然不能安心攻打江东，江东之危不就迎刃而解了吗？"刘备深表赞同，立即派使者携带书信前去联络马超。

此前马超得知父亲与自己的两个兄弟三个亲人命丧曹操之手，痛哭不已，悲痛难抑，立誓诛杀曹贼。收到刘备的来信后，马超立即拆开阅读。信中，刘备历数曹操的罪行，痛骂曹操无情无义，还回忆了双方誓诛曹贼的往事，提及旧情。此外，刘备指出，马超与曹操有不共戴天之仇，日后必不为曹操所容。刘备建议马超率领西凉大军东出，他自己则征调荆、襄之众北上，对曹操形成夹击之势。这样一来，马超不仅可以擒获曹操、剿除奸党、报仇雪恨，还能成为兴复汉室的大功臣。

马超读完刘备来信，感激涕零，立即回信让使者带给刘备，随后整顿兵马准备作战。不久，西凉太守韩遂派人邀请马超见面。原来曹操派人给韩遂送去书信，说只要韩遂捉住马超，就封韩遂为西凉侯。韩遂是马腾的义弟，马超一直称他为叔父。韩遂不忍心加

害马超，表示愿意起兵响应马超，共同攻打曹操，以报马腾父子三人被杀之仇。

马超和韩遂带领西凉兵马攻打曹操，迫使曹操取消了南征江东的计划。就这样，诸葛亮巧用"围魏救赵"的计策，解除了江东的危机。

李秀成智解天京之围

太平天国时期，有一个叫李秀成的青年将领，他有勇有谋，曾用"围魏救赵"的计策解了天京（今江苏南京）之围。

1860年，清军派和春率领数十万大军进攻太平天国的都城天京，清军凭借人数上的优势，将天京团团围住。

天王洪秀全急忙召集诸王商讨解救天京的对策。此时，年轻的将领忠王李秀成提出了一个建议，他说："现在清军人马众多，硬拼下去恐怕凶多吉少。请天王拨给我两万人马，我趁夜突围，偷袭敌军屯粮重地杭州。我们一旦攻打杭州，敌人一定会分兵救援杭州。到时候，天王乘此机会突围，我也回兵天京，前后夹击，天京的危机就可以解除了。"翼王石达开表示赞同，愿意带一队人马协同忠王作战。

　　洪秀全是一个多疑的人，他因天京被围困，情况危急，此时听完忠王李秀成的建议，甚至怀疑忠王、翼王是不是想趁机逃跑，所以迟疑不决，没有说话。李秀成知道洪秀全心中所想，他忽然跪下，泪如泉涌，说道："天王，如今天国危在旦夕，我等若有异心，对得起天王和全军将士吗？"石达开也向天王下跪，恳求洪秀全下令出兵。洪秀全深受感动，终于答应了。

　　这年正月初二，正值过年，清军认为已围困住天京，不免松懈。这天半夜时分，李秀成、石达开各率一队人马，趁着夜色，从敌人封锁最薄弱的方向冲了出去。清将和春见只是小股敌人逃跑，也就没有追赶。

　　李秀成、石达开突围后，兵分两路：李秀成直奔杭州，石达开直奔湖州。李秀成率领人马到达杭州城下，便下令士兵进攻，但每次进攻都被击退了。三天三夜后，一场暴雨倾盆而下，守城清兵放松了警惕，躲进室内避雨休息。李秀成抓住时机趁雨而入，派出一千多名勇士，用云梯偷偷爬上城墙，打开了城门。等到守城士兵醒来时，为时已晚，城门已被打开，李秀成率军冲入城中，攻下了杭州。为了吸引围攻天京的清军，下令焚烧清军的粮仓。

和春闻报，得知杭州失守，急令副将张玉良率十万人马，火速支援杭州。洪秀全见清军已分兵营救杭州，便下令全线出击。李秀成攻下杭州，火烧了清军粮仓之后，迅速回兵天京；石达开也带领他的部下返回天京。两支军队会合一处，躲过了张玉良的部队，顺利赶到天京城外。

此时城内外的太平军对清军形成夹击之势，清兵猝不及防，仓促之间，阵势大乱，死伤无数，被打得一败涂地。清军大败后，短时间内已无力再攻打天京了。

李秀成巧用"围魏救赵"的计策，解除了天京之围。

计谋运用

使用"围魏救赵"的计策，必须处理好以下三个问题，才能收获较好的结果。

1. 采用迂回式的进攻策略。有些事情无法一劳永逸，此时不妨迂回进攻，虽然可能因为增加中间环节而影响效率，但是危险也能因此得以避免或化解。

2. 避实击虚，抓住要害。死板地正面抗击强大的敌人，往往会导致惨败的结果。与其硬拼死战，不如避开敌人的实力所在，抓住敌人的要害进行攻击，这样可以在保存己方实力的前提下给予敌人沉重的打击。

3. 攻打的"魏"须是敌人的核心利益所在。只有攻打敌人的必守之地，才能实现"救赵"的目的。

借刀杀人

借刀杀人原指借其他人的刀来伤害别人，比喻自己不出面，利用别人去害人。在军事上，借刀杀人是指实施某种策略，在保证己方不遭受损害的前提下，利用其他人的力量来战胜敌人。

比喻自己不出面，利用别人去害人 —— **定义**

明代戏剧《三祝记·造陷》 —— **探源**

借刀杀人的巧妙之处是"借"，对于无法独立办成的事情，我们不妨借助外部力量，不需要自己出手，就能实现目标，坐享渔翁之利 —— **解析**

借杀

使他人的力量为己所用，在损失很小的情况下取得胜利

联合与自己有共同敌人的外部力量去杀敌 —— **运用**

看上去好像自己置身事外，对付敌人而不被察觉，所有的责任也都由别人承担

刀人

经典战例

晏子二桃杀三士
- 晏子借桃使三人自相残杀
- 晏子兵不血刃除掉三士

子贡游说各国
- 子贡游说齐、吴、越、晋四国，营救鲁国
- 鲁国摆脱危机

刘秀计除李轶
- 刘秀离间李轶和刘玄的关系
- 洛阳失守，李轶被杀

周瑜用计杀二将
- 周瑜离间蔡瑁、张允和曹操的关系
- 周瑜不费一兵一卒除掉两个心腹大患

孙权嫁祸曹操
- 孙权斩杀关羽，将关羽首级送给曹操
- 曹操识破孙权诡计，孙权未得逞

宋太祖借画除劲敌
- 宋太祖离间林仁肇和李煜的关系
- 林仁肇被杀，李煜成为阶下囚

计谋故事

本计的内容多次出现于春秋战国的史书中，本计的名称则出自明代戏剧《三祝记·造陷》，里面有这样一句话："恩相明日奏仲淹为环庆路经略招讨使，以平元昊，这所谓借刀杀人。"这出戏讲述了范仲淹的政敌想借西夏人的刀杀掉范仲淹的故事。

宋仁宗时期，范仲淹积极地推行新政，整顿吏治。当时朝中有三个大臣，分别是吕夷简、夏竦和韩渎，范仲淹的做法侵犯了他们的利益，所以他们就想除掉

范仲淹。

　　有一天，这三个大臣相聚在一起谋划杀害范仲淹的事情。韩渎说："要想除掉范仲淹并不难，可问题是如今范仲淹的名气这么大，把他除掉，恐怕会引起其他大臣的不满，这该如何是好呀？"夏竦笑了笑说："两位大人不要慌，下官早已想好了计策。最近李元昊不是在造反吗？朝廷早就想派人去镇压了，不如明天禀奏皇上，任范仲淹为军队统帅，让他去镇压西夏人李元昊。要是范仲淹镇压失败了，他也就会被李元昊给除掉了。这就是所谓的借刀杀人。"

计谋解析

　　"借刀杀人"是一种能最大限度地保存己方实力的策略，其关键在于激化敌方与别人的矛盾，促使他们相争，自己从中渔利。如果敌方实力强大，为了减少自己的损失，可以拉拢与自己存在共同利益的第三方，让其攻击敌方。借刀杀人的巧妙之处是"借"，对于无法独立办成的事情，我们不妨借助外部力量，不需要自己出手，就能实现目标，坐享渔翁之利，"借刀杀人"的精髓正在于此。

计谋原典

敌已明①，友未定，引友杀敌②，不自出力，以《损》推演。

— 注 释 —

①明：明了，明确。

②引：引诱，诱使。

— 译 文 —

敌人的动向已经明了，盟友的态度还没有确定，应该想办法诱使盟友去攻打敌人，自己尽量不出兵，这是依《损卦》推演出来的计策。

经典战例

晏子二桃杀三士

田开疆、古冶子、公孙接是春秋时期齐国的三个勇士，他们结拜为异姓兄弟，自称"齐国三杰"，深得齐景公的信任。然而，他们仗着自己的勇猛和国君的宠信，在国内横行霸道。奸臣梁邱据、陈无宇等暗中收买他们，准备发动叛乱。

面对奸党危害国政的局面，齐国相国晏婴忧心忡忡。那三个勇士是奸党的重要力量，因此晏婴决定先除掉他们。因为齐景公宠信他们，所以晏婴决定不与他们正面冲突，而是采用了"借刀杀人"之计。

有一天，鲁昭公及其臣子叔孙来到齐国访问，齐景公为表盛情在宫中设宴款待。参加宴会的还有晏婴和那三个勇士，以及其他的齐国大臣。宴会上，三勇士依旧目中无人，即使面对齐、鲁两国国君，也还是一副骄横张狂的样子。

席间，晏婴见众人都微有醉意，就向齐景公建议道："宫中的桃子成熟了，何不摘下一些，给宾客们品尝？"

齐景公听完便派人前去摘桃，但晏婴坚持自己去摘，说："只有我亲自去摘桃子，才能体现我们齐国对鲁国的尊重。"齐景公同意了。

晏婴不久便回来了，手中托着一个盘子，上面有六个硕大诱人的桃子。齐景公问："怎么只有六个？"晏婴答道："虽然树上的桃子很多，但成熟的只有六个。"

齐景公和鲁昭公各吃一个，还剩四个桃子。齐景公对叔孙说："这些桃子美味可口，应该由贤者享用。你素有贤名，理应品尝一个。"

叔孙推辞道："论及贤名，晏婴相国比我强多了，我受之有愧。"

齐景公笑着说："你与晏婴相国都应该品尝桃子，

索性各吃一个吧。"

这样就还剩下两个桃子，晏婴提议由参加宴会的文武官员自述功劳，功劳最大的两个人可以吃余下的两个桃子。齐景公同意了。

公孙接率先叙述自己的功劳，说："有一次，主公在桐山打猎，被一头猛虎袭击，我亲手打死了老虎，使主公化险为夷。我应不应该吃桃？"

晏婴说："这个功劳很大，你应该吃桃。"

公孙接听完便拿起一个桃子吃了下去。古冶子不

服气，说："打虎算什么？曾经有大龟在黄河中兴风作浪，威胁主公的安全，我跳入河中砍下它的头，救了主公的性命。这个功劳大不大？"

齐景公说："这个功劳也很大。"于是古冶子吃掉了最后一个桃子。

这时，田开疆愤怒地站起来说："我曾经与徐国作战，抓获几百名俘虏，威震天下，迫使徐国投降赔款，巩固了国君的盟主地位。这个功劳比他们小吗？"

晏婴上奏齐景公说："田将军的功劳远远大于另外两位将军，可是桃子已经分完了，要不先赐酒以示慰劳，等到桃子成熟后再赏赐？"

齐景公也惋惜地说："田将军的功劳确实是最大的，可惜为时已晚。"

骄傲自大的田开疆无法忍受吃不到桃子的耻辱，说："打虎、斩龟也算得上功劳？我为国打仗，血战沙场，反而不如搏杀野兽之徒，在两国君臣面前受尽耻辱，朝堂之上还有我的容身之地吗？"说完，田开疆拔剑自刎了。

公孙接见状，叹息道："田将军功劳大，可是桃子却被我这个功劳小的人吃掉了。他已死，我也没有脸面活在世上了。"说完，公孙接也拔剑自刎了。

古冶子十分激动，说："过去我们三人结拜为兄弟，立誓同生共死。现在兄弟已亡，我怎么能苟活于世？"于是古冶子也自尽了。

俗话说："坚固的堡垒往往是从内部攻破的。"晏婴利用三勇士骄傲自大的性格弱点，仅用两个桃子便使他们产生隔阂，互争长短，最终借他们自己的"刀"杀死了他们，不费一兵一卒便解决了齐国的祸患。

值得注意的是，堡垒内部的弱点才是"借刀杀人"之计成功的关键，只有抓住这个关键才能达到目的，否则可能弄巧成拙。

子贡游说各国

孔子晚年时，他的家乡鲁国遇上了一件麻烦事。齐国大将军田常野心勃勃，想要攻打鲁国。齐国是大国，与鲁国相邻，鲁国的实力无法与齐国抗衡，形势十分危急。孔子决定想方设法拯救鲁国，他问学生们谁有力挽狂澜的好办法。他的弟子子路自告奋勇，想要去前线，孔子没同意。弟子子贡认为，当时只有吴国能与齐国分庭抗礼，鲁国可以借助吴国的力量挫败齐国军队。孔子赞同。

于是子贡到齐国去游说田常。田常当时正蓄谋篡位，急需铲除异己。子贡劝他放弃攻打弱小的鲁国，子贡用"忧在外者攻其弱，忧在内者攻其强"之理，劝田常不要让异己在攻打弱国鲁国时扩大势力，而应在攻打强大的吴国时借强国之手铲除异己。田常恍然大悟，当即决定不再攻打鲁国。可当时齐国已经做好攻打鲁国的准备，若转而攻打吴国，群臣必起疑心。子贡说："这事好办。我现在就可以劝说吴国救鲁伐齐，这样齐国出兵就合情合理了。"田常高兴地同意了。

子贡又前往吴国，对吴王夫差说："如果齐国攻下鲁国，实力一定更加强大。大王不如先下手为强，联合鲁国攻打齐国，这样吴国就可以与晋国抗衡，成就霸业了。"吴王认为子贡说得有理，但是他担心吴国出兵后，越国会乘人之危。于是，子贡又去越国，说服越王，让越王派兵跟随吴国攻打齐国，解决了吴王的后顾之忧。

子贡一连游说三国，达到了预期的目标，他又想到吴国战胜齐国之后，一定会要挟鲁国，鲁国不能真正解除危机。于是他又赶往晋国，对晋定公说："吴国一旦打败鲁国，必将转而攻打晋国，争霸中原。大王要加紧备战，以防吴国进犯。"

公元前484年，吴王夫差亲自率领大军攻打齐国，鲁国立即派兵助战，与吴军一起围剿齐军。齐军中了吴军诱敌之计，陷于重围，齐军大败，齐国只得向吴国请罪求和。夫差获得胜利后，骄矜自傲，立即移师攻打晋国。晋国因为早有准备，所以击退了吴军。

子贡充分利用齐、吴、越、晋各国之间的矛盾，巧妙周旋，借吴国之"刀"，击败了齐国；借晋国之"刀"，灭了吴国的威风。鲁国因此摆脱了危机。

刘秀计除李轶

刘秀字文叔，是东汉王朝的开国皇帝，中国古代杰出的政治家、战略家、军事家。新朝末年，海内分崩，天下大乱，全国出现了无数支农民起义军，其中最强大的是绿林军。绿林军推举西汉皇室的支裔刘玄为首领，称为更始帝。刘秀就是绿林军中的一个普通将领。

早年，刘秀和哥哥刘缜在家乡乘势起兵。刘玄称帝后，刘秀被封为太常偏将军。公元23年，刘秀兄弟与王凤所率起义军联合起来，在昆阳一战中大获全胜，歼灭了王莽军的主要力量。昆阳一战后，刘秀兄弟遭到其他将领的妒忌与排挤，在后来的战役中，刘秀的哥哥刘绩功高震主，招来了刘玄的猜忌。可刘绩依然不知低调行事，后来刘玄在李轶的挑唆下，将刘绩杀害。

刘秀得知这个消息后，犹如万箭穿心，悲痛不已。但是他没有轻举妄动，而是强忍悲痛，取信于刘玄。他借着抚北的机会积聚力量，实力大涨。

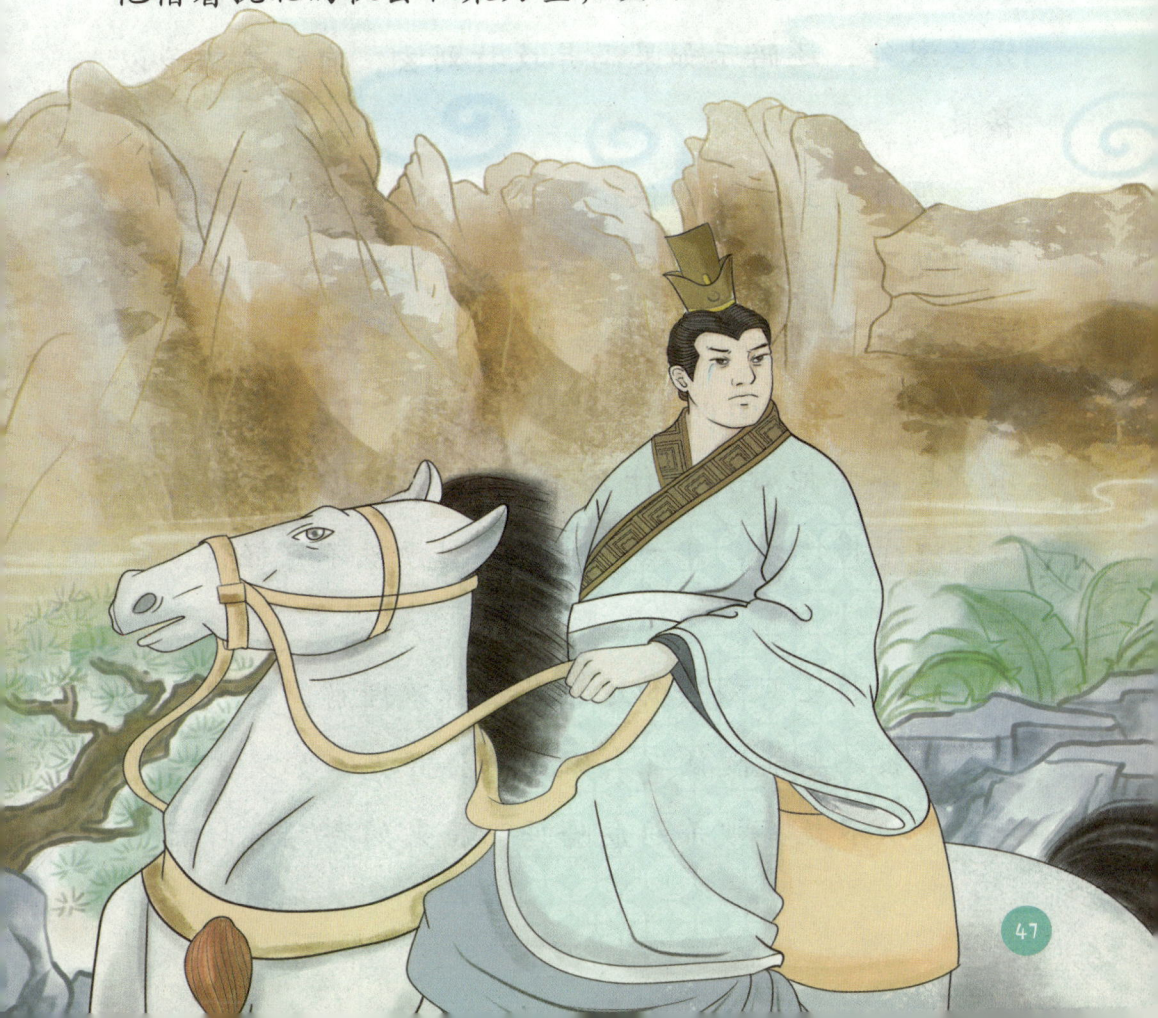

公元25年，刘秀和刘玄决裂，率军攻打长安。洛阳是通往长安的军事重地，刘玄派李轶去洛阳拦截刘秀。李轶自知刘玄不是刘秀的对手，自己盘算着似乎加入刘秀的队伍才是明智的选择。可他毕竟参与了杀害刘秀兄长一事，他担心刘秀记恨自己，希望有人可以调解自己与刘秀之间的矛盾。就在此时，刘秀身边的大将冯异写了一封言辞恳切的信来劝降李轶。李轶将信反复阅读，再三考虑，给冯异回了一封信，除表示感激外，还暗示如果冯异攻打刘玄，自己决不予以援救。

冯异得到李轶的保证，放心大胆地攻打洛阳。李轶果然袖手旁观，按兵不动。冯异见李轶很守信用，便将这个情况写信上报给刘秀。没想到刘秀举起信来，当着众人的面说："李轶这人诡计多端，反复无常，谁都摸不清他心里想什么。"一边吩咐传令官把信交给各地守将传阅，并一再嘱咐："对李轶不可轻信，要多加小心。"

很多将士对刘秀的这种做法都不理解，心想此乃军事机密，怎能随便在大家面前公开呢？如果走漏风声，李轶不就有被杀的危险吗？原来刘秀另有打算，他是想"借刀杀人"，替被害死的哥哥报仇，同时趁机离间对方，为夺取洛阳准备条件。

没过多久，刘玄的人就听到了这个消息，知道了李轶想要归顺刘秀。刘玄得知后大为震怒，立即派人将李轶处死。

李轶被杀，洛阳驻军失去了主将，军心大乱，不战自败，许多人都来归顺刘秀。到了这时，大家才真正明白了刘秀的用心。刘秀"借刀杀人""一箭双雕"的计谋成功了。

周瑜用计杀二将

公元208年，曹操率领大军攻打东吴。孙权为了抵抗曹军的进攻，决定与荆州的刘备联合，共同对抗曹操。为此，他任命周瑜为大都督，领军应战，两军对峙在三江口南北两岸。

一天，周瑜乘坐楼船前往江北侦察曹军的水寨，发现曹操水军阵营十分严整，便询问手下，曹军管水兵的都督是谁，手下说是蔡瑁、张允。周瑜暗自思忖：蔡、张二人在江东已经很长一段时间了，他们精通水战，如果不除掉他们，吴军恐怕会败于蔡、张二人之手。

第二天，周瑜正在军中议事，忽然接到军报，说曹操军中的故人蒋干拜访。周瑜顿时灵机一动，计上心来，对众将吩咐了一番，遂带领随从去迎接蒋干。

周瑜与蒋干见面寒暄一番后，周瑜设宴款待蒋干，数十员文官武将作陪。席间，周瑜命令部将太史慈担任监酒官，交代说："今天我与故人相会，只叙友情，不谈军事。若有不从，就地正法。"蒋干听了，面色如土，他此次前来便是奉曹操之命劝降周瑜的，此刻见周瑜如此说，故而一时不敢多言。随后大家谈笑风生，一直喝到半夜。这时，周瑜佯装醉酒，对蒋干说："今日好不容易与你相聚，你就跟我睡在一张床上好了。"于是将蒋干拉到自己的帐中，周瑜躺在床上，很快就睡着了。

蒋干见周瑜睡去，鼾声如雷，便摸到桌前，悄悄地翻阅文书，试图得到一些军事机密，却意外地发现了一封蔡瑁、张允写给周瑜的信。

在信中，蔡瑁、张允说有意向周瑜投降，为了表示诚意，会将曹操的首级献给周瑜。蒋干看后，又急又气，却不敢声张，只能装睡。天一亮，蒋干偷偷起身，出了营帐，带领随从，急忙驾船回到了曹军的大营。

　　蒋干回到大营后，曹操问蒋干劝降一事周瑜怎么说，不料蒋干叹一口气说道："此行没有说服周瑜投降，却得到了一个很重要的消息。"于是将在周瑜帐中看到的书信内容禀报给曹操。曹操听后勃然大怒，立即命人将蔡瑁、张允叫到帐中，厉声说道："我命你二人立刻进军东吴。"蔡、张二人并不知情，照实回禀："现在水军训练尚不成熟，不宜贸然出击。"曹操听后更加确定他们二人有异心，喝道："等到水军训练好了，我的脑袋岂不是早已献给周瑜了？"蔡、张二人一头雾水，不知该如何回答，正在犹豫之时，曹操已下令将二人推出去斩首。

蔡、张二人死得冤枉，曹操正是中了周瑜的"借刀杀人"之计。

孙权嫁祸曹操

东汉末年，刘备与孙权结盟对抗曹操。刘备手下大将关羽率军进攻曹操的属地，围困了樊城和襄阳，一时间声威大震。曹操忧心如焚，打算迁都来避开关羽的锋芒。部下司马懿与蒋济二人劝说曹操道："虽然刘备与孙权已经结盟，但两人实际上也有许多矛盾。现在关羽大胜，高兴的只有刘备，孙权绝不愿意刘备发展壮大。如果以割让江南之地为条件，派人联络孙权突袭关羽的后方，那么樊城和襄阳就能解围了。"曹操认为他们的计策确实可行，就派人联络孙权。孙权同意帮助曹操攻打关羽，就派大将吕蒙率军截断关羽的后路，最终俘虏了关羽。

关羽被押至建业(今江苏南京)，面对孙权的劝降，他丝毫不为所动，最终被斩首示众。关羽被害时，张昭正在外面巡视，回来后得知孙权处死了关羽，十分震惊，连忙拜见孙权，说："主公现在有大麻烦哪！"

孙权问："出什么事了？"张昭说："刘备、关羽、张飞是结义兄弟，三人立誓同生共死、患难与共。如今关羽死于主公之手，刘备必定不会善罢甘休，主公再也无法与刘备交好了。益州已经被刘备攻占，他的实力不容小觑，主公又多了一个强敌啊！"孙权悔不当初，说："关羽誓死不降，我一时气愤才杀他。现在大错已经铸成，应该怎样挽回呢？"张昭说："不如派人前往许都，把关羽的首级献给曹操，祸水东引，让刘备去找曹操报仇。"孙权认为可行，立即派人照办。

关羽的首级不久便被送到曹操那里。曹操问司马懿："孙权为什么要把关羽的首级送给我？"司马懿说："孙权肯定担心刘备去找他为义弟报仇，所以就想嫁祸给您。如果刘备知道关羽的首级在您手中，就会认为是您杀死了关羽。"曹操说："我才不会做孙权的挡箭牌。"说完，曹操下令命文武百官为关羽挂孝，并决定按照王侯之礼厚葬关羽。

下葬当天，曹操身着素服，亲自带领文武百官为关羽送葬。曹操感念关羽的忠义，在坟前悼念了很久才离开。

此例中，曹操和孙权都运用了"借刀杀人"之计：

曹操想借孙权的"刀"解决关羽这个难题，孙权想借曹操的"刀"解决刘备这个麻烦，区别在于曹操成功，而孙权失败了。"借刀杀人"之计的关键是"借"，即充分利用敌方与第三方的矛盾，促使二者相争。"刀"就是第三方，这个第三方对敌方来说必须要有一定的威胁性。"杀人"就是战胜敌人。合理使用这个计策，可以产生"鹬蚌相争，渔翁得利"的效果。

宋太祖借画除劲敌

宋朝建立后，宋太祖继续南征北战，想要统一天下。他深知"卧榻之侧，岂容他人鼾睡"的道理，决定先平定南方各割据政权，再收复北方国土。

南汉灭亡后，处在宋朝"卧榻之侧"的南唐成为宋太祖的下一个目标。然而南唐君主李煜却没有政治头脑，始终醉心于诗词歌赋，因此南唐实力日渐衰弱。不过，南唐有一位骁勇善战的将军林仁肇，他的勇猛让宋军颇为忌惮，在除掉这个障碍之前，宋太祖不敢轻举妄动。

公元971年，李从善奉兄长李煜之命前来朝贡。宋太祖敏锐地察觉到这是除掉林仁肇的好机会。他先是热情地接待了李从善，然后委任他为泰宁军节度使，让他留在宋朝。李从善自然不敢违抗宋太祖，只得派人返回南唐报告李煜。李煜虽然不知道宋太祖的真实意图，但他认为可以借此机会让李从善打探宋朝的情报，就没有提出异议。

接下来，宋太祖派人前往南唐，重金收买林仁肇的家仆，顺利拿到了林仁肇的一幅画像。宋太祖特意在自己的侧室挂上这幅画像。

有一天，李从善拜见宋太祖，宋太祖的侍臣故意

带他到侧室等待。李从善一进侧室就见到这幅画像，不解地问道："林将军的画像为什么挂在这里呢？"侍臣假装惶恐，一副欲言又止的样子，过了很长时间才小声说："这是机密，绝对不能对外人说的。不过您现在是宋朝的重臣，不算是外人，知道了也无妨。林将军勇猛无敌，陛下非常欣赏，就派人去送信，意欲招降他。他已经同意投降了，但不方便直接来京城，就先送来一幅画像，表示自己真心归顺。"说完，侍臣又指着附近的一处豪华宅院，说："那处宅院就是皇上

承诺赏赐给林将军的，等他来到京城，还有其他奖赏，听说陛下还打算让他担任节度使呢！"

李从善闻言大惊，回去后立即想办法将此事告诉了李煜。自己弟弟探听到的消息令李煜不得不怀疑林仁肇，于是以宴饮为由邀请林仁肇进宫，骗他喝下了毒酒。林仁肇返回府邸后，没多久便毒发身亡。宋太祖得知消息后非常高兴，认为消灭南唐的最大障碍已除，立即调集兵马进攻南唐。南唐失去了林仁肇这员猛将，被宋朝打得节节败退，很快就灭亡了，李煜也成了宋太祖的阶下囚。

宋太祖运用"借刀杀人"的计策，利用一幅画像离间李煜和林仁肇的关系，借李煜之手除掉了林仁肇。

计谋运用

巧妙使用"借刀杀人"的计策，离不开以下关键因素。

1. 联合与自己有共同敌人的外部力量。借别人的刀去杀共同的敌人，这样对方即使并非真心合作，也会因为有利可图而被利用。

2. 保证自己置身事外。此计的最终受益人是"己方"，自己不抛头露面去实施计策，这样就不会让敌人察觉，所有的责任也都由第三方承担。在没有损失或损失很小的情况下取得胜利，此计的绝妙之处就在于此。

以逸待劳

以逸待劳多指作战时采取守势，养精蓄锐，等待敌人疲劳后，乘机出击制胜。此计最关键的一点是掌握战争的主动权，因势利导，待时而动，保证己方的有利地位，让敌人陷入两难境地。

指作战时养精蓄锐，等待敌人疲劳后，乘机出击制胜 —— 定义

出自《孙子兵法·军争篇》 —— 探源

关键在于掌握主动权，待机而动，以静制动，积极调动敌人，创造战机 —— 解析

以待

耐心等待，与敌周旋 —— 时机不成熟

及时把握，打击敌人 —— 时机成熟

积聚力量，把握时机

不可贸然进攻，转攻为守 —— 敌人士气正盛

时机成熟，攻打敌人 —— 敌人士气低落

以守为攻，以静制动

运用

逸劳

经典战例

齐鲁长勺之战
- 齐鲁在长勺开战
- 鲁军在齐军三次击鼓后出击，大败齐军

王翦伐楚
- 王翦不与楚军交战，养精蓄锐
- 楚军精疲力竭，被秦军打败

铁木真用计破劲敌
- 铁木真不敌扎木合，接连败退
- 铁木真以逸待劳大败扎木合

计谋故事

　　本计的出处是《孙子兵法·军争篇》。春秋时期，吴国是长江下游的一个国家，在大夫伍子胥、大将孙武、太宰伯嚭等人的辅佐下，吴王阖闾兢兢业业地治国理政，吴国的实力得到极大增强。公元前512年，阖闾决定征讨楚国，就与伍子胥、孙武、伯嚭一起商议作战计划。

　　孙武不主张立即攻楚，说："目前攻打楚国的时机并不成熟，毕竟楚国面积广大，兵将众多，实力远比我们吴国强大。我们领土不如楚国大，人口没有楚国多，物资也不像楚国那样充足，恐怕还需要再准备几年才能战胜楚国。"

　　伍子胥与楚国有深仇大恨——楚王杀死了他的父兄，因此伍子胥极力主张立即攻楚。伍子胥在赞同孙武意见的同时，提出了"疲楚"的妙计。伍子胥认为，可以把吴军分为三部分，轮流侵扰楚国边境，这样一来，楚军得不到休整，将疲于奔命，而吴军轮流作战不仅可以得到实战训练，还能保证一定程度的休整。

　　经过一番商讨，大家认为伍子胥的计策切实有效。第二年，"疲楚"计划就开始实行了。阖闾派出一支吴军进攻楚国的潜城（今安徽境内），楚军连忙增援潜城，但吴军在楚军赶到前就离开潜城攻克了六城（今安徽境内）。一段时间后，楚国的弦城（今河南境内）又遭到吴军的攻击，楚军不得不驰援弦城，可是吴军又赶在楚军到来前撤退了。"疲楚"之计消耗了楚国的实力，导致楚国士卒困惫不堪。

　　公元前203年，楚军在令尹囊瓦的统领下进攻蔡

国，无奈之下，蔡国只好联合唐国共同请求吴国救援。阖闾召集孙武、伍子胥和伯嚭商议对策，众人一致认为这是进攻楚国的最佳时机。这一年冬季，阖闾亲自统率大军攻打楚国，孙武、伍子胥和伯嚭也随军出征。原本楚军就因为连年征战而疲惫不堪，再加上吴军准备充足、士气旺盛，因此吴军没有遇到激烈的抵抗，便顺利挺进到汉水。

吴楚两军在汉水决战，双方激烈厮杀。面对斗志昂扬的吴军，士气低迷的楚军自然不是对手，很快落败，楚军统帅囊瓦落荒而逃，楚国大夫史皇死于乱军之中。吴军马不停蹄，趁势直奔楚国首都郢（今湖北荆州），楚昭王闻讯弃城而逃。就这样，吴军顺利攻克郢，战胜了强大的楚国。

计谋解析

以逸待劳，要掌握战争的主动权，强调让敌方处于困难局面，不一定只用进攻的方法，关键在于掌握主动权，待机而动，以不变应万变，以静制动，积极调动敌人，创造战机。所以，不可把以逸待劳的"待"字理解为消极被动地等待。

计谋原典

困敌之势^①，不以战；损刚益柔^②。

—— 注 释 ——

①势：情势，趋势，这里主要是指军事态势。

②损刚益柔：语出《易经·损卦》："……损刚益柔有时……"损卦为兑下艮上，是由泰卦乾下坤上演变来的。泰卦的九三变为损卦的上九，而泰卦的上六则变为损卦的六三，说明由泰卦变为损卦是损乾益坤、损刚益柔的结果。

—— 译 文 ——

迫使敌人处于困难的局面，不一定要用直接进攻的手段（可采取守势，消耗敌人）。这是从《易经·损卦》中"损刚益柔有时"一语中体现出来的道理。

经典战例

齐鲁长勺之战

公元前684年，齐国率军攻打鲁国。这时，有个名叫曹刿的鲁国人听说鲁庄公准备抵抗齐国，就准备去见鲁庄公。他的一个同乡劝他说："国家大事，自有当大官的人操心，你这小小的平民百姓能做什么呢？"

曹刿说："现在国家有难，我岂能置之不理？再说，那些当大官的人目光短浅，不能深谋远虑。"说完便前去求见鲁庄公，鲁庄公听说有人来献策，急忙召见。

曹刿问道："大王，您凭什么抵抗齐军呢？"鲁庄公说："对于衣物、食物这些可以维持生活的东西，平时我会和大家一起享用，不敢一个人独占。"曹刿听了直摇头，说："这不过是小恩小惠，没有惠及全国，人民不会为了这个支持您。"鲁庄公想了想又说："我对神明非常地虔诚，祭祀神明的物品从不敢虚报。"曹刿笑笑说："这也算不了什么，神明不会因为小小的信用而保佑您。"鲁庄公低头沉思了一会儿，说："百姓打官司的时候，我虽然不能一一明察，但我一定会根据实情来判断。"曹刿点头说："可以凭借这一点与齐国一战。如果作战，请您允许我跟您一同前去。"

到了交战那一天，鲁庄公和曹刿同坐一辆战车。两军在长勺（今山东莱芜东北）相遇，对面的齐军已摆开阵势，随时准备开战。

片刻后，齐军战鼓齐鸣，杀声连天，大军汹涌而至。鲁庄公也准备击鼓对战，却被曹刿阻止了。曹刿对鲁庄公说："敌人士气正盛，我们只能严阵以待，不可操之过急。"

齐军冲了上来，就像木板碰铁桶一样，没有办法冲垮鲁军，只能后退。不久，齐军又敲起了战鼓，鲁军依然纹丝不动。逐渐地齐军士气无形之中降了下来。

齐军第三次鼓响后，曹刿才对鲁庄公说："现在可以出击了！"鲁军战鼓一响，同时下令出击，鲁军士兵像猛虎扑食一样冲了出去，杀得齐军全线崩溃，落荒而逃。

鲁庄公正想下令乘胜追击，又被曹刿阻止了，曹刿说道："别急，先让我瞧一瞧。"说完，他跳下车，仔细察看地上的车辙马迹，又登上车，站在车顶上瞭望了一会儿，然后说："现在可以追击了。"鲁庄公当即下令乘胜追击，就这样鲁军把齐军赶出了国境，俘获了很多战利品。

打了胜仗后，鲁庄公问曹刿："为什么要在敌人击鼓三次后才开始出击呢？"

曹刿答道："打仗主要靠士兵的勇气。第一次击鼓的时候，齐军士气大振，好比一群猛虎，千万不能与之硬碰硬。第二次击鼓时，齐军的士气有所下降。到第三次击鼓时，齐军的士气大降，战斗力骤减。他们士气消失了，我们则一鼓作气，斗志昂扬，自然就可以旗开得胜。"鲁庄公说："有道理。"鲁庄公又问："齐军被我们打败时，你为什么阻止我下令追击呢？"

曹刿说："齐军诡计多端，如果他们是引诱我们去追，我们就会中了他们的圈套。因此，我下车察看车辙马迹，发现非常混乱，说明他们是仓皇逃窜。我站在车顶上远远望去，发现齐军的旗帜也倒下了，断定他们是真的败了。在这种情况下，我才请您下令大胆进军。"

曹刿以逸待劳，以退为进，将敌人的优势转为劣势，化自己的劣势为优势，掌握了战争的主动权，帮助鲁军取得了胜利。

王翦伐楚

战国末年，强大的秦国一心想要消灭六国，统一天下。秦王嬴政派兵东征西讨，先后消灭了韩、赵、魏三国，接下来将矛头直指楚国。

公元前224年，嬴政召开了一次会议，商议灭楚大计。嬴政问李信道："我打算灭掉楚国，你需要多少兵力？"李信回答说："二十万兵力足矣。"嬴政又问大将王翦，王翦说："非六十万人不可。"秦王认为王将军年纪大了，不中用了，于是，他派李信和蒙恬攻打楚国。由于自己的建议不被秦王接受，王翦便托病告老还乡，回到老家频阳（今陕西省富平县）。李信和蒙恬率兵攻楚，刚开始的时候还挺顺利，后来楚国迅速调整战略，结果把李信率领的军队打得晕头转向。

嬴政得知后大怒，觉得李信带兵根本不可能消灭楚国，便亲自前往频阳见王翦，强行起用王翦为将。王翦无奈，只好说："大王一定要我去的话，定要拨给我六十万人。"这一回，嬴政痛快地答应了。

王翦率领六十万大军，浩浩荡荡进攻楚国。楚国急忙调集全部的军队来对付王翦。楚军好几次向秦军

挑战，但王翦不与楚军交战，每天都在休整部队，天天让士兵们吃喝玩乐，他还特意给士兵们改善伙食。就这样，王翦与将士们同甘共苦过了很长一段时间。有一次，王翦询问部下："在军中，可以玩什么呢？"部下回答说："我们正在投射石块儿，练习跳远。"王翦一听，大喜道："可以作战了。"

楚军找不到战机，时间一长，一个个精疲力竭，疲惫不堪。楚军将领无可奈何，只好率军撤退，向东转移。王翦见楚军后撤，立即下令全面进攻，秦军以摧枯拉朽之势，将楚军打得落花流水，杀死了楚军将领项燕，楚军溃败。

王翦采取的正是"以逸待劳"的计策，以最小的代价获取最大的胜利。在伐楚的过程中，他做足了准备，大军扎营后不急着进攻，既迷惑了敌人，又有足够的时间来休整，所以才能消灭楚国。

铁木真用计破劲敌

铁木真的势力强大起来后，他的盟友开始对他产生忌惮之心，尤其是一个叫札木合的部落首领，总想与铁木真分个高下。

有一次，札木合的弟弟前去抢劫铁木真族人的马，结果被打死了。札木合得知此事后勃然大怒，派人去联系塔塔儿、泰赤乌等部，会集了三万人马，打向铁木真的营地。

铁木真没有采用奇谋妙计，而是也召集了三万人马，敌人分成多少路，他也分成多少路。由于札木合的部队士气高涨，铁木真抵挡不住，连连败退。

铁木真向周围的人询问计策，一个叫博尔术的将领提出以逸待劳的策略。博尔术认为，与其硬碰硬，不如先防守，等到敌人的精力耗尽，我方再动手。博尔术的建议被铁木真采纳。之后，不管札木合如何挑衅，铁木真的士兵都闭门不出。为了逼铁木真应战，札木合多次遣军进攻，结果无一例外地被铁木真的弓箭手射退。

草原上的部落作战时往往不额外运输粮草，只在行军途中打猎来补充食物。札木合的部队也不例外。由于与铁木真部队陷入僵持状态，札木合部队的食物逐渐短缺，士兵只得四散开来寻找猎物充饥，兵力渐渐分散。而铁木真这边，博尔术则时时刻刻留意着札木合军队的情况。发现敌方兵力分散后，博尔术意识到破敌的时机已到，立刻建议铁木真进攻。铁木真采纳了博尔术的建议，带兵杀出。

札木合面对铁木真的进攻猝不及防，立即召部队集合，但因士兵们分散在不同的地方，短时间内无法集合。铁木真此时已经杀到札木合的营地。由于寡不敌众，札木合营地的士兵纷纷逃跑，札木合无奈之下也落荒而逃，铁木真的部队获得胜利。

铁木真正是听了博尔术的建议采用了"以逸待劳"的战术，才扭转了劣势，击败了札木合。

计谋运用

"以逸待劳"是一种强己弱敌的计策，其核心是以不变应万变。使用此计要注意以下两个关键因素。

1. 积聚力量，把握时机。与敌人交战，要先保证自己一方的力量足够强大。如果自己一方没有绝对优势，就不能贸然出击，而应该积聚力量，让敌人疲于奔命，自己则等待合适的时机再出击。时机不成熟就要耐心等待，可以采取偷袭、守御、小股部队牵制等办法与敌周旋。当时机成熟时，一定要及时把握，给予敌人沉重的打击。

2. 以守为攻，以静制动。如果敌人势头正盛，就不要主动进攻，以免造成不必要的损失。此时不妨采取防守策略，让敌人"上窜下跳"，而自己则养精蓄锐。防守并不意味着懦弱、退让，而是为进攻做足准备，它其实是一种特殊的进攻。防守可以减少己方的消耗，当敌人疲惫不堪、士气低落时，进攻的时机就到了。

第五计

趁火打劫

趁火打劫原指当人家失火的时候因混乱而无暇自顾，便趁机去抢人家的东西，现喻乘人之危来谋取私利。在军事领域，趁火打劫是指把握敌人陷入困境的时机，给予敌人猛烈打击，从而迫使敌人屈服。

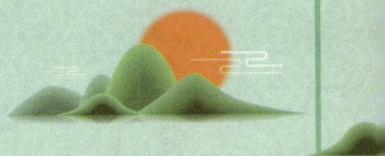

思维导图

比喻趁别人有危难的时候去捞取好处 ── 定义

出自《孙子兵法·始计篇》 ── 探源

趁敌人生死存亡的危急关头，赶快进兵，往往能获取胜利 ── 解析

趁打

抱薪救火，乘人之危

合谋瓜分，落井下石 ── 运用

火劫

经典战例

齐宣王攻打燕国
- 燕王哙禅位子之，燕国大乱
- 齐宣王趁燕国内乱，攻占燕国

华雄夜袭孙坚
- 孙坚粮草短缺，华雄夜袭孙坚营寨
- 孙坚败退

多尔衮入中原
- 吴三桂和李自成相争
- 多尔衮趁机入主中原

本计出自《孙子兵法·始计篇》中的"乱而取之"一句，计名最早出现于明代吴承恩的小说《西游记》中。

唐僧收孙悟空为徒后继续西行，一日途经一座庙宇，师徒二人见太阳已经落山，便牵着白马去庙宇中请求暂住一夜。庙宇里的老方丈同意了。师徒二人环视庙宇，见这座庙宇很大，房间数十，僧众上百。老

方丈与师徒二人闲聊，谈到世间宝物。孙悟空知道师父有件锦襕袈裟是无价之宝，便把袈裟拿出来炫耀。没想到，那个老方丈虽是佛门中人，却十分贪婪，他看到锦襕袈裟之后贪慕不已，实在不舍得还回去，便请求拿回住处仔细看一晚。唐僧同意了。

老方丈晚上在住处仔细观看锦襕袈裟，越看越喜欢，可第二天就得还回去，他实在舍不得，不禁生出谋财害命的念头。他叫来弟子们，让他们准备柴火，想烧死唐僧师徒。孙悟空聪明伶俐，晚上悄悄观察着方丈那边的动静，发现了方丈的阴谋。孙悟空神通广大，飞到天上找神仙借来避火的神物，护住了唐僧和白马。

这天半夜，老方丈指挥弟子放火，结果火势过大，使整座庙宇都陷入大火中，只有唐僧和白马因为有神物的保护而毫发无伤。这座庙宇附近有个洞穴，一头黑熊精住在里面。这头黑熊精经常去找老方丈谈天说地，彼此关系和睦。这天晚上，黑熊精远远地看到庙宇处有火光，就急急忙忙地来灭火。到了庙宇后，黑熊精看到被火烧至残败的方丈室里露出光芒，走进去之后发现屋里有件耀眼的袈裟。黑熊精一眼就看出这件袈裟是无价之宝，心中兴奋不已，把灭火的事情丢到脑后，欢天喜地地抱着袈裟回洞去了。"趁火打劫"一词由此而来。

计谋解析

趁火打劫，就是在敌方遇到困难时进攻，这时容易取得胜利。敌方的困难不外乎两个方面，即内忧和外患。天灾人祸、经济凋敝、生灵涂炭、农民起义、内部斗争等都是内患；外敌进犯等都是外患。总之，趁敌人生死存亡的危急关头，赶快进兵，往往能获取胜利。

计谋原典

敌之害大①，就势取利，刚决柔也②。

— 注释 —

①害：这里指遇到严重灾难，处于困难、危险的境地。

②刚决柔也：决，冲开，去掉，这里引申为摈弃、战胜。王夫之《周易内传》卷三说："夫之为言决也，绝而摈之于外，如决水者不停贮之。决而任其所往。"全句意为：趁刚强的优势，坚决果断地战胜柔弱的敌人。

— 译文 —

敌人的处境艰难，我方正好乘此有利时机出兵，坚决果断地打击敌人，以取得胜利。这是从《易经·夬卦》的《象》辞"刚决柔也"一语中悟出的道理。

经典战例

齐宣王攻打燕国

公元前318年，燕国国君燕王哙贪图享受，对朝政失去兴趣，再加上他崇信儒家禅让学说，于是听信了相国子之和其他一些大臣的谗言，仿效尧舜让贤的事迹，召集群臣，废掉了太子平，将王位传给了相国子之。燕王哙还收回了俸禄在300石以上的官员的官

印，为了让子之重新任命各级官员，从而真正行使国君的权力。

燕王哙实行禅让，这在春秋战国时代是绝无仅有的事情，他还觉得自己干的是一件可与上古贤君相媲美的有德之事。但是，令燕王哙意想不到的是，他的行为引发了燕国长期的内乱。

首先起来反抗的自然是燕国的王室贵族，他们觉得姬家的王位，怎么可以让一个外族人继承呢？他们因此到处挑起事端，想要推翻子之的统治。子之在位的三年内，燕国的混乱始终没有停止。

就在太子平与自己的拥护者将军市被密谋攻打子之的同时，邻国齐国的诸将也向齐宣王提议说："这时攻打燕国，一定可以攻下。"齐宣王采纳了诸将的建议，派人去找太子平，声称要帮助太子平夺回王位。在齐王的帮助下，太子平和将军市被很快召集人马包围了王宫，攻打子之。因为起兵太过仓促，而且子之等人也早有准备，所以这场进攻以失败而告终，将军市被和太子平双双战死（也有人说太子平逃走了）。这次燕国内乱持续数月，波及无数无辜的平民，死伤数万人。燕国民众怨声载道。

齐宣王听说燕国大乱，招来客卿孟子商议。孟子对齐宣王说："燕国发生内乱，百姓受苦，需要仁者之师去解救他们。这时大王若能前去平息燕国内乱，救燕民于水火之中，必能取信于天下，受到各国百姓的拥戴和诸侯国君的尊重，成就周文王、周武王的功业，使天下安定，百姓祥和。"于是齐宣王命令大将匡章率领大军以"讨伐子之、匡扶正义"的旗号发兵攻燕。

燕国臣民痛恨子之篡位，因此毫无斗志，齐军一到，他们就敞开城门迎接。齐军在五十日内迅速攻占了燕国都城，子之、燕王哙等人相继被杀。齐军还毁掉了燕国的宗庙，将燕国的宝贝都抢走了。中山国也趁机攻打燕国，占领了燕国的几十座城池，燕国几乎亡国。

但是，齐军并没有做到如孟子所说"救燕民于水火之中"，而是军纪败坏、烧杀抢掠。燕国民众之前虽然痛恨子之，但对齐军现在的作为也无法忍受，于是开始进行激烈的反抗。再加上赵国、魏国、韩国、楚国、秦国等害怕齐国吞并燕国后实力倍增，威胁到他们各国的利益，于是一起起兵救援燕国，齐军被迫撤出了燕国。

后来，燕王哙的儿子燕昭王继位，他广纳贤才、励精图治，燕国逐渐振兴起来。后来，燕昭王派将军

乐毅攻打齐国，差点灭了齐国，幸好齐国大将田单打败了燕军，齐国才得以保全。这一系列轰轰烈烈的战争，都是从燕国内乱、齐国趁火打劫袭击燕国开始的。

总之，齐宣王趁着燕国内乱，几乎不费吹灰之力就占领了燕国的都城，燕国差点灭亡。此战堪称趁火打劫的典型战例。

华雄夜袭孙坚

公元189年，汉少帝刘辩被董卓废为弘农王，刘协成为东汉皇帝，史称汉献帝。改立皇帝后，董卓大权独揽，自任相国，开始控制朝政。董卓的行为引起四方诸侯的不满，各路诸侯推举袁绍为盟主，各自带兵会合，共同讨伐董卓，一时间关东各州郡纷纷响应。董卓派出吕布、李肃和华雄守卫汜水关（位于今河南荥阳），阻止联军西进。

孙坚是联军的先锋，他英勇善战，多次取得胜利，连华雄也成为他的手下败将。孙坚领兵逼近汜水关，准备攻关事宜，同时请求袁术尽快送粮支援前线。

有人对袁术说："我听说孙坚是江东猛虎，要是洛阳被他攻破，董卓被他杀死，无异于除狼得虎，我们还是得不到好处。不如停止为他提供粮草，打压他的气势。"袁术听信了谗言，以各种理由不为孙坚提供粮草。

由于粮草短缺，孙坚不得不暂缓攻关计划，很多士兵也因为缺少食物而心怀怨恨，军心不稳，士气低迷。得知孙坚面临困境后，李肃和华雄都觉得这是反败为胜的好机会，便决定发动反攻。这天晚上，汜水关内二更造饭，士兵们饱餐一顿，然后出关偷袭孙坚的营寨。华雄带领部分士兵偷袭前寨，剩余士兵跟随李肃偷袭后寨。

孙坚此时正因缺粮而苦恼，突然听到营帐外杀声四起，原是来华雄夜袭营寨。孙坚连忙披挂甲胄，骑上战马，指挥士兵作战。就在这时，后寨也遭到攻击，形势更加不利。孙坚的士兵原本就被缺粮折磨得苦不堪言，眼见敌军强盛，如此一来无心恋战纷纷逃离营寨。孙坚眼看败局已定，只能率领亲信突围。祖茂是孙坚的忠实部下，他发现孙坚的头盔在黑夜中非常明显，容易成为敌人的目标，就主动与孙坚交换头盔，掩护孙坚撤退。

孙坚的头盔被祖茂挂在一根树枝上，如果不仔细辨认，就很容易误以为是孙坚在那里。华雄果然朝着头盔的方向奔去，而孙坚则趁机向另一个方向撤退，最终成功脱身。

多尔衮入中原

明朝末期，经济衰退，政治黑暗，百姓生活在水深火热之中。相反，居住在北方的游牧民族女真族逐渐强大起来，并建立了自己的政权，他们的统治者早有入主中原的想法，但是始终没有如愿。1636年，皇太极改国号大金为大清。清太宗皇太极去世后，由他的幼子即位，朝政大权却掌握在摄政王多尔衮手中。多尔衮对大明虎视眈眈，寻找入主中原的契机。

明朝的最后一个皇帝崇祯帝刚愎自用、猜忌多疑，他不断地更换宰相，还杀了很有军事才干的将领袁崇焕，明王朝危在旦夕。

1644年，李自成率领农民起义军一举攻占了京城，建立了大顺王朝。农民起义军进京之后，立足未稳，首领们就开始腐化堕落。他们收受贿赂，与明朝官员勾结；有的士兵腰缠金银珠宝，打算富贵还乡。大顺的将领沉浸在胜利的喜悦之中，认为明朝已经灭亡，从此天下太平。

盘踞在山海关的大明总兵吴三桂诡计多端，他见明朝大势已去，本想投降李自成。但被胜利冲昏头脑的李自成根本没把吴三桂放在眼里，他掳走了吴三桂的爱妾陈圆圆，又将吴三桂的父亲关押起来，以此威胁吴三桂投降。吴三桂得知这个消息后，非常生气，决定打开山海关，迎接清军进入关中。他要利用清军的力量来对付李自成，以报夺妻之恨。多尔衮一直就想入侵中原，如今知道吴三桂大开山海关，非常高兴，认为时机成熟，可以实现多年的愿望了。

于是多尔衮带兵迅速进入山海关，联合吴三桂的部队，长驱直入，向着中原大举杀来。李自成势力单薄，不得不退出北京。

在吴三桂和李自成两方对抗之际，多尔衮趁火打劫，一举攻下了中原，可谓坐享渔翁之利。

计谋运用

"趁火打劫"有以下两种情况，需要采取不同的应对方式。

1. 抱薪救火，乘人之危。敌方内部出现问题，我方假装提供帮助，不仅不会引起敌方的警觉，甚至还可能得到敌方的支持，从而更顺利地获取利益。我方还可以在"已有之火"的基础上，暗中添加"新火"，使敌方难上加难，遭受更大的损失，而我方就能得到更多的好处。敌方遭遇困境时，我方可以从中获利，这时发动进攻，往往能取得胜利，而且己方几乎没有损失。

2. 合谋瓜分，落井下石。别人发动进攻，放了一把"火"，并从中获得利益。我方则借机插手，与其合作，通过帮助"放火者"来换取一些好处。

这两种方法若是运用巧妙，都能带来巨大的收益。

声东击西

声东击西本意是做出姿态或口头宣称要攻打东边，实际上却攻打西边。军事上是指故意制造假象迷惑敌人，使其做出错误的判断，再趁机歼灭敌人的一种战术。

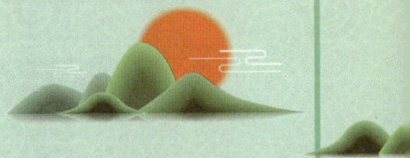

思维导图

虚张声势说要攻打东边，实际上却攻打西边 —— **定义**

出自唐代杜佑《通典·兵典六》 —— **探源**

"声东"是虚晃一枪以迷惑敌人，"击西"才是作战的真正目的 —— **解析**

声击

消耗敌方兵力 —— 时东时西牵制敌人

攻其不备 —— 时攻时退迷惑敌人

使敌人防不胜防 —— 指东打西蒙蔽敌人

让敌人无力应对 —— 避强攻弱袭击敌人

运用

东西

经典战例

韩信虚张声势破魏军
- 韩信明里攻打临晋渡口，暗中却攻打夏阳
- 韩信大败魏军

班超用计打败龟兹国
- 班超假装退兵
- 班超趁机率众大败龟兹国

司马懿声东击西，诸葛亮将计就计
- 司马懿表面与蜀军正面交战，暗地里让人袭击蜀军
- 诸葛亮将计就计，拿下武都、阴平

孝文帝迁都洛阳
- 孝文帝以伐齐为由率兵南征
- 孝文帝顺利迁都洛阳

计谋故事

本计出自唐代杜佑《通典·兵典六》："声言击东，其实击西。"书中讲述了岑彭围攻秦丰的故事。

光武帝刘秀在洛阳定都后，开始把目光锁定在洛阳以南的地区，当时数个割据团体盘踞在那里，其中最大的三股势力要数董䜣、秦丰和田戎，必须派军队前去将其剿灭。光武帝把南征这一任务交给了吴汉。

吴汉领命后便率领大军向南进发了。然而，吴汉不仅没有完成任务，将那些势力消灭，还犯了错，致使己方的邓奉投靠了敌军。光武帝不得不召回吴汉，另派岑彭南征。

岑彭率军出发后，先是消灭了董䜣的势力与反叛的邓奉的势力。之后，光武帝命傅俊、臧宫、刘宏三人跟岑彭一起，率领三万多兵马继续围剿秦丰势力。秦丰和他的大将蔡宏将岑彭等人阻在邓地，使其几个月无法前进。光武帝见岑彭围剿几个月都没有成果，于是派人问责岑彭。岑彭害怕，想出了一条奇妙的计策对付秦丰。

岑彭先在晚上集结兵马，宣称第二天要向西进攻山都县。然后故意放松警惕，让俘虏可以趁机逃出去，把这个消息带给秦丰。

第二天，秦丰果然命大军向西进发。而岑彭却率领士兵偷偷渡过沔水，在阿头山向秦丰部将张杨发起猛攻，大获全胜。然后岑彭命士兵在山谷间砍掉树木以开道，直接进攻秦丰的老巢黎丘，攻破了驻扎在黎丘周边的各军。秦丰收到消息后大惊，才明白上当了，赶紧率军返回援救。而这个时候岑彭早已屯兵东山，做好了应对秦丰军的准备。

秦丰带兵返回后，与蔡宏夜袭岑彭军队。岑彭早就坐等秦丰的到来，举兵迎击，取得了胜利。秦丰在战乱中逃走，蔡宏被岑彭追击并斩杀。

计谋解析

"声东击西"之计多用于己方是进攻方时。"声东"是虚晃一枪以迷惑敌人，"击西"才是作战的真正目的。所以，这一计策的关键在于对进攻方的意图和作战计划严格保密，制造假象以掩饰实际进攻目标，同时使敌人做出错误的判断，进而使敌人对真正的进攻目标疏于防备，然后攻其不备，取得胜利。

计谋原典

　　　　敌志乱萃①，**不虞**②，**坤下兑上之象**③，**利其不自主而取之**④。

── 注释 ──

①敌志乱萃：萃，野草丛生。全句意为：敌人神志慌乱，失去明确的主攻方向。

②不虞：虞，预料。不虞，意料不到。

③坤下兑上之象：《易经·萃卦》中记载，下卦为坤、上卦为兑。此卦三阴聚于下，二阳聚于上，各依其类以相保，群阴虽处致用之地，高居最上之位，但都以保阳为目标，所以萃卦六爻都说"无咎"。如果使这种群阴保阳的局面受到扰乱，将祸乱丛集，有意料不到的困难与危险。

④利其不自主而取之：不自主，即不能自主地把握自己的前进方向和攻击目标。全句意为：敌人不能把握自己的前进方向，对我方有利，应乘机进攻，打击敌人。

── 译文 ──

　　敌人神志慌乱，不能正确地预料并应付事变或复杂的局面，正如坤下兑上的《萃卦》所说，受到扰乱，要利用敌人不能自主地把握前进方向这种时机对敌人发起攻击。

经典战例

韩信虚张声势破魏军

韩信是我国西汉初年的杰出军事家，他曾使用"声东击西"的战术，表面进攻临晋渡口，实则带兵偷袭夏阳，轻而易举地击破魏军并俘虏魏王豹。

刘邦在彭城被项羽击败后，逃到荥阳（今河南郑州西北古荥）、成皋（今河南荥阳西北）一线与项羽僵持。本属刘邦阵营的魏王豹见刘邦落入下风，便转而投靠项羽，并分遣部下柏直、冯敬守住黄河临晋渡口，防止刘邦的军队北进。魏王豹威胁到刘邦的后方，如果不击败魏王豹，刘邦就无法专心攻打项羽。不久，刘邦交给韩信一支部队，让他带着曹参、灌婴二将领兵伐魏。

临晋渡口自古便是要塞，军事设施比较完善，硬拼难以取胜。韩信带兵到达此地后，把营寨建设好，然后调查临晋渡口的敌军分布情况。经过一番分析，韩信意识到正面进攻的胜算不大，便开始调查是否有其他可渡河的路线。不久，手下向韩信提供了一个信

95

息，即魏军在上游的夏阳地区的力量较为薄弱。韩信赶紧带着曹参、灌婴去观察，结果大失所望。手下说的没错，上游确实没多少魏军，但上游的水流太急，船只根本无法通过。曹参、灌婴一筹莫展，韩信也陷入了苦思。

韩信并不想放弃上游的进军路线，只是渡河的问题怎么解决呢？他仔细分析不同物品的浮力特点，最后想出了一种既可以载人又轻盈的事物。韩信把曹参

和灌婴叫来，给他们二人分派不同的任务：一个人去集市购买一种名叫瓦罂的巨大容器，另一个人带人上山伐木。曹参和灌婴面面相觑，不明所以，但军令如山，两人接到命令后便马不停蹄地开始工作。

短短几天，韩信需要的东西都准备好了。韩信又把曹参和灌婴叫来，交给他们一封密函，上面详细介绍了木罂的制造方法。韩信让他们用买来的巨大容器和砍来的木头制造这种工具。

曹参和灌婴按照函中所记的方法，一丝不苟地组织人力进行制造。他们先把买来的容器用木头夹住，捆绑结实，然后再拿绳子把捆绑结实的容器连为一排，一排有数十个容器。就这样，汉军制成了很多宽广轻便的木罂。

木罂制造好后，等到黄昏时分，韩信让灌婴在临晋渡口组织汉军擂鼓呐喊，但并不真的进攻；又让曹参带人搬运木罂到上游，准备和自己一起渡河偷袭魏军。韩信和曹参带兵坐着木罂渡河。汉军拿桨慢慢地划，生怕水流太急把人掀到水中。幸运的是，由于木罂轻盈且面积大，所以汉军顺利渡过了河。

当韩信带兵从上游悄悄渡河时，临晋渡口的魏军将领正紧张地观察着对面灌婴带领的汉军。在灌婴的指挥下，汉军杀声震天，摆出一副马上就要发动强攻的样子。由于注意力完全被灌婴带领的部队吸引，魏军将领丝毫没有想到汉军可能从上游渡河。

韩信带领部队过河后，趁着魏军来不及反应，快速行军，攻克东张，占领安邑，一路打到了魏国的国都平阳。魏王豹手足无措，临时组织兵力迎敌，结果被汉军打得惨败。兵败后魏王豹一路跑到东垣，汉军则一路追到了东垣。无可奈何之下，魏王豹投降。就这样，韩信带领汉军攻占了魏国。

班超用计打败龟兹国

东汉时期，班超受命出使西域，目的是说服西域诸国与东汉联合抗击匈奴。

在西域诸国中，有一个莎车国（位于今新疆维吾尔自治区莎车县）非但不接受汉朝的合作邀请，还鼓动周边小国归附匈奴，不让他们与汉朝合作。

公元84年，班超决定先出兵解决莎车国。当时班超的人马不到两千，而莎车国有十万兵马，力量如此悬殊，直接进攻显然没有胜算。于是班超联合疏勒（位于今新疆维吾尔自治区和田县境内)、于阗 (位于今新疆维吾尔自治区和田县境内) 等国共同对抗莎车国。

莎车国得到消息后，以重金收买疏勒王忠。疏勒王忠禁不住诱惑，叛变了。班超知道后，立刻做出决定，改立疏勒行政官成大为王，召集没有反叛的疏勒部落围剿疏勒王忠。最终疏勒王忠被逼逃走。因疏勒王忠叛汉，班超未能攻克莎车。

公元86年，疏勒王忠带着七百多名部下到班超营地投降，表示愿意与汉朝共同对抗匈奴。其实，疏勒王忠是假意投降，他打算借此机会趁班超不备时将其杀害。然而，班超一眼就看出了他的意图，于是将计就计，故意装出高兴的样子，请疏勒王忠进帐中喝酒。酒过一巡，班超便掷杯为号，早已埋伏好的士兵立刻冲进来，疏勒王忠当即被杀，其部下还没来得及抵抗便都被斩杀了。

公元87年，班超调集于阗诸国兵将两万五千人再攻莎车。莎车王无力抵抗班超率领的军队，便向龟兹 (位于今新疆维吾尔自治区库车县) 请求支援。龟兹王亲自率领五万人马援救莎车。

班超和于阗等国联合对抗龟兹和莎车，但所有兵力也只有两万五千人。对于这种情况，班超觉得正面对战是无法获得胜利的，只能智取。于是，班超苦思冥想，想出了一条声东击西的妙计。

班超命人在军中散播打不过龟兹的舆论，并表现出打算撤退的样子，并且故意让莎车国俘虏听到这种舆论、看到撤退的迹象。一天傍晚，班超率军向西撤退，他命于阗大军向东撤退，并在撤退途中故意让俘虏逃脱。俘虏逃回莎车营中，立刻将汉军要撤退的消

息报告给国王。

龟兹王听后大喜，以为班超害怕自己所以慌忙撤兵，便打算趁此机会追击班超将其斩杀。他马上让军队兵分两路，追杀逃敌。龟兹王亲率一万精兵向西追击班超。班超趁天色昏暗，让大军仅撤退十里就躲避起来。龟兹王一心只想着胜利，根本没注意有什么不对劲。他率领追兵一路急奔，径直经过了班超军队躲避的地方。班超立刻集结人马，与之前约好的东路于阗部队一起迅速掉头，进攻莎车国。班超率众突然杀来，莎车国措手不及，很快便战败了。莎车王只好投降。

班超运用"声东击西"的计策，赢得了最后的胜利，威震西域。

司马懿声东击西，诸葛亮将计就计

诸葛亮以北定中原、兴复汉室为目标。一次，他带领蜀军攻打魏国，在祁山（位于今甘肃礼县东北）与魏军相持。魏国名将司马懿带兵前往祁山增援。司马懿带援军来到祁山后，向祁山守将郭淮、孙礼询问蜀军的动静。郭淮和孙礼都说蜀军近来比较安静，没有挑衅魏军。司马懿疑惑起来，因为蜀军攻魏需要翻山越岭，后勤难以维持，按道理应该急于交战才对。司马懿又问祁山周围地区是否有蜀军出没。郭淮和孙礼都表示其他地区基本也没有战事，只有武都（位于今甘肃西和西南部）、阴平（位于今甘肃文县西北）暂时没有传来消息。司马懿越发疑惑起来，他知道诸葛亮是个难对付的人，如今蜀军按兵不动，可能是诸葛亮在搞什么阴谋。

苦思一番后，司马懿命令郭淮和孙礼带兵去武都、阴平，一方面为巩固防线，另一方面让他们寻机绕至蜀军后方发动偷袭。司马懿还向郭淮、孙礼表示，只要他们偷袭得手，魏军主力将立刻从正面发起攻击，从而彻底消灭祁山的蜀军。

郭淮和孙礼按照司马懿的命令带兵出发。为了提高隐蔽性，他们还专门挑山间小路行军。正当他们做着偷袭蜀军的美梦时，魏军的情报人员报告说武都、阴平被王平、姜维带领的蜀军偷袭，已经落到蜀军手里，而且这支蜀军目前所处的位置离郭淮、孙礼很近。郭淮、孙礼大惊失色，知道司马懿的计谋被看破了，赶紧命令部队原路返回。魏军正在改变队列时，忽然听到周围有厮杀声。只见一支蜀军士气高昂地从山的另一面冲了过来，指挥者正是诸葛亮。诸葛亮说道："司马懿以为他那声东击西的策略能骗过我，却不知我已将计就计。郭淮、孙礼，此时不降，更待何时？"此时王平和姜维也带兵赶来，与诸葛亮指挥的蜀军一起进攻魏军。郭淮、孙礼拼死杀出重围逃了回去，魏军损失惨重。

孝文帝迁都洛阳

地处塞外的北魏都城平城（今山西大同），交通闭塞，气候寒冷，风沙很大，北魏孝文帝拓跋宏一直想迁都，但是贵族大臣们都不愿意背井离乡，孝文帝同他们商量了几次，都没能说服他们。

孝文帝知道强迫命令难以服众，于是，他经过深思熟虑，想出一条妙计。孝文帝对群臣说："我们不能总是困守北方这一小块地方。我们也要开疆拓土。"他颁下旨令，召集群臣共商南下攻齐的大计。任城王拓跋澄认为北魏兵力不足，若进攻齐国，征途遥远，劳民伤财，再加上北方人不服南方水土，恐怕不能成功。

孝文帝回到宫中召见拓跋澄，吩咐左右人员退下后，悄声对他说："我并不是真想攻打齐国，只是考虑到平城是多武之地，难以长治久安。我想借攻齐这个办法让群臣同意迁都洛阳，你认为如何？"拓跋澄回答说："陛下想以中原为都，以便经营天下，古时周、汉两朝就是这样做才昌盛起来的，我完全赞同。"孝文帝又说："北方人恋故土，如果迁都必遭他们反对，我这样做不知行不行得通？"拓跋澄说："迁都乃国家大事，非同小可，人们有些议论也是正常的。陛下圣明，应当早做决断，这样，别人也就无可奈何了。"孝文帝听了，感慨地说："任城王真是我的张良啊！"

计划已定，便开始"伐齐"。公元493年，孝文帝亲自率领步兵、骑兵三十万向南出发。大军到达洛阳后，此时洛阳正是阴雨连绵的季节，大臣们忧心忡忡，不愿意继续南进受苦，纷纷跪在拓跋宏的马前，劝阻说："如今大举伐齐，天下老百姓都不愿意，天怒人怨，才降下大雨拦阻我们。不知道陛下为什么要独断专行呢？"孝文帝见状，认为此刻正是施行迁都之计的好

时候，便对群臣说道："我们这次南征，兴师动众，已经惊天动地，如果事情不能成功，用什么昭示后人呢？假如不向南讨伐齐国，也应当找个借口平息他人谣言。不如就把国都迁到这里，诸位认为怎么样？"

大家听了，这才明白孝文帝的真实用意。他们沉默了半天，最后只好同意迁都。孝文帝成功运用"声东击西"之计，达到了迁都洛阳的目的。

计谋运用

"声东击西"之计可按如下具体办法施行。

1.时东时西牵制敌人。随时改变我方的进攻目标，一会儿打东，一会儿打西，使敌人云里雾里，辨别不清我方的真实意图和主攻目标，只能各处设防。这样敌方便处于被动地位，一直被我方牵制，时间一长必然消耗大量军力，且力量分散，我方就能抓住时机一举进攻，取得胜利。

2.时攻时退迷惑敌人。作战时，我方一会儿发起进攻，一会儿按兵不动或撤退。敌方以为我方要进攻时，我方按兵不动；敌方以为我方不会进攻时，我方猛地发起袭击。用这样的方式迷惑敌方，导致敌方不能做好战前部署，面对我方的突然进攻必然就抵挡不住。

3.指东打西蒙蔽敌人。我方假装进攻甲地，引诱敌人调兵前往，待敌人将军队调到甲地时，我方以强大军力对敌方战备空虚的乙地突然发起进攻。敌人得到消息后再去援救已来不及。

无中生有

第七计

无中生有原指本来没有却硬说有。现形容凭空捏造，把没有的事说成有。在军事上指真假混合，让敌人虚实难辨，从而无法做出正确判断，造成决策失误。

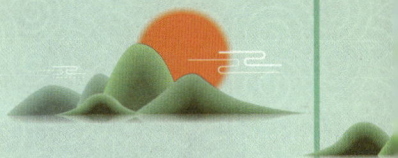

指凭空捏造，把没有的事说成有 — 定义

出自老子《道德经》 — 探源

关键在于掌握敌人的心思，在敌人认为不可能的时候制造出可能来 — 解析

无生

并非真的从无到有，而是用虚假或不真实的东西去迷惑对手

抓住时机，在敌人觉察之前，将敌人打倒

运用

中有

经典战例

张仪渡难关
- 张仪假意进献美女讨好楚怀王
- 张仪获得大量钱财，摆脱困境

望梅止渴
- 行军途中断水
- 曹操急中生智，说前方有一片梅林
- 将士们士气大振，快速前进，走出无水区

祖逖运粮惑敌
- 祖逖无中生有以沙代粮
- 桃豹大败

秦桧陷害岳飞
- 秦桧颠倒黑白，陷害岳飞
- 岳飞被害

计谋故事

本计出自老子《道德经》第四十章："天下万物生于有，有生于无。"揭示了万物变化的规律及有和无相互依存的关系。后人把老子的辩证思想运用到军事上，进一步分析虚无与实有的关系。《新唐书·张巡传》中说："诳不可久而易觉，故无不可以终无。"

唐朝安禄山、史思明叛乱时，很多地方官吏投靠了叛军。唐将张巡忠贞刚毅，率领二三千人据守孤城雍丘（位于今河南杞县），不肯投敌。

降将令狐潮受安禄山派遣，率四万兵马围攻雍丘城。双方力量悬殊，张巡虽然取得过几次突袭的小胜利，但城中箭矢所剩不多，又无法及时制造。没有箭矢，敌军一旦大肆攻城，便无力抵挡。正在发愁时，张巡突然想到三国时诸葛亮草船借箭的故事，便有了一条妙计。他立刻命令将士搜集秸草，捆扎成一千多个草人，并给草人披上黑衣，系上绳子，晚上慢慢从城墙上往下吊。夜幕笼罩时，令狐潮看到"黑衣人"，以为张巡又准备突袭，赶忙下令向"黑衣人"射箭。

立时万箭齐发，如骤雨般射向"黑衣人"。当晚，张巡不费一兵一卒得到敌方数十万支箭。第二天，令狐潮发觉自己上了当，又气又恼，后悔万分。

第二天晚上，张巡又从城墙上往下吊草人。敌军见了，哈哈大笑。张巡见敌军已被麻痹，赶忙趁机吊下五百名精锐，敌军仍没有行动。五百名将士趁着夜幕笼罩，以迅雷不及掩耳之势偷偷潜入敌营发起进攻，令狐潮猝不及防，营中乱作一团。张巡趁敌军大乱率领部众冲杀出来，令狐潮大败而逃，军队损失惨重，只得退守陈留（位于今开封东南）。张巡巧妙利用"无中生有"之计击退了敌军，守住了雍丘城。

计谋解析

　　此计中，真真假假，虚虚实实，真中有假，假中有真。虚实互变，敌方无法做出正确的判断，从而造成行动失误。要成功运用这一策略，关键在于掌握敌人的心思，与敌人斗智斗勇，在敌人认为不可能的时候制造出可能来。

计谋原典

**　　诳也，非诳也①，实其所诳也②。少阴、太阴、太阳③。**

— 注释 —

①诳也，非诳也：诳，欺骗，迷惑。《孙子兵法·用间篇》即把诳事作为"虚假之事"。全句意为：虚假之事，又非虚假之事。

②实其所诳也：实，实在，真实。实其所诳，是说把真实的东西充实到假象之中。

③少阴、太阴、太阳：原指《易经》中的兑卦（少阴）、巽卦（太阴）、震卦（太阳）。这里少阴是指稍微隐蔽的军事行动，太阴是指大的秘密军事行动，太阳则是指大的、公开的军事行动。全句意为：在稍微隐蔽的行动中隐藏着大的秘密行动。大的秘密行动，也许正是在非常公开的、大的行动掩护下进行的。

— 译文 —

　　用虚假行动迷惑敌人，但又不完全是虚假行动，因为在虚假行动中又有真实的行动。在稍微隐蔽的军事行动中，隐藏着大的军事行动；大的隐蔽的军事行动，又常常在非常公开的、大的军事行动中进行。

经典战例

张仪渡难关

战国时期著名的谋略家张仪曾运用无中生有之计，帮助自己渡过了难关。

张仪早年在楚国逗留期间，楚怀王并没有对他委以重任。由于长期无所事事，他穷困潦倒，最后连吃饭也成了问题，他的手下更是抱怨不已。张仪却不慌不忙地对大家说，很快情况就会有所好转。

过了几天，张仪向楚怀王辞行，说希望到郑国去另谋出路。楚怀王本来就讨厌他，听说他要走，就很痛快地答应了。张仪对楚怀王说："臣来楚国的这段日子，大王对我以礼相待。下次我再来楚国，一定会献上郑国的特产以报君恩。"楚怀王哈哈大笑，说："楚国地大物博，郑国哪有什么东西能比得上楚国？你不用给我捎了。"张仪说："是呀，郑国是没有什么东西比得上楚国，但郑国的美女却是天下闻名。听说那里的美女都美得不可方物，宛如仙女下凡，大王难道对此也不感兴趣吗？"楚怀王生性好色，听到此处已是急不可耐，马上就赐给张仪很多金银珠宝，让他到郑国去收罗"特产"回来。

张仪回到住所，立刻就让手下四处宣扬他要到郑国去帮楚怀王挑选美女。很快，这件事就传到了南后和宠妃郑袖的耳朵里，这正是张仪想要的结果。南后和宠妃郑袖不希望自己失宠，害怕楚怀王会宠幸新人，便暗中派人找来张仪，请求他不要去郑国。张仪

却说，楚怀王已经下旨，君命难违。南后和郑袖见状，也送给张仪大量的金银财宝，想要收买他。张仪思考了一下，对她们说："既然如此，那就等到我从楚国离开，向大王辞行之时，如果两位能屈尊来送我，我就有办法让楚王打消寻求郑国美女的念头。"南后和郑袖都点头应从。

过了两日，张仪即将离开楚国，楚怀王设宴为他践行，南后和郑袖也主动请求陪同。就在南后和郑袖给张仪敬酒时，张仪立刻跪在楚怀王面前，拼命磕头求饶："微臣罪该万死，请大王降罪！"楚怀王满脸疑惑，问道："你何罪之有？"张仪说："我欺瞒了大王，我原本以为郑国的美女艳绝天下，可现在看到王后与郑妃，才知道原来天下最美的女人就在大王您的身边。所以我是犯了欺君之罪，请大王责罚于我！"

听了这话，楚怀王恍然大悟，才知道自己上了张仪的当，但因为南后与郑袖在旁边，又不好辩解，只好说："寡人早就说过王后与郑妃才是天下最美的美人，寻找郑国美女的事不过是寡人同你开个玩笑罢了，看在你一向对寡人忠心耿耿，就恕你无罪吧。"

生计窘迫的张仪利用楚怀王贪恋美色和后宫女人

善妒的弱点，运用"无中生有"之计，得了很多金银财宝，使自己摆脱了困境。

望梅止渴

东汉末年，社会动荡，群雄逐鹿，各地战争不断。

曹操率领大军攻打宛城。这一天，曹操的大军行进到一处荒山野岭。此时正值初夏，烈日当空，天气十分炎热。士兵们身穿厚重的铁甲、肩负沉重的武器，走得满头大汗。他们身上带的水早已喝完，此时人人口渴难耐，给行军带来了严重影响。

统帅曹操发现了这一情况，他派人将向导找来，小声地问这附近有没有水源。向导告诉他，这一带都是荒山野岭，根本没有水源，所以也没人居住。要想走出这个地带，还要走很长一段路。眼看十多万人马就要渴死在路上，曹操心生一计。

他抬起手臂，手指着前方，高声道："前面有一大片梅林，树上的果子已经成熟，我们要加快步伐，到了梅林就能用梅子解渴了！"

士兵们一听前面有梅子可以吃，想起往日吃梅子时牙齿发酸的情形，顿时条件反射，嘴里都流出了口

水。此时，他们觉得没有那么渴了，于是个个打起精神，快步向前行进，终于走出了这片无水区。

祖逖运粮惑敌

东晋时期，祖逖带兵攻打陈留，因为当时陈留地区的首领陈川马上就要依附赵国君主石勒，而石勒与祖逖是死对头。石勒不想让煮熟的鸭子飞走，便临时组织了一支部队去增援陈川，结果增援部队被打得落花流水。第二年，石勒又让大将桃豹去进攻祖逖。桃豹和祖逖僵持在蓬陂城，谁也吃不掉谁，在双方陷入僵持的局势下，胜负的关键是谁的军粮能支撑更久。

祖逖的军粮已经撑不了多久了，但他估计桃豹的军粮也快用完了，于是心生一计。祖逖让人搜集了很多空的布袋，在里面装满土，看上去像装满粮食的样子。之后，祖逖大张旗鼓地派运粮队将这些装土的袋子运来运去。祖逖在运粮队里安排了几个人，让这几个人走在队伍最后。这几个人携带的口袋里装的是真的粮食。桃豹部队的军粮确实不多了，桃豹的士兵看到祖逖的运粮队很想去抢。

一天，桃豹的士兵又在偷偷观察祖逖的运粮队，他们惊喜地发现运粮队最后的几个人掉队了，便蜂拥而上去抢粮食。那几个人其实是遵照祖逖的命令故意掉队的，看到桃豹的士兵来追，便故意将携带

的粮食扔在地上，然后逃跑了。

桃豹的士兵把那几袋粮食抢回去后，发现里面的粮食满满当当的，再想到祖逖的运粮队每天运输那么多袋粮食，心里都害怕起来。桃豹部队的军粮已经撑不了几天了，而祖逖那边的粮食看样子可以维持数月。

士兵向桃豹报告了祖逖部队粮食充足的信息。桃豹忧虑不已，急忙命人联系石勒，请求石勒运一些粮食来。石勒收到消息后马上行动，派赵国将领刘夜堂押送军粮去桃豹部队。祖逖对桃豹的心思一清二楚，知道桃豹会求援，早就在赵国运粮队的必经之地安排了伏兵，果然，运粮队未到桃豹军营，粮食中途就被祖逖的伏兵抢走了。军粮被劫的消息传到桃豹军营后，军心大乱，桃豹自认再战必败无疑，于是连夜撤兵。

就这样，祖逖使用"无中生有"的战术，用迂回之计夺得了敌方的军粮，迫使桃豹主动撤兵，在军事对抗中赢得了胜利。

秦桧陷害岳飞

秦桧是南宋王朝宋高宗赵构时期的宰相，也是历史上臭名昭著的奸臣。他玩弄权术、结党营私、排斥异己、陷害忠良的罪行，一直为世人所憎恶。

当时，金国一直觊觎宋朝，曾多次派兵攻打宋朝。身为朝廷官员的秦桧，一开始也是一名坚定的主战派，金兵第二次南下攻宋时，宋徽宗、宋钦宗二帝被金兵抓到了北方，秦桧和他的妻子王氏也一起被俘。秦桧在金国被扣留三年多后，才回到宋朝。此时，他的态度发生了很大转变，转而主张宋金议和。

公元1138年，秦桧再次被任命为宰相，成为百官之首。宋高宗在秦桧的劝说下，向金国纳贡称臣。但一年后，金国撕毁和约，大举进攻宋朝，南宋王

朝面临覆灭的危险。岳飞奉命出征，先后夺回郑州和洛阳，又乘胜攻占朱仙镇，打得金兵发出"撼山易，撼岳家军难"的感叹。就在宋军士气高涨决心收复失地之际，岳飞接到了宋高宗下令退兵的十二道金牌。

此时，秦桧正暗中勾结金国，一心要同金人议和，他与金兀术一同将坚决抗金的岳飞看成心腹大患。宋高宗生怕岳飞夺回失地后，接回宋徽宗、宋钦宗二帝，影响其皇位的稳固，于是默许了秦桧的做法。

岳飞被召回都城临安后，被解除了兵权。但秦桧并不放过岳飞，他唆使监察御史万俟卨给岳飞罗织罪名，又诬告岳飞的部将张宪和岳飞的儿子岳云想要谋反。结果岳飞、岳云与张宪三人都被抓进了监狱。岳飞受尽酷刑，宁死不肯招认莫须有的罪名，在供词上写下"天日昭昭！天日昭昭！"八个大字。

老将韩世忠对岳飞案抱不平，当面质问秦桧。秦桧回答："虽然没有证据，但岳飞指使张宪谋反这件事莫须有（也许有）。"韩世忠气愤地说道："'莫须有'三字，何以服天下？"

岳飞的案子拖了几个月，毫无进展。有一天，秦桧坐在书房的东窗下，考虑如何处置岳飞。他的妻子王氏见秦桧心事重重，猜想他在为岳飞的事烦恼，冷笑着说："你难道不知道纵虎容易擒虎难的道理吗？若不能立即处决岳飞，日后一定会有大患！"秦桧这才下定决心。他授意万俟卨等人以"莫须有"的罪名将岳飞毒死，岳云和张宪同时被害。

秦桧"无中生有"，让万俟卨颠倒黑白，诬告张宪和岳云谋反，把岳飞等人抓起来，接着以"莫须有"的罪名杀害了岳飞等人，达到了自己的目的。

计谋运用

在运用"无中生有"之计时，应注意以下三点。

1. 运用"无中生有"之计，要注意观察，掌握好克敌制胜的最佳时机。在敌人觉察事实之前迅速行动，将敌人打败。

2. "无中生有"并非真的从无到有，而是示"无"藏"有"，重点在"有"而不在"无"。仅凭虚假是难以打败敌人的，在敌人无所适从时投入真正的力量才能取得胜利。

所以，用此计时，关键在"有"。同时，"无中生有"中的"无"，也绝不是长时间的虚假和欺瞒。要找准时机，随时转虚为实，变假为真，从而达到目的。

3. 这只是战争中常用的一种计策。在行军打仗方面，属于诱敌之计。

趣|读|兵|家|经|典　传|承|千|年|智|慧

趣读 三十六计

调虎离山

王宇鹤　主编

北京工艺美术出版社

图书在版编目（CIP）数据

趣读三十六计．调虎离山／王宇鹤主编．－－北京：
北京工艺美术出版社，2023.11
ISBN 978-7-5140-2632-0

Ⅰ．①趣… Ⅱ．①王… Ⅲ．①《三十六计》－儿童读
物 Ⅳ．① E892.2-49

中国国家版本馆 CIP 数据核字（2023）第 100925 号

出 版 人：陈高潮　　策 划 人：杨玲艳　　装帧设计：弘源设计
责任编辑：周　晖　　责任印制：王　卓

法律顾问：北京恒理律师事务所　丁　玲　张馨瑜

趣读三十六计　调虎离山
QUDU SANSHILIU JI DIAOHULISHAN

王宇鹤　主编

出　　版	北京工艺美术出版社	
发　　行	北京美联京工图书有限公司	
地　　址	北京市西城区北三环中路6号　京版大厦B座702室	
邮　　编	100120	
电　　话	(010) 58572763（总编室）	
	(010) 58572878（编辑室）	
	(010) 64280045（发　行）	
传　　真	(010) 64280045/58572763	
网　　址	www.gmcbs.cn	
经　　销	全国新华书店	
印　　刷	天津海德伟业印务有限公司	
开　　本	700 毫米×1000 毫米　1/16	
印　　张	8	
字　　数	59千字	
版　　次	2023年11月第1版	
印　　次	2023年11月第1次印刷	
印　　数	1～20000	
定　　价	199.00元（全五册）	

前言

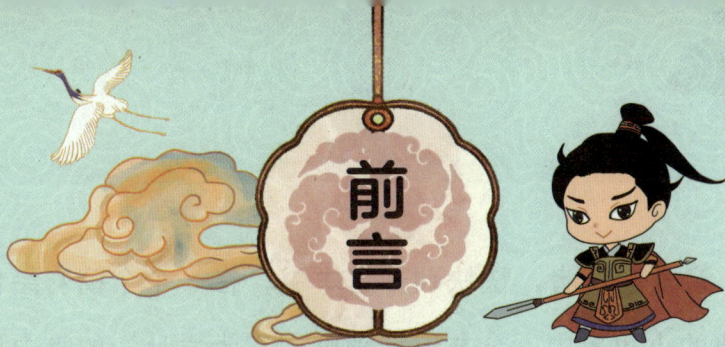

《三十六计》素以"谋略奇书"之名享誉世界，是我国军事史上的宝贵财富。

在现实生活中，如果提起"三十六计"，相信大家都能列举出其中的几个计谋，如打草惊蛇、声东击西、调虎离山等。但真正能准确地指出三十六计的来龙去脉及其中蕴含的智慧精髓，且能够恰如其分地加以应用的人并不多。

三十六计被广泛应用于古今中外的各种军事战争中，也常被应用于政治、经济、外交等诸多领域，甚至在人们的日常生活中也经常使用，可见三十六计的影响力和实用价值。

斗转星移，山河变迁。如今，三十六计中的一些计策已不符合当代社会的核心价值观，但为了使读者了解三十六计的历史全貌，本书仍做收录，读者应理性分析，去粗取精地学习。

本书以小故事的形式讲解了三十六计各计的来源，并且介绍了各计策的含义和运用等知识，其中包括每计对应的经典战例。插图生动有趣，语言通俗易懂，图文并茂，旨在带领读者领略三十六计的智慧与精妙。

1

亲爱的读者，快快翻开这本书，在一个个精彩绝伦、睿智经典的小故事中，全方位地领略"三十六计"的魅力以及古为今用的大智慧吧！

目录

第十五计　调虎离山

计谋故事⋯⋯⋯⋯⋯⋯⋯　4　　虞诩增锅灶退羌兵⋯⋯⋯　10

计谋解析⋯⋯⋯⋯⋯⋯⋯　7　　巨里之战⋯⋯⋯⋯⋯⋯　13

经典战例⋯⋯⋯⋯⋯⋯⋯　8　　马燧智调田悦⋯⋯⋯⋯⋯　16

　　刘邦智擒韩信⋯⋯⋯⋯8

第十六计　欲擒故纵

计谋故事⋯⋯⋯⋯⋯⋯⋯　22　　晏子治理东阿⋯⋯⋯⋯⋯　30

计谋解析⋯⋯⋯⋯⋯⋯⋯　24　　苏无名擒盗贼⋯⋯⋯⋯⋯　32

经典战例⋯⋯⋯⋯⋯⋯⋯　26　　刘荣一战破倭寇⋯⋯⋯⋯　34

　　郑庄公平定叛乱⋯⋯⋯⋯26

第十七计　抛砖引玉

计谋故事⋯⋯⋯⋯⋯⋯⋯　40　　燕昭王招纳贤才⋯⋯⋯⋯　48

计谋解析⋯⋯⋯⋯⋯⋯⋯　42　　芒卯救魏⋯⋯⋯⋯⋯⋯　51

经典战例⋯⋯⋯⋯⋯⋯⋯　43　　李密散财逃生⋯⋯⋯⋯⋯　54

　　楚国计取绞城⋯⋯⋯⋯　43　　孙万荣巧计破唐军⋯⋯⋯　56

　　秦楚丹阳之战⋯⋯⋯⋯　46

目录

第十八计　擒贼擒王

计谋故事 ···············62
计谋解析 ···············64
经典战例 ···············65
　姬光夺王位 ···········65

昆阳之战 ···············68
张巡大败尹子奇 ·········71
杨行密智擒叛贼 ·········74

第十九计　釜底抽薪

计谋故事 ···············80
计谋解析 ···············82
经典战例 ···············83
　齐景公逼走孔子 ·······83

项羽兵败乌江 ···········86
周亚夫平定七国之乱 ·····89
汉宣帝谋划除霍氏 ·······92

第二十计　浑水摸鱼

计谋故事 ··············100
计谋解析 ··············102
经典战例 ··············103

刘秀虎口求食 ··········103
刘备趁机占南郡 ········105
王守仁平定宁王之乱 ····107

第二十一计　金蝉脱壳

计谋故事 ··············114
计谋解析 ··············116
经典战例 ··············117

晋明帝扔马鞭脱身 ······117
毕再遇"悬羊击鼓" ·····119
王守仁巧脱险 ··········120

调虎离山

调虎离山本意指设法使老虎离开所在的山头。比喻用计使对方离开原来的有利地势，以便乘机行事。这个计策用在行军打仗中，目的是为了调离敌人，此计核心在一个『调』字。

思维导图

比喻用计使敌方离开原来的有利地势，以便乘机行事 —○ **定义**

出自《管子·形势解》 —○ **探源**

"调虎离山"之计主要是将最关键、最重要或最危险的敌人引出他的地盘，使他失去反抗的依托 —○ **解析**

调离

在"调"的过程中，一定要表现得真实，做到不露痕迹，不让敌方察觉 —○ **运用**

引诱敌方进攻，然后伺机歼灭敌方

虎山

经典
战例

刘邦智擒
韩信
- 刘邦出游，迫使韩信离开大本营
- 韩信被擒，贬为淮阴侯

虞诩增锅
灶退羌兵
- 虞诩增锅灶，用假象迷惑敌人
- 羌兵溃败

巨里之战
- 耿弇巧施调虎离山之计，引诱费邑
- 费邑中计，大败而归

马燧智调
田悦
- 马燧故意撤退，引诱田悦
- 马燧趁机歼灭敌军，田悦大败

计谋故事

　　本计源于春秋时期管仲创作的《管子·形势解》。这篇文章中有这样一段话，"虎豹，兽之猛者也，居深林广泽之中则人畏其威而载之。人主，天下之有势者也，深居则人畏其势。故虎豹去其幽而近于人，则人得之而易其威。人主去其门而迫于民，则民轻之而傲其势。故曰：'虎豹托幽而威可载也。'"后来，调虎离山之计逐渐出现在民间语言以及文学作品中。东汉末年孙策破刘勋之战就是运用调虎离山之计的战例。

　　东汉末年，祸乱四起，各地军阀纷纷起兵造反。当时的孙策年少志雄，想要统领一方，成就霸业。

　　孙策在自己的地位稳固后，想要向北挺进，以扩大疆土，但当时北面有一个劲敌，名叫刘勋。刘勋当时担任庐江太守，庐江郡南有长江之险，北有淮水阻隔，地理位置优越，而且刘勋势力强大，拥有雄厚的兵力，想要战胜他并非易事。

　　与此同时，刘勋也想凭借自己的优势拿下邻近的土地。面对劲敌，孙策集合将士，共商良策。周瑜觉得，刘勋势力强大，若一味强取，恐难获胜，而且就算侥幸获得了胜利，也是伤敌一千，自损八百，于是

他提出用"调虎离山"的办法。孙策仔细考虑之后，决定采用周瑜的调虎离山之计。刘勋贪财，孙策便迎合他的爱好，送他一份大礼，又极力夸赞他的才能，透露对他的钦慕之情。之后，孙策又佯装向刘勋求援，声称只要刘勋率领军队攻破上缭，自己就可以脱困，日后定当涌泉相报。刘勋见孙策这般奉承迎合，心中喜不自胜。上缭地区物产丰富，奇珍异宝更是数不胜数，刘勋早就想攻下上缭，只是不知从何下手，现在孙策主动求援，于是他就满心欢喜地答应了。刘勋的一位谋臣提醒他，小心孙策调虎离山，但刘勋此时只想着吞并上缭，并没有在意谋臣的提醒。

孙策此时已是万事俱备，只欠东风，就等刘勋离开庐江。当刘勋出动大部分军队去攻打上缭时，孙策趁机集结自己的精锐部队，分水路、陆路两队人马，攻打庐江城。由于庐江主将不在，精锐部队又去攻打上缭了，剩下守城的大多是老弱病残，因此守军很快便因无力抵抗而投降了。孙策轻松地占领了庐江，并迅速带领军队连夜去攻打刘勋。刘勋被诱骗去攻打上缭，但是上缭易守难攻，他攻了很久都没有攻下，此时军中人马力竭，士气低落。刘勋打算往回撤，但又得知孙策偷袭并攻下了庐江，此时腹背受敌，进退两难，最后不得已依附了曹操，以保存实力。

计谋解析

"调虎离山"的应用方式很多，主要是将最关键、最重要或最危险的敌人引出他的地盘，使他失去反抗的依托。尤其是在敌方占据了有利的地势，并且兵力众多的情况下，己方不可硬攻，否则将损失惨重。正确的方法是设计引诱，把敌人引出坚固的据点，或者把敌人诱入对己方有利的地区，这样才可以取胜。

计谋原典

待天以困之①，用人以诱之，往蹇来连②。

— 注释 —

①天：指各种自然条件。困：困扰，困乏。

②蹇：艰难。

— 译文 —

等待对敌人不利的自然条件成熟时再去围困敌人，用人为的假象去诱惑敌人。主动进攻有危险，那么诱敌来攻则更有利。

刘邦智擒韩信

公元前201年，有人上奏朝廷，说楚王韩信密谋造反，汉高祖刘邦便召集众将领商议应对之策。大家都认为应该尽早发兵，杀了这位反臣。汉高祖没有作声，接着询问陈平的意见。

陈平说："古时，天子经常巡视诸侯管辖地，并会见诸侯。南方有个地方叫云梦泽，陛下可佯装去此地视察，在陈县（今河南淮阳）会见诸侯。陈县在楚国的西边，韩信得到天子出游的消息，肯定到郊外迎接陛下，这样他就离开了他的大本营。在韩信来参见时，陛下就下令将他抓起来，这只需要一个力士就能做到。"

汉高祖认同陈平的说法，就派遣使者通知各地诸侯去陈县会合。很快汉高祖就启程南行了。楚王韩信得到消息后，心中惧怕，不知如何是好。这时有人向韩信献计说："皇上厌恶的是您收留了钟离眛，如果您

将钟离昧杀了，带着他的人头去见皇上，皇上肯定高
兴，如此就不会招来杀身之祸了。"钟离昧曾是西楚
霸王项羽手下的一员大将，屡立战功，刘邦记恨此人。
钟离昧和韩信是同乡，感情很好，因此钟离昧就投靠
到韩信门下。

　　韩信听完后，觉得有道理，但是他与钟离昧情谊
深厚，实在不忍下手。韩信去找钟离昧商量，钟离昧
说："皇上之所以不攻打楚国，是因为我在您这里。
您想拿下我去取悦皇上，我今天死，您也会紧跟着死

的。"韩信未应，钟离眜大骂韩信："你不是个忠厚的人!"随后自刎而死。韩信拿着他的人头，到陈县朝拜汉高祖。

汉高祖立刻派左右的武将把韩信抓了起来，然后将他押送到出行的副车上。韩信说，"果真像人们说的那样：'狡兔死光了，出色的猎狗就会遭到烹杀；飞鸟射尽了，射杀飞鸟的良弓都藏起来了；敌国消灭了，出生入死的功臣就被杀了。'现在天下统一，我的灾难就到来了!"汉高祖说："有人说你想要谋反。"然后命人用锁链将韩信捆绑起来，将他押回了洛阳。后来汉高祖免去了韩信的谋反之罪，将他贬为淮阴侯。

由于韩信兵力强大，汉高祖直接发兵不容易取胜，而且会损失惨重，就巧设妙计，将韩信诱骗出楚国。韩信一旦离开自己的根据地，力量就被大大削弱，让敌人有可乘之机。汉高祖巧用"调虎离山"之计，不费一兵一卒便轻松拿下了威名赫赫的大将韩信。

虞诩增锅灶退羌兵

东汉时期，羌人攻打武都(位于今甘肃西和西南)，朝廷任命虞诩担任武都太守，抵御羌人入侵。羌人统领数千人马在陈仓的崤谷拦截了虞诩的去路。虞诩命令属下将马车停下，并对外宣布自己已经向朝廷请求增援，援兵一到就会开战。

羌人听闻，便兵分几路去攻打其他县城。虞诩乘羌人分散之际，带领士兵连夜急行一百多里，还下令士兵每人要砌两个锅灶，以后每天增加一倍。羌人看到后，以为虞诩的士兵在逐日增多，便不敢上前攻打。汉军退守武都时，虞诩的士兵不足三千，羌人的

士兵却有一万多。羌兵围攻赤亭（位于今甘肃成县西北），攻了几十天也未能成功。虞诩让士兵将远程弓箭改为近程弓箭，羌人误以为虞诩军队的弓箭劲力很小，于是集结兵力大举进攻。虞诩命令士兵用二十把强弓一起瞄准同一个人，每发必中。羌人惊愕无比，急忙退兵。虞诩乘机带领军队出城追击，羌兵死伤无数。

次日，虞诩召集全体将士，命令将士们从城东门出去，然后从城北门进来，每次都要更换服饰。这样来回走了好几遍，羌人摸不清城中到底有多少士兵，顾虑重重，不敢进攻。虞诩估计羌人该撤兵了，就在撤兵路线上暗中埋伏五百多人，等羌人经过时截杀。不出所料，羌兵看到伏兵后纷纷逃亡，伏兵乘机追杀，羌兵溃败。

此战虞诩运用了"调虎离山"之计。他扬言等援军到来后再进军，就是诱使羌人分兵；他增加做饭用的灶，就是为了迷惑敌人。这样他就充分发挥了己方的主动性，牵住了敌方的"牛鼻子"，使敌方按照己方的意图来行动，最终取得了平羌的胜利。

巨里之战

公元29年，光武帝刘秀消灭了割据渔阳、平原两郡的军事集团之后，又派耿弇前去讨伐盘踞在东部的割据势力张步。耿弇在征伐过程中首先要面对的是张步的部下费邑。

费邑是个老谋深算、善于用兵的将领，他在历下屯兵，抵抗耿弇的进攻。历下的城池坚固且守备森严，极难攻破。如果采取强攻的方式，很难取得胜利。因此，耿弇召集众将商讨作战计策。

一位部将说："将军，我们可以采用调虎离山的战术，诱敌出战，然后围歼敌人。"这位部将提出的想法与耿弇的想法不谋而合，耿弇很快下令部下加紧部署。

这时费邑的弟弟费敢防守在巨里（位于今山东济南市东北），耿弇派大军围困巨里，并做好攻城的准备，声称三天后全力攻打巨里。为了散步这个消息，耿弇还故意放走了一些俘虏，让他们传达这个消息给费邑。

费邑知道耿弇是位不可小觑的劲敌，所以一切都十分小心，他命令士兵日夜修筑工事，加固营垒等防御建筑物，并让全体将士做好长期坚守城池的准备。

一天，费邑来到军中巡视。一位副将急急忙忙赶来向他报告说："耿弇那边逃来了一批俘虏，而且他们还带来了一些情报，说耿弇打算攻打巨里。"费邑说："这肯定是耿弇故意制造的诡计，他想通过调虎离山的计策把我们引出城去，所以我们不能轻易相信这些俘虏的话，让士兵们不要随意传播这些谣言了。"

费邑和弟弟费敢从小感情深厚，现在弟弟被围困，费邑心里免不了担心。几天之后，军中的密探向费邑报告说："耿弇的军队正在巨里城外集结。这段时间里，他们不停地砍伐树木，准备用来填塞巨里城外

的堑壕。另外，耿弇的军队中还有许多像云梯一样的攻城武器，他们还准备了大量粮草，这说明耿弇为了攻打巨里已经做好了充足的准备。"

费邑对密探说："这是耿弇在故弄玄虚，制造假象，让我们上当，我们不必理会这些，我们现在要加紧修筑工事，积累更多的粮草。"虽然费邑没有中耿弇的圈套，可是他心里也有些怀疑，难道耿弇真的有攻打巨里的打算？

就在这个时候，又有一位密探赶回来向费邑报告

说："耿弇带领军队正在进攻巨里城，费敢率领守城的军队全力抵抗，情况十分危急。"

费邑听说弟弟有难，于是亲自率领三万精锐部队前往巨里救援。耿弇闻讯大喜，对部将们说："我派人加紧制造攻城器械，就是为了虚张声势，把费邑引诱到这里伏击他。现在他出城了，我们准备好迎战吧！"随后，耿弇派三千人牵制住巨里的敌军，将主力部队埋伏在有利的位置上，严阵以待。

费邑大军还未到达巨里城，就遭到耿弇军队的伏击，全军覆没，费邑也死在了乱军之中。

马燧智调田悦

公元781年，魏博节度使田悦起兵造反，朝廷派河东节度使马燧带兵镇压。马燧因粮草不足，就想尽快平定叛乱。田悦得知消息后，就故意死守军营，拒不迎战，以拖延时间。当时，田悦和马燧各自在洹河两岸驻军。为了逼田悦出战，马燧下令让士兵修造三座能够横跨洹河的简易木桥，每天都派人去田悦军营前叫阵，但田悦就是坚守不出。不过，田悦已经偷偷地在洹河边埋伏了上万名将士，想找准机会，一举将马燧拿下。

马燧思虑再三，想出了一个"调虎离山"的妙计。他让军队在半夜吹响号角，擂响战鼓，假装进攻。随后，他亲自带领大部队沿着洹河顺流而下，向魏州奔去。出发前，他还嘱咐驻守在营地中的数百骑兵说："待我领兵离开后，你们带上柴火和火种埋伏在三座桥下，等田悦的军队都渡过洹河后，就放火烧了这三座桥。"

田悦看到马燧退兵，立即带着埋伏的人马过河将马燧的营垒烧掉，同时击鼓呐喊，追赶马燧的大队人马。马燧听到消息后，马上带领军队返回。他先命人砍掉路边的杂草树木，开辟出一块空地当作战场，又

挑选五千名精兵在前边布阵。田悦的军队追了十几里才到达阵地，此时他们手中的火把已经燃尽，士气也大不如前。于是，马燧发动猛烈的攻击，田悦的军队被打得七零八落。

田悦此时想逃回营地，但横跨洹河的三座桥已经被焚毁了，他此时进退两难。士兵们为了逃命，争先恐后地跳进洹河，许多人被淹死了。就这样，马燧巧用"调虎离山"之计，取得了胜利。

计谋运用

使用调虎离山之计时，要充分把握以下两点。

1. "调虎离山"中，"虎"是强者，不是我们可以随意调动的，所以"调"只能起到"诱"的作用。这是此计的关键，也是最难的地方。要审时度势，因势利导，并防止敌人获悉己方的意图。因此，在"调"的过程中，一定要表现得真实，做到不露痕迹、不动声色，让敌人真正感觉自己必须要"走"。

2. "调虎离山"是为了引诱敌方行动，然后伺机歼灭敌方。因此，必须事先做好充分的准备工作，即"虎"脱离有利的条件后，如何迅速对其进行攻击，需要提前布局，一举成功。不然，待"虎"回过神来，重新归山，再要引诱其出山就难了。

欲擒故纵

欲擒故纵的字面意思是想捉住他，故意先放开他。比喻为了进一步控制对方，先故意放松一步。在行军打仗方面是指为了歼灭敌人，故意先放纵敌人，给敌人生存的机会和希望，使敌人放松戒备，充分暴露，然后再把敌人捉住。

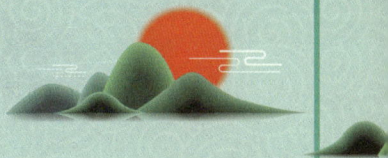

比喻为了进一步控制对方，先故意放松一步 ── 定义

出自《道德经》 ── 探源

欲擒故纵，并非真的"纵"，而是让敌人暂时放松警惕，己方再趁机将其控制、擒获 ── 解析

欲
故

等到敌人筋疲力尽之时，再将其擒获

故意放纵敌人，让其放松警惕 ── 运用

盯紧敌人，时刻观察其动向，在施计的同时防止其逃脱

擒纵

经典战例

郑庄公平定叛乱
- 郑庄公故意放纵弟弟共叔段行不义之事
- 共叔段反叛失败，郑庄公成功平定叛乱

晏子治理东阿
- 晏子故意不作为，用后三年的不贤反衬前三年的贤良
- 齐景公幡然醒悟，寻得良臣，使国家实力增强

苏无名擒盗贼
- 苏无名故意纵容盗贼，等待时机
- 成功抓获盗贼

刘荣一战破倭寇
- 刘荣假装撤退，引诱倭寇进入埋伏圈
- 倭寇大败

计谋故事

　　本计的思想源于《道德经》第三十六章："将欲歙之，必固张之；将欲弱之，必固强之；将欲废之，必固举之；将欲取之，必固予之。"在中国军事史上，诸葛亮成功地运用了这个计策。

　　东汉灭亡后，魏蜀吴三分天下。蜀国丞相诸葛亮遵刘备托孤的遗诏，决心要重兴汉室。有一年，南

中豪强孟获造反，南中地区有几个郡都受到了波及，诸葛亮决定亲率大军平定叛乱。诸葛亮听从马谡的建议，决定采取"攻心为上"的策略，使孟获永远臣服于蜀国，消除后患。

两军第一次交战，孟获战败，被蜀将魏延捉住。孟获被五花大绑地押到诸葛亮面前。孟获觉得大丈夫宁死也不能求饶，于是挺起腰板儿，瞧都不瞧诸葛亮一眼。诸葛亮看孟获果然是一条硬汉，就更坚定了用攻心术来使他屈服的想法。诸葛亮问孟获是否心服，孟获却说自己是因为山路狭窄，失误被擒，所以不服，并说："你要是放了我，我重整兵马后与你一决胜负，那时如果你再捉住我，我就服了你。"诸葛亮当即下令放了孟获，并给他衣服、鞍马、酒食，派人送他回去。

第二次交战，诸葛亮派马岱巧渡泸水，切断孟获大军的粮道。孟获手下有两名大将因为感激上次诸葛亮的不杀之恩，便趁孟获酒醉之际捉住了他，将他捆绑着送到蜀军大营。孟获还是不服，说这次战败是因为部下叛变，如果再被捉住才服。诸葛亮领着孟获参观蜀军大营后，又将他放了，还亲自送过泸水。

孟获回寨后，先杀了叛变的部将，然后与弟弟孟优密议，让孟优去诈降，以便一举打垮蜀军。孟优带着一百多名士兵，搬着许多金银珠宝渡过泸水，来到诸葛亮的营中。诸葛亮一看孟优来送礼，心中就有了防备，知道是孟获设下的计。诸葛亮胸有成竹，用药酒灌倒了孟优及他带来的士兵。孟获当夜偷袭蜀营，诸葛亮将计就计，又将孟获活捉。但孟获仍然不服，而且说还要再战一次，若再被捉，就死心塌地地归降。诸葛亮又放了他。

这样捉了放，放了又捉，一连捉了孟获七次。最后一次，孟获是真的心服口服了，表示愿意归顺蜀国，永远不再反叛。

计谋解析

"欲擒故纵"中，"擒"是做事的目的，"纵"是办法，两者表面上相互矛盾，实际上殊途同归。古语说"穷寇莫追"，其实这不是主张不追，而是要追得巧妙。假如方法错误，把"穷寇"逼急了，狗急跳墙，最后导致己方损兵失地，就不值得了。

所以，欲擒故纵并非真的"纵"，而是使敌人暂时放松警惕。但终归是要擒的，而且"纵"是为了让敌人彻底归顺，只是"擒"不能付出太大的代价。要如何做才能以最小的代价获得最大的收益呢？就是想尽办法让敌人无力反抗、无法反抗，或者根本就不打算反抗。敌人不加反抗而缴械投降，是上上策。这才是"欲擒故纵"的要义。

计谋原典

逼则反兵①，走则减势②。紧随勿迫，累其气力③，消其斗志④，散而后擒，兵不血刃⑤。《需》，有孚⑥，光⑦。

— 注释 —

①反兵：带兵反扑。

②走：跑。势：气势。

③累：消耗。

④消：瓦解。

⑤兵：兵器。血刃：血沾染刀刃，引申为作战。

⑥有孚：有信用，有诚意，为人所信服。

⑦光：光明，通达。

— 译文 —

把敌人逼得太紧，敌人就会带兵反扑。让敌人逃跑，就能够削弱敌人的气势。追击敌人时，只要跟紧就可以了，不要过于逼近，先消耗敌人的气势和体力，再瓦解敌人的斗志，等到敌人军心涣散时再捕捉，就可以不用作战而取得胜利。这是从《周易·需卦》卦辞"有孚，光亨"（有收获，大顺利）一句悟出的道理。

经典战例

郑庄公平定叛乱

郑国国君郑武公有两个儿子，分别叫寤生、段。两人虽为一母所生，但性格迥异，长子寤生为人忠厚老实、孝顺知礼，而次子段则生性顽劣。郑武公很疼爱两个儿子，尤其对长子寤生更加喜爱。但是他们的母亲武姜却更喜爱段，而对寤生十分厌恶。这主要是因为她生寤生时差点死于难产，因此迁罪于寤生。

武姜本就气量狭小，又十分偏心。由于厌恶寤生，她一直想让小儿子代替寤生继承国君之位，所以常常在郑武公面前称赞小儿子聪明伶俐、志向远大，想让郑武公立段为世子。郑武公知道武姜偏向小儿子，他心中自有决断，还是依照祖制立长子寤生为世子。

郑武公离世前对长子寤生说："儿子，你的母亲不喜欢你，一直想让你的弟弟继承国君之位，你要小心他们，但也不能不顾亲情，随意杀戮。"寤生将父亲

的话牢记在心中。

郑武公驾崩后，寤生顺利当上了国君，即郑庄公。对此武姜和段很不服气。他们原本的计划落空后，武姜心有不甘，于是想向寤生索要制邑（位于今河南荥阳西北）作为段的封地。郑庄公说道："制邑是有名的军事重地，东虢国的国君就死在那里。这里不行，别的地方你可以任意挑选，我都没有意见。"武姜又提出把京邑（位于今河南荥阳东南）封给段，郑庄公同意了。接着段就住在京邑，人们都称他为京城太叔。

大夫祭仲对郑庄公说："分封的城邑如果城墙超过三百丈，那将是国家的祸患。先王规定，大的城邑的城墙不能超过国都的三分之一，中等城邑的城墙不能超过国都的五分之一，小的城邑的城墙不能超过国都的九分之一。现在京邑的城墙不符合先王的规定，这对您来说，可不是什么好事。"郑庄公说："母亲姜氏想要这样，我又怎能躲开这种祸患呢？"祭仲回答说："这种要求哪有能够满足的时候！不如趁早将段安排到别的地方，不要让他发展壮大，他一旦壮大起来，就不好对付了。"郑庄公说："多做不义的事情，必定会失败，你就等着瞧吧。"

　　不久之后，段又让原来属于郑国西边和北边的边邑接受他与郑庄公的共同管辖。大夫公子吕对郑庄公说："一个国家是不能有两个君主同时存在的，如今您打算怎么办？如果您打算把郑国交给段，那么我就去服侍他；如果不给，那么就请您除掉他，以免百姓产生疑虑。"郑庄公说："不用管他，他会自取灭亡的。"没过多长时间，段又将两个边邑改为自己统辖，势力一直扩展到廪延。大夫公子吕说："现在可好了，段实力雄厚，能够得到民心了。"郑庄公说："对君主不义，对兄长不亲，势力虽然扩大了，他也会垮台的。"

　　段加固京邑的边防，积草屯粮，做好准备，想等到兵广粮足之时，取代寤生做国君。经过多年的发展，段的势力已经很大。段认为时机成熟，于是反叛郑国。他下令修治城郭，聚集百姓，修整盔甲武器，预备好兵马战车，准备偷袭郑国，武姜届时会打开城门做内应。

　　郑庄公在段反叛前，就已经了解到他起兵的日期，于是命令子封率领战车二百辆讨伐京邑。京邑的人民背叛段，段于是逃到鄢城，郑庄公又派人追到鄢城讨伐他，段再度逃往卫国的共地，最后客死他国。

　　段手中虽然有几座城池作为依仗，并且有母亲的支持，自认为实力能够与郑庄公匹敌，但朝臣和民众并不支持他，因此败于郑庄公之手。段多行不义之事，最终自食恶果。

晏子治理东阿

春秋时期，晏子受命于齐景公，治理东阿之地。三年后，有人向齐景公举报晏子，说他在职期间玩忽职守，将东阿治理得一塌糊涂。齐景公十分不满，便下诏让晏子入朝面见自己，想免了他的职。晏子诚恳地说："臣有罪，请再给臣三年时间。如果到时还有人举报我，臣愿自请辞去官职。"

齐景公略微思索了一下，便应允了，派晏子再去治理东阿三年。三年时间一眨眼就过去了，果然没有人再举报晏子。

齐景公很满意，便召晏子入朝，准备奖赏他，晏子却拒绝了赏赐。齐景公有些奇怪，便问他为何不接受赏赐。晏子回答说："前三年我治理东阿，找人修筑道路，当地出钱出力的人都责骂我。我提倡勤劳节俭，懒汉刁民便责骂我。我惩治作威作福的权贵，权贵们记恨我。我公正廉洁，身边的人找我办私事，我都一口回绝他们，结果身边的人都远离我。后三年，我不再像从前那样做了。我不找人修路，有钱有力气的人就满意了。我不再提倡勤劳节俭，那些懒汉刁民也对我很满意。我不再惩治作威作福的权贵，权贵们也满意了。我身边的人找我办私事，我有求必应，他们对我赞不绝口。于是，他们四处传扬我的好名声，这也就让您知道了。现在您要奖赏我，而我却认为自己有罪。这就是我为什么不能接受您的奖赏的原因。"

听了晏子的陈述，齐景公如梦初醒，知道三年前自己错怪了晏子，晏子原来是个忠臣。于

是齐景公开始重用晏子，将国家大事交给他处理。仅三年时间，齐国在晏子的治理下就变得国富民强，百姓安居乐业。

苏无名擒盗贼

"欲擒故纵"一计，要求使用者要有十足的把握，要考虑周全，千万不要弄巧成拙。

武则天曾赏赐给太平公主一件珍玩宝物，此物名贵至极，据说价值几千两黄金，但到年底，此物却不翼而飞。太平公主将此事报告给了武则天。武则天非常生气，对洛州长史下令："我限你三天之内捉住盗贼，否则你就以死谢罪！"

洛州长史惶惶不可终日，前去拜见当时小有名气的苏无名。苏无名以足智多谋而闻名，洛州长史想请他出山，帮自己破案。苏无名思考了一会儿，说："您先带我去面见陛下，到时我定会向陛下说明我的计谋。"

于是两人一起去宫中面见武则天。武则天问苏无名："你能抓住盗贼吗？"苏无名胸有成竹地答道："请您不要担心，此事只需耐心等待，定能一举成功。不过我有一个小小的请求，就是捕盗的吏卒要由我亲自调遣。这样，我一定会破此大案。"武则天点头答应。

　　之后，苏无名并没有按照惯例四处抓贼，而是叮嘱吏卒暂缓行事。直到寒食节那天，他才聚集吏卒，说："你们分批到北门和东门守候，假如看到身穿孝服的胡人经过，就悄悄跟着他们，暗中查探。假如他们走到一座新坟跟前，并不是真的伤心痛哭，只是装装样子，就立刻逮捕他们。"吏卒立刻行动起来，事情果真像苏无名说的那样，他们在胡人的棺材里发现了丢失的大量珍宝。

　　武则天觉得苏无名果然足智多谋，于是详细询问了案件的细节。苏无名说："我上次来都城面见陛下，看到一众胡人抬着棺材出殡，但他们的脸上根本没有悲痛之色，于是我就怀疑棺材中很可能是盗窃来的珍宝。据我推测，他们是打算先把棺材埋在城外，等到此事风声过去了，再偷偷地取走珍宝。既然这样，我猜想他们到了寒食节那天一定会出城取走珍宝。所以我劝您不要心急，更不能四处抓贼，以免打草惊蛇。不立刻捉拿盗贼，并不是对他们不闻不问，而是让他们自己挖坟开棺，等到人赃俱获时，再把他们缉拿归案，这样就能事半功倍。"

武则天听完苏无名的解释，觉得苏无名这招"欲擒故纵"的计谋实在高妙，于是赏赐给他许多金银钱财，官职晋升两级。此例中，苏无名认真观察，大胆猜测，故意不立刻捉拿盗贼，而是等人赃俱获再捉拿盗贼，真是神机妙算！

刘荣一战破倭寇

明朝时期，一些日本浪人常常集结在一起对中国沿海地区进行侵扰，烧杀劫掠无恶不作，沿海地区的百姓深受其害，对这些人深恶痛绝，明朝军民称这些人为"倭寇"。由于辽东半岛靠近日本，因此也常常受到侵扰，朝廷对此事非常重视，每年都会派官兵驻守此处，以防倭寇来犯。

1419年，朝廷派刘荣担任辽东半岛左都督。有一天，他带领一队人马巡查辽东诸岛，对辽东诸岛的地形进行了详细勘察。他发现望海埚地势最高，而且是倭寇侵略辽东半岛的必经之路，是设防的绝佳之地，于是将这里的情况上奏朝廷，并将在望海埚构筑城堡、设立烽火台的详细计划呈上。皇帝对刘荣的计划很满意，同意了他的请求。于是，刘荣立刻构筑堡垒，

并派大量人马长期驻守在这里。

　　一日，驻守在望海埚的官兵报告："夜间，东南方向出现火光。"刘荣知道很可能是倭寇来袭，马上调派人马来支援望海埚，对即将到来的战斗做好了万全的准备。不久，几十条船抵达海岸，近千名倭寇冲向望海埚。刘荣马上集结军队，设好埋伏，另派一队人马迂回至倭寇来的路上，切断他们的退路，再派一支步兵打头阵，假装不敌败退，将倭寇逐步引入埋伏圈。

　　倭寇一进入埋伏圈，刘荣就下令开炮，紧接着事先埋伏好的士兵一起冲向倭寇，顿时杀声四起。倭寇被突如其来的伏兵打得惊慌失措，纷纷仓皇逃跑。很快，大部分倭寇死于伏击，余下的少量倭寇躲藏到樱桃园的空堡中。明军乘胜急追，士兵们想要冲进樱桃园空堡，但被刘荣阻拦，他故意放倭寇逃跑。等到倭寇全部从樱桃园空堡里出来后，刘荣又派两队人马夹击倭寇，倭寇不得不拼命逃窜，最终被全部消灭，刘荣军队大捷。

计谋运用

在使用此计时，要注意以下三点。

1.等到敌人筋疲力尽之时，再将其擒获。落入我方掌心的敌人只要认为还有逃跑的可能，就会使出全身解数逃跑。在惊慌恐惧中拼命逃跑，是对体力与精神的双重考验。如果在给敌人施加死亡威胁的同时，又留给其逃脱的可能，敌人就会一直拼命跑下去。等到敌人无力再跑了，失去了反抗的能力，便可手到擒来。

2.故意放纵敌人，让其放松警惕。在敌人面前，可以假意退让，使其自我膨胀，等到敌人思想松懈，便可将其一举擒获。

3.要抓紧手中的"线"，防止"欲擒故纵"之计功亏一篑。风筝飞得再高，只要拉紧手中的线，它就在掌控之中。对待敌人也是一样，盯紧敌人，时刻观察其动向，在施计的同时防止其逃脱。

抛砖引玉

抛砖引玉原意为把砖抛出去，引回来玉。比喻用自己没有价值的东西（多指意见、文章等）引出好的珍贵的东西。在行军打仗方面指主动给敌人一点利益，引诱敌人上当，从而取得最后的胜利。

思维导图

比喻用自己没有价值的东西（多指意见、文章等）引出好的珍贵的东西 ─ **定义**

出自《景德传灯录·赵州东院从谂禅师》 ─ **探源**

抛砖引玉是一种以小利图谋大利的谋取术、掠夺术、诱骗术 ─ **解析**

抛引

必须对敌情充分掌握，这样才能根据具体情况，制定具体的解决办法 ─ **运用**

所抛的"砖"必须是敌方所喜爱和需要的，否则敌方就不会上当受骗

砖玉

经典战例

楚国计取绞城
- 楚国用粮草引诱绞国士兵进入埋伏圈
- 绞国无力抵抗，只好投降

秦楚丹阳之战
- 张仪抛出"六百里土地"，破坏齐楚联盟
- 楚军大败

燕昭王招纳贤才
- 郭隗讲"千里马"的故事，燕昭王顿悟
- 天下英才纷纷投奔燕昭王

芒卯救魏
- 芒卯抛出邺城，瓦解秦赵联盟
- 魏国危机解除

李密散财逃生
- 李密抛出钱财贿赂官差
- 李密与众人顺利脱逃，摆脱了危机

孙万荣巧计破唐军
- 孙万荣利用舆论，制造营州缺粮的假象
- 唐军中计，全军覆没

计谋故事

本计的来源说法不一。一种说法是：传说，唐代著名诗人赵嘏写的诗颇受时人喜爱，很多人慕名到他家求诗。诗人常建十分钦慕赵嘏，也想求得赵嘏的一首诗，无奈人太多，他几次登门都无功而返。一日，常建听闻赵嘏要到苏州游玩，便想赵嘏肯定会到灵岩寺一游，于是提前在灵岩寺的墙壁上写了两句诗。赵嘏果然来到了灵岩寺，看到墙壁上的诗还未完成，就续写了后面两句，从此这首诗被人们争相吟诵。后人觉得后两句诗要比前两句写得更为精妙，因此说常建意在"抛砖引玉"。但史料记载，常建与赵嘏年龄相差极大，赵嘏出生时，常建已经离世，他们是不可能有交集共作一首诗的，因此，赵嘏补诗之说很可能是后人杜撰的。

另一种说法是：此计源于宋代高僧道原编撰的《景德传灯录·赵州东院从谂禅师》，"师云：比来抛砖引玉，却引得个墼子"。文中的这句话与一个佛家故事有关。传说唐代禅师从谂高寿，有一百二十岁。一天

深夜，从谂与弟子们共同参禅悟道，众人坐定，从谂便说道："今夜你们要好好回答我的问题，假如你们当中有人对禅学有参悟，就可以向前迈一大步。"在座弟子都专心致志地参禅悟道，唯有一个胆大的小和尚朝前迈了一大步，弯腰向从谂行礼。从谂笑着说："我适才在抛砖引玉，却没料到引来的却是一块土砖坯子。"

此外，本计还出现在元代贯云石创作的《斗鹌鹑·佳偶》中："见他眉来眼去，俺早心满愿足；他道是抛砖引玉，俺却道因祸致福。"

计谋解析

"抛砖引玉"中抛出去的"砖",可以是"真砖"（真实的利益），也可以是"假砖"（虚假的利益）。抛的方式有近抛、远抛、分抛、全抛、暗抛、明抛。但应注意的是，引来的事物一定要优于抛出去的事物，否则徒劳无益。

总而言之，作为一种计策，抛砖引玉是一种以小利图谋大利的谋取术、掠夺术、诱骗术。"砖"抛出去了，目的就是等"玉"，"玉"如果迟迟不来，则要运用各种计谋，或骗取，或诱取，或巧取，或用武力强取。用类似的方法去迷惑敌人，让其做出错误的决策，以假为真，再图歼灭，这就是"抛砖引玉"之计的精妙之处。

计谋原典

类以诱之①，击蒙也②。

注释

①类：类似，同类。
②击：打击。蒙：蒙昧。

译文

用类似的东西来诱惑敌人，等敌人蒙昧的时候去打击他。

楚国计取绞城

楚国曾用"抛砖引玉"的计策，攻下了绞城(位于今湖北郧阳区西北)。公元前700年，楚国出兵攻打绞国，大军连夜奔袭，很快就抵达绞城。楚军势头正盛，绞国知道自己兵力不足，若是出城迎战，必定会失败，于是决定坚守不出。绞城地势险要，很难攻克。楚军进攻多次，都无功而返，两军僵持了一个多月。

楚国大臣屈瑕认真分析了敌我情况，认为绞城不可强取。他向楚王提出一条"以鱼饵钓大鱼"的计策，说："城池久攻不下，不如以小利诱之。"楚王就问他如何引诱敌人。屈瑕提出，趁绞城被围困，城中粮草缺乏之际，派一些士兵乔装成樵夫上山打柴运回来，敌军一定会出城抢夺柴草。前几天，先让他们尝点甜头，等到他们放松警惕，派出大批士兵出城掠夺柴草之时，我们就设下埋伏，消灭出城的士兵，再乘机攻城。

　　楚王担心绞国没有那么容易上当。屈瑕说："大王不要担心，绞国虽小而轻躁，轻躁则缺少谋略。有这样好的钓饵，他们必定会上钩。"于是楚王依计而行，命令部分士兵乔装成樵夫上山打柴。

　　绞侯听哨兵报告有樵夫进山砍柴，连忙询问这些樵夫后面有无楚军保护。哨兵说，他们稀稀拉拉地进山，并没有士兵跟随。绞侯马上分派人马，等待"樵夫"背着柴草出山的时候进行袭击，果真轻松得手，抓住了三十多个"樵夫"，将他们手中的柴草都抢了

过来。一连几天，绞国果然收获了不少柴草。绞国的士兵尝到了甜头，出城抢劫柴草的士兵逐渐增多。楚王见敌人已经上钩，便着手逮捕"大鱼"。

第六天，绞国士兵像前几天一样出城掠夺，"樵夫"们见绞军又来了，吓得慌忙逃窜，绞国士兵紧追不舍，不知不觉已经进入楚军的埋伏圈。突然伏兵从路边杀出，绞国士兵毫无防备，惊慌失措，又遭遇伏兵断路，死伤不计其数。楚王此时分派兵力攻城，绞侯知道自己中计了，已无力抵抗，只好向楚军投降。

秦楚丹阳之战

公元前313年，秦国打算对齐国发动战争。当时齐、楚、燕、韩、赵、魏六国合纵抗秦，楚怀王为纵约长。六国之中，齐、楚两国的实力最为强大，两国的联合对秦国造成巨大的威胁，秦惠文王为此整日忧虑，无法入睡，于是召来丞相张仪商议对策。张仪说："请大王免去臣的官职，让臣去楚国游说，凭借臣的巧舌，选择恰当的时机向楚王谏言，使楚国与齐国生出嫌隙，而亲近秦国。"秦惠文王答应了。

张仪到达楚国后，打听到楚怀王的宠臣靳尚贪财，便用大量金银财宝贿赂靳尚，然后参见了楚怀王，将楚国联齐抗秦的坏处一一陈述出来，还故意谦卑地向楚怀王表示："秦王原本有意侍奉大王，我张仪也心甘情愿为大王做臣仆，只是因为楚国与齐国联盟，才使秦王感到为难。若大王能与齐国断绝往来，秦王甘愿奉上商於之地六百里以表诚意，并与楚国缔结姻亲之好。"

楚怀王果然经不住诱惑，答应了张仪，许多楚国大臣也表示赞同，只有客卿陈轸、大夫屈原觉得张仪图谋不轨，劝谏楚怀王不要中了敌人的诡计。但楚怀王坚持

己见，还将楚国的相印授予张仪，赐他黄金百镒，表示嘉奖。张仪回到秦国后，一方面假装重病不出，将割地之事抛诸脑后，让楚使逢侯丑在咸阳白白等了三个多月；另一方面却派遣使者到齐国，悄悄与齐国结盟。等到楚国与齐国的联盟破裂后，张仪才去接见逢侯丑，并抵赖说："哪里有什么商於之地六百里？你们大王肯定听错了，我说的是我张仪的封地六里。秦国的土地都是众将士浴血奋战得来的，哪能轻易送给他人？"

楚怀王得知消息后，火冒三丈，马上宣布与秦国决裂，并任命屈丐、逢侯丑分别担任大将、副将，率领十万大军向秦国进发，决定给秦国一个教训。但秦、齐早已联手，秦齐联军半路将楚军打得溃不成军，楚军被追至丹阳（今陕西汉中）。第二年春天，屈丐集结兵力在丹阳与秦齐联军决一死战，结果楚军大败，损失八万多人，屈丐和逢侯丑被俘，楚国的汉中之地六百里也落入秦国之手。

在这一故事中，秦国暂时罢免了张仪的秦相之职，让他以平民身份游说楚怀王，张仪以将商於之地六百里送给楚国，并愿意与楚国结为姻亲等为"砖"抛向楚王，进而引来齐楚联盟破裂，楚军大败，获得汉中之地六百里等"玉"。

燕昭王招纳贤才

战国时期，出现了七个较为强大的诸侯国，分别是齐国、楚国、秦国、燕国、赵国、魏国和韩国，后人称此七国为"战国七雄"。

战国七雄中，燕国是实力较弱的一个，所以经常遭到其他诸侯国的欺凌。燕昭王即位后，希望彻底扭转燕国在战国群雄中的劣势，于是他励精图治，发展生产，整顿军力，却苦于缺少人才，缺乏优秀的将领。

一次，燕昭王问谋士郭隗："如何才能使天下贤才到我燕国来施展才华呢？"郭隗没有正面回答燕昭王的问题，而是先讲了一个故事："从前有一个国君，对千里马情有独钟。他派人四处张贴告示，说愿以千金来购买一匹千里马。几年过去了，依然没有买到。对此，国君非常遗憾。这时有一位侍臣对国君说，他愿带着千两黄金到四面八方为国君买马。国君同意了。侍臣从国都出发，花了不少时间，终于寻得了千里马的踪迹。但等他赶到的时候，那匹千里马已经死了。

侍臣便用五百两黄金把这匹马的骸骨买了下来，送到了国君面前。"

这时，燕昭王开口问道："买一具尸骨有何用呢？"

郭隗说："大王，那个国君的想法和您一样。一开始，那个国君看到五百两黄金只换来一堆马骨，很是不解，于是便问侍臣，'这就是你用五百两黄金买回来的千里马吗？'侍臣说，'是的'。国君又问，'这些马骨对我有何用？'侍臣回答说，'我之所以要买下它，是因为我想告诉天下人，您对这匹千里马很感兴趣。连千里马的骨头您都舍得花重金购买，更何况活的千里马呢？'果然，没过多久就有人送来了很多千里马。"

燕昭王听完这个故事，不解地问："先生告诉我这个故事的目的是什么呢？"

郭隗回答说："大王，现在您就当我是马骨头好了，要是我得到了重用，您还怕没有更好的人才来为您效劳吗？"

燕昭王一听，立即明白了郭隗的用意，当即对郭隗行大礼，拜他为师，又命人修筑了"招贤台"，也叫"黄金台"，作为招纳天下贤士的地方。

这件事一传开，天下英才纷纷前来投奔燕昭王，为燕国效力。自此之后，燕国国力日益强盛，周边诸国都不敢轻易向燕国开战。

芒卯救魏

战国时期，魏国相对弱小，秦国和赵国相对强大，秦国和赵国打算结盟侵略魏国，瓜分魏国的土地。魏王自知难以抵挡，因此忧心忡忡。当时主持国事的大臣是芒卯，他不慌不忙地请魏王不要担心，说自己已有应对之策。魏王急切地询问芒卯究竟有何妙计，芒卯笑了笑，说："赵王对我国的邺城觊觎已久，这是大王早就知道的。我们可以把邺城当作诱饵，引诱赵王，破坏秦赵联盟。如果我国派出使者欺骗赵王，让赵王以为我们想用邺城换取和平，那么赵王一定会开心地答应。只要赵国和魏国恢复友好关系，秦国必定不敢出兵攻魏，并且秦国会因赵国违背盟约而心生不满。等到赵王派人来我国索取邺城时，我就说魏国使者的诺言并未得到魏王同意。到那时，赵王即使生气，但也会因失去了秦国的支持，只能吃个哑巴亏。"魏王对这个计策称赞不已。随后，魏王命大臣张倚作为使者去赵国游说。

　　张倚到达赵国后，按照芒卯的计策，以邺城为诱饵，劝赵王断绝与秦国的联盟。赵王对邺城早就垂涎不已，听说这样就能轻易得到邺城，顿时心花怒放，赶紧把相国请来，对相国说："魏国使者来求和，说愿意将邺城送给我国，来换取我国不再和秦国联盟。你觉得我们应不应该这样做呢？"相国权衡利弊后说："如果我们履行与秦国的约定，那么不但会在攻魏时损失兵马，而且得到的好处也不会超过邺城。如今，我们不费一兵一卒就能得到邺城，确实很划算。我认为，大王应该同意魏国的方案。"于是赵王叫来张倚，说自己同意魏国的方案。张倚欺骗赵王说："为了向赵

国表示诚意，邺城的魏国官员已经做好了准备，随时可以将邺城移交给赵国。您打算如何向魏国显示诚意呢？"为了尽快得到邺城，赵王索性下令：凡是赵国境内通往魏国的道路，一律禁止秦国借用。这项命令发布后，秦国与赵国的关系急剧恶化。

没过多久，赵王就派使者去魏国索要邺城。芒卯一脸无辜地对赵国使者说："我国就是因为怕失去邺城才去向赵国求情，怎么会主动让出邺城呢？对于张倚的诺言，我和我国国君都不知情。"赵国使者三番五次找芒卯争辩，芒卯则装聋作哑。无奈之下，赵国使者灰头土脸地回国复命了。

听完使者的叙述，赵王大为恼怒，但又无计可施。考虑到秦国可能会因赵国违背盟约而进攻赵国，赵王只得忍气吞声地主动与魏国保持友好关系。为了让魏国在未来可能出现的秦赵战争中支持赵国，赵王还向魏国割让了几座城池。

就这样，芒卯没有耗费魏国的任何兵力就化解了魏国的军事危机，不但使赵国与秦国反目，还让赵国有求于魏国，从而帮助魏国一举夺得外交层面的主动权。

李密散财逃生

"抛砖引玉"这条计策，就是先让对方尝到一点甜头，只有这样，对方才会上钩，然后己方乘机行事，获得更大的利益。

隋朝末年，李密跟随杨玄感图谋造反，但行动失败。一起谋反的人都被抓进了监狱，之后又从西都长安押往高阳（今河北省高阳县）。

押送途中，李密想要趁机逃跑，便私下对同党说："现在我们的命就像早晨的露水，很快就保不住了。到达高阳，难逃一死。现在未到高阳，还有逃走的希望。总之，每个人的生命只有一次，怎么能够不做任

何抵抗，甘心受死呢？只要有一线生机，就应该想办法逃生，大家认同我的观点吗？"众人纷纷点头称是，并让李密制订如何逃走的计划。李密说："你们每个人身上是不是都还带着金子？人如果死了，还要金子有何用？但现在能用它赎回大家的性命。"众人表示愿意听从李密的安排。

于是，李密与同党将身上的金子拿出来凑在一起送给了负责押送他们的官差，并一起哭丧道："这些金子留在我们这里已经毫无用处了，我们把它们献出来送给你们。只是有一个请求，就是希望我们死后，你们能把我们找个地方埋葬起来，免得我们曝尸荒野。除去埋葬的费用，剩下的钱就算是我们对你们的报答。"负责押送的官差一看到这么多金子，想都没想就答应了。由于贿赂了官差，接下来的路途中，李密他们的待遇明显好多了。出了函谷关，官差们就放松了警惕。

李密开始进行下一步的行动计划。他请求官差给他们买些酒菜，说是想在临死前好好犒劳一下自己。此后，李密和同党喝酒吃肉，游戏猜拳，常常进行一整夜，官差们并不多加干涉。很快，一行人到达邯郸，离高阳越来越近。李密心想，现在再不逃走，恐怕以后就没机会了，于是嘱咐大家做好逃跑的准备。当天晚上，一行人投宿在城外的村落里。正好看押李密等人的那间房子的墙壁是土筑的，不是很牢固，于是李密等人在半夜偷偷凿开了一面土墙，成功逃跑了。

第二天早上，官差从睡梦中醒来，催促李密等人上路，却发现屋内的犯人早就不见了踪影。

此例中，李密把"身外之物"当作"砖"抛出，获得了生命这块"玉"，可谓舍得小利，得到大利。在实施过程中，李密将整个计划安排得天衣无缝，因此才能得偿所愿，保全了自己与同党的性命。

孙万荣巧计破唐军

武则天时期，唐朝的营州被契丹人占领。唐军将领张玄遇、麻仁节、曹仁师等受命出征，收复营州。得知唐军出动的消息，契丹将领孙万荣开始筹划应对方案。孙万荣判断，契丹军队难以在正面作战中胜过唐军，因此应该引诱唐军落入埋伏。筹划好方案后，孙万荣开始散布契丹军队缺粮的假消息，并故意放走被俘的唐军士兵，使这个消息传到唐军中。得知契丹军队缺粮，曹仁师判断契丹必然已经军心大乱，此时正是唐军进攻的好机会。

为了不丧失战机，张玄遇和麻仁节带着一部分唐军精锐火速攻向营州。行军途中，这两位将领不断见到掉队的契丹士兵。据这些契丹士兵说，由于粮草不足，契丹军队几乎要不战自溃了。听到这些消息，张、麻二将越发欣喜，感觉军功马上就要到手了。快马加鞭之下，唐军来到了一处峡谷。按照兵法，碰到这样的峡谷应该仔细侦察，确认没有埋伏之后再行军，但

张、麻二将求胜心切，竟然直接带兵进入峡谷。唐军完全进入峡谷后，高处突然传来炮响，随后周围传来契丹军队进攻的声音。原来孙万荣在这里设下了埋伏。在恶劣的地形下，唐军的战斗力难以发挥出来，队形也大乱，很多唐军士兵不是死于战斗，而是死于踩踏。

由于孙万荣的部署十分周密，唐军难以冲出包围圈，伤亡惨重。激战中，张、麻二将被活捉。孙万荣派人搜出了唐军的将印，随后以唐军的名义写信给曹仁师，谎称唐军取得重大胜利，让曹仁师带领剩余的唐军赶快过来会合。曹仁师本就轻视契丹，收到信后没有细想便带兵出发，结果在路上遇到埋伏，被打得片甲不留。

计谋运用

使用"抛砖引玉"这条计策时，需要注意以下两点。

1. 必须充分掌握敌情，包括敌人的心理素质、性格特征、军事水平等，这样才能根据具体情况，制定具体的解决办法。

2. 所抛的"砖"必须是敌人所喜爱和需要的，否则敌人就不会上当受骗。

擒贼擒王

第十八计

擒贼擒王原意是指擒贼先要捉住其首领。比喻做事要抓住主要矛盾。军事上是指在战斗中要先击溃敌人的主力，捉住敌人的首领，这样就能彻底瓦解敌军的主要力量。

思维导图

原意是捉贼先要捉住其首领，比喻做事要抓住主要矛盾 —— 定义

出自《前出塞》 —— 探源

要结合实际情况，准确把握事情发展变化的主要矛盾，从而达到事半功倍的效果 —— 解析

擒擒

击中要害——在紧要的部分上努力才能事半功倍

运用

提纲挈领——从纲领性问题入手，简明扼要地抓住要领

贼王

经典战例

姬光夺王位
- 姬光调离王僚的亲信，王僚政治集团分散
- 王僚被杀，姬光成功夺取王位

昆阳之战
- 刘秀乘势率领精兵将王寻斩于马下，王邑趁乱逃走
- 新莽大军失去主帅，全线溃散

张巡大败尹子奇
- 张巡设法使尹子奇中箭，叛军群龙无首
- 叛军溃逃，睢阳之围解除

杨行密智擒叛贼
- 杨行密假装双目失明麻痹朱延寿、安仁义
- 杨行密一举消灭政敌

计谋故事

　　本计最早见于唐代诗人杜甫的作品《前出塞》："挽弓当挽强，用箭当用长。射人先射马，擒贼先擒王。杀人亦有限，列国自有疆。苟能制侵陵，岂在多杀伤？"从诗人当时所处的社会环境来看，这首诗的核心思想是对统治者穷兵黩武的批判。

　　唐玄宗时期，唐军与吐蕃多次交战，战争的结果大多是唐军获得胜利，吐蕃无奈之下主动求和。唐玄宗虽然同意了吐蕃的请求，但没过几年便又派兵进攻吐蕃，并使吐蕃军队损失巨大。后来，与吐蕃首领和亲的唐朝公主在吐蕃去世，吐蕃人趁报丧的机会再次求和，但没得到唐玄宗的应允。一年后，吐蕃攻打并占领了一处名叫石堡的唐朝重镇。虽然后来唐玄宗派兵收复了这个重镇，但唐军在收复过程中出现了大量伤亡。唐朝和吐蕃的百姓都因两国连年争战而叫苦不迭，唐朝的一些有识之士开始反思对外战争的利弊。杜甫可能就是对当时唐军伤亡惨重的情况有感而发，进而创作了《前出塞》诗。在这首诗中，"射人先射马，擒贼先擒王"堪称千古名句。

计谋解析

民间有"打蛇打七寸"的说法，也就是说，要想置敌人于死地，就必须打中敌人的要害，这也是对"擒贼擒王"的一种通俗的诠释。

擒贼擒王听上去是老生常谈，实际上很难灵活运用。所谓"擒王"，就是从关键点入手。但不同情况下的关键点是不同的，有时敌方首领是关键点，俘获敌方首领会使敌方溃散；有时敌方的主力部队是关键点，击破敌方主力部队会使敌方首领改变战略。总之，在运用擒贼擒王的计策时要结合实际情况，准确把握事情发展变化的主要矛盾，从而达到事半功倍的效果；如果不知变通，则有败亡的危险。

计谋原典

摧其坚①，夺其魁②，以解其体③。龙战于野④，其道穷也⑤。

—— 注释 ——

①摧：摧毁，毁坏。

②夺：抢夺，抓获。魁：头目，首领。

③解：瓦解。体：整体，全军。

④野：郊野。

⑤道穷：无路可走。

── 译文 ──

摧毁敌人的主力，抓获敌人的首领，就能瓦解敌人全军。就好像蛟龙来到郊野作战，一定会陷入无路可走的困境。

经典战例

姬光夺王位

擒贼擒王的计策不但能用于战场，也能用于宫廷，历代史书上均不乏此类事例。当此计用于政治斗争时，这个计策的核心在于辨别并控制住敌方的政治领袖，从而促使敌方势力瓦解。

春秋时期，吴王诸樊去世，按照常理，君主的位置应传给其子姬光。但诸樊去世前有传位于兄弟之意，姬光便主动退让，帮助叔叔夷昧登上王位。夷昧去世后，姬光觉得该轮到自己当王了，却没想到夷昧的儿子僚（即王僚）抢先出手，继承了王位。姬光心中不平，想从王僚手中抢回王位。但王僚对姬光早有防备，他继位后不断提拔自己的亲信，使得姬光无法找到政治盟友。姬光无可奈何，只能默默等待时机。

　　同一时期，楚国出现剧烈的政治斗争，一个名叫伍子胥的楚国人逃到了吴国。伍子胥才华横溢，逃到吴国后很快就受到姬光的重视，成为姬光的心腹。为了帮姬光夺回王位，伍子胥想出了一个"擒贼擒王"的计策，即调离王僚的心腹，之后寻机刺杀王僚。姬光赞同这个办法，但不知让谁当刺客。伍子胥推荐了一个叫专诸的勇士。

　　王僚喜欢吃鱼，姬光就让专诸学习做鱼。专诸学了三个月之后，做出的鱼使人赞不绝口。之后专诸被藏到姬光的府第。

　　过了一段时间，楚国的君主去世。姬光觉得实施伍子胥计策的时机成熟了，就怂恿王僚伐楚。为了能使自己留在国内，同时调离王僚的亲信，姬光装出摔伤的样子，使王僚只能派心腹大臣负责远征及外交事务。就这样，王僚的政治集团分散了，而姬光的势力始终集中在国内。

　　看到王僚逐渐陷入孤立的境地，姬光觉得有把握取而代之了，便请王僚来家中赴宴，还特别提到府中有一位善于做鱼的厨师。王僚听到有美味的鱼肉可以吃，便在很多士兵的保护下来到姬光的府第。宴会开始后，姬光借故离开宴会厅，过了一会儿，专诸端着

做好的鱼往宴会厅里走。王僚身边的士兵对专诸进行了检查，没有发现武器，便让专诸进宴会厅上菜。

　　为什么专诸行刺却不带武器呢？原来，专诸提前将一把短剑塞到鱼肚子里了。专诸进入宴会厅，来到王僚桌前，猛然抽出短剑，精准地刺进王僚胸口。王僚猝不及防，被专诸刺死。王僚周围的士兵反应过来后举起刀剑杀了专诸。确定王僚已死，姬光带着伏兵围住宴会厅，将王僚的护卫杀了。之后姬光带着人马进入朝廷，登上了王位。王僚已死的消息传到在外征战的将军们耳中，这些忠于王僚的将领方寸大乱，再加上他们手下的军队被楚军牵制得动弹不得，因此他们只得各自逃亡。

伍子胥善于抓住主要矛盾，协助姬光成功实施了"擒贼擒王"的计策，帮助姬光抢回了君主之位。在实施这个计策的过程中，姬光等人显示出良好的耐心，先使王僚的势力分散，又根据王僚爱吃鱼的特点将王僚骗到自己府上，这样一步一步可谓稳扎稳打。

昆阳之战

公元23年，平林、新市等地的起义军与刘秀所在的起义军会合，共同攻打王莽军重兵据守的宛城。为了集中力量，各部首领决定拥立刘氏子孙刘玄为帝，各支起义军统一归刘玄指挥。刘玄即位后，命令刘秀与王常、王凤等将领带兵攻打昆阳等地。刘秀等人连战连胜，很快就拿下了昆阳。昆阳是洛阳的屏障，起义军攻陷昆阳也就意味着威胁到了洛阳。

王莽知道昆阳陷落的消息后气急败坏，马上派王邑等重臣带兵平叛。王邑带领的平叛军的人数远超昆阳的起义军，不久，昆阳完全被王邑所带的平叛军包围了。刘秀等人没有出城硬拼，而是在昆阳城内防守。在王邑看来，昆阳的起义军已是瓮中之鳖。昆阳城内的起义军人心惶惶，因为他们不但在人数上不占优势，粮草也十分短缺，这样一来，攻则易败，守则易溃，简直是陷入了绝境。就在大多数起义军将领一筹莫展的时候，刘秀主动提出由自己突围寻找救兵。之后，刘秀挑选了一队骑兵跟随自己，在晚上冲出包围圈，向其他起义部队奔去。刘秀突围而去后，昆阳的军事形势越发紧张，王邑建造了很多巨大的攻城工具，如楼车、巨

木等。楼车的作用是让攻城的一方可以居高临下地进攻城内的守军，巨木的作用则是冲撞城门。王邑有时还会悄悄挖掘入城的地道，试图偷袭城内的起义军。在王邑的攻势下，城内守军苦不堪言。就在守军快要支持不住时，刘秀带援兵赶回，并击败了一支攻城部队，使城内起义军信心大增。刘秀还派人到处散播假消息，说重镇宛城已经被起义军攻陷。加上昆阳久攻不下，攻城部队的士气逐渐低落了。

但王邑并没有因为刘秀带来援军而惊恐，因为即使算上刘秀的援军，王邑一方依然具有压倒性优势。刘秀也意识到，单凭自己带来的援军并不足以改变己方的劣势，要想取胜，必须兵行险着。在仔细分析敌方兵力的分布情况后，刘秀决定冲击敌方防守薄弱的区域，在突破敌军外围阵地后不恋战，而是直取敌方指挥中枢。定下计策后，刘秀挑选精锐，对王邑的部队发起攻击，并在攻入敌军阵地后直接冲向王邑所在的中营。中营众将急忙带兵迎战，但抵挡不住刘秀等人的拼死冲锋，混乱中，有的中营将领被当场斩杀，王邑则狼狈不堪地逃跑了。此时，昆阳城内的起义军趁机杀出。由于指挥系统被摧毁，王邑的部队难以相互配合，被打得落花流水。据守宛城的王莽军队得知昆阳之战的结果后，意识到大势已去，便向起义军投降了。

张巡大败尹子奇

唐玄宗执政后期，政治混乱，节度使安禄山趁机起兵造反，一路势如破竹，起兵后不久便攻下潼关，逼得唐玄宗躲去巴蜀一带。在唐朝政权危如累卵的时候，雍丘（今河南杞县）一位名叫张巡的官员奋勇抗击叛军，取得多次胜利。后来雍丘的县令向叛军投降，并帮助叛军进攻雍丘，张巡则坚守雍丘数十日。后来由于雍丘的城墙不够结实，张巡就带兵转移到睢阳，与睢阳太守许远一起抗击叛军。

睢阳的战略位置十分重要，安禄山为了夺得睢阳，调拨十三万大军，让将领尹子奇带兵进攻睢阳。尹子奇将睢阳包围起来，连续发动进攻。睢阳城内的守军只有六千人，处境十分危险。危难面前，在许远的支持下，张巡担负起守卫睢阳的责任。在张巡的灵活指挥下，睢阳守军在数日内消灭叛军两万余人，暂时稳固了防线。尹子奇看形势不利，便暂时退兵了。

　　两个月后，尹子奇的部队已经得到补充和休整，他便再次带兵前来围困睢阳。为了洗刷之前劳而无功的耻辱，他发动了猛烈的攻势，对睢阳志在必得。睢阳守军本就不多，再加上不断有伤亡，已经难以坚守了。

　　许远忧心忡忡地对张巡等守城将领说："敌人粮草充足，利于持久；我们缺衣少食，只能速战。虽然进攻也难以保全睢阳，但战死在城外总比饿死在城内好。"

　　张巡严肃地对许远说："我方并非完全没有胜算，敌人虽然势大，但如果失去总指挥，那便成了乌合之众。我们的取胜之道就在于杀死敌军统帅尹子奇。"当时，张巡手下有一位名叫南霁云的将领武艺超群。张巡问南霁云是否有把握在战场上杀死尹子奇，南霁云说："只要我能见到他，就有办法杀掉他。"不过尹子奇一直提防着被刺杀，因此他每次出现在战场上时都骑着和周围人一样的马，穿着和周围人一样的衣服。怎样才能在战场上辨认出尹子奇呢？张巡陷入了苦思。

　　一天半夜，张巡让守军擂鼓呐喊，却不派兵出战。叛军猛然听到喊杀声，都集合起来准备迎战，却一直看不到敌军。守军擂鼓呐喊的声音持续到凌晨，叛军

也莫名其妙地等候到了凌晨。等到擂鼓呐喊的声音停止，尹子奇依然没有看到守军出城，便命人去调查情况。调查情况的士兵回来后说城上并没有守军。尹子奇摸不着头脑，想到自己的部队已经一夜没睡，便让士兵们赶快休息。叛军紧张了一晚，都疲惫不堪，接到休息的命令后直接躺在地上睡了起来。

尹子奇的士兵刚刚进入梦乡，张巡就带着南霁云等将领从城内杀出，从不同的方向冲向敌营。叛军惊慌失措，有的人在睡梦中就被杀死了。

尹子奇看到城内突然有人冲出，不禁有些惊慌，赶忙带人迎战。交战中，一些士兵发现，张巡等人射出的箭轻飘飘的，这些士兵仔细观察后才发现，张巡等人射出的不是箭，而是青蒿秆。青蒿秆的杀伤力不大，只要不射到脸上，便没什么危险。这就意味着，城内守军已经无箭可用了。

于是士兵去找尹子奇汇报张巡等人无箭可用的情况。尹子奇喜出望外，感觉破城已在旦夕之间，而他没有想到，当士兵找他汇报情况时，他的身份就暴露了。就在尹子奇做着破城的美梦时，南霁云已经张弓搭箭射向了尹子奇。只听一声大叫，尹子奇左眼中箭，惊慌之中狼狈地逃离战场。叛军失去指挥溃散而逃。

杨行密智擒叛贼

五代十国时，杨行密自立为帝，建立了吴国。当时杨行密手下有两位大臣权力极大，一个叫朱延寿，一个叫安仁义。这两位大臣仗着自己有功劳，完全不把杨行密放在眼里。特别是在这两位大臣带兵平定了淮、徐一带后，他们二人便愈发目中无人，甚至生出反叛之心。

杨行密对这两个人的心思洞若观火，只是投鼠忌器，担心贸然对他们动手会造成国家动荡。后来，杨行密决定用一种损失较小的方案铲除心腹之患，即擒贼擒王。他先是对外宣称自己的眼睛出了问题，无法看清东西，引诱朱延寿派人询问情况。朱延寿果然派夫人以探病的名义来打探虚实。杨行密在朱延寿夫人面前装出看不清东西的样子，还故意摔倒了几次，使她相信杨行密得了眼疾。

杨行密趁机对朱延寿的夫人说："天意难料啊，我本想建立一番大的功业，可惜身体已经不允许我这样做了。如今除了朱延寿，便没有其他人可以替我完成大业了。我虽然有儿子，但我的儿子才能平庸，承担不了重任。如果朱延寿愿意接替我的位置，我就是死去也甘心。"朱延寿的夫人看着杨行密可怜的样子，相信了他的话，并把消息传递给朱延寿。朱延寿听到夫人

打探来的消息后大喜过望，赶紧入宫，结果在宫里被抓捕诛杀了。朱延寿死后，安仁义孤掌难鸣，没过多久也被处死了。杨行密从此将权力牢牢地掌握在自己手中。

在这个故事中，杨行密成功的关键在于通过示弱来取信于敌，之后利用敌人疏于防备果断出手制敌。杨行密示弱的方式是假装患眼疾，从而使朱延寿夫妇轻敌，放松警惕，这才使朱延寿主动进入陷阱。因此，要想"擒王"，可以先示弱以此来取信于"王"。

计谋运用

擒贼擒王有以下两种含义。

1. 击中要害。俗话说，"打蛇打七寸"，所谓"七寸"，即蛇的心脏部位。击中蛇的心脏，蛇必死无疑。同理，各类事物都有比较紧要的部分，在这些部分上努力才能事半功倍。比如，在战争中，指挥系统就是紧要的部分，如果能够有效打击敌方的指挥系统，就可以使敌方军心大乱，从而使己方以较低的成本取得战争的胜利。

2. 提纲挈领。办事能力强的人，善于从纲领性问题入手，使杂乱的事情被联系起来，像转动的齿轮那样，条理清晰，以关键点带动其他环节，达到纲举目张的效果。

釜底抽薪

釜底抽薪原意是指从锅底下抽掉柴火，比喻从根本上解决问题。在军事领域，这个计策一般指不打消耗战，从敌方的要害入手，也包括暗中破坏，从而以较低的成本取胜。

定义 — 原意是指从锅底下抽掉柴火，比喻从根本上解决问题

探源 — 出自《尉缭子·战威第四》

解析 — 釜底抽薪之计的关键在于抓住主要矛盾

运用
- 要结合实际情况去判断敌人的"釜底之薪"是什么，如果在这个方面出现误判，就无法达到预期的效果
- 尽量不要硬碰硬，应从源头上削弱敌人的力量

釜抽

底薪

经典战例

齐景公逼走孔子
- 齐景公送美女给鲁定公
- 鲁定公沉迷酒色,不理朝政,孔子离开鲁国

项羽兵败乌江
- 韩信挫败楚军大部分将士的斗志
- 楚军大败,项羽自刎

周亚夫平定七国之乱
- 周亚夫避开强敌的锋芒,断其粮道,后乘机反攻
- 周亚夫成功平定七国之乱

汉宣帝谋划除霍氏
- 汉宣帝降低霍家子弟的职位,剥夺霍家实权
- 霍家被灭

计谋故事

　　本计的思想最早可以追溯到战国时期,《尉缭子·战威第四》中说:"民之所以战者, 气也;气实则斗, 气夺则走;讲武料敌, 使敌之气失而师散, 虽形全而不为之用, 此道胜也。"这段话的意思是, 军队之所以能作战, 凭借的是气势;气势磅礴就能英勇战斗, 气息奄奄就会溃逃;讲究武器装备、预测敌情, 想办法让敌人旺盛的气势溃散, 即使阵形完整也不用它来作战, 完全可以凭借智谋获胜。这段话提出一个策略, 即想办法使敌人旺盛的气势溃散, 从而实现取胜的目标。后人根据这一策略, 逐渐提出了"釜底抽薪"。东汉末年的官渡之战就是运用釜底抽薪之计的战例。

　　东汉末年, 四方豪杰并起, 尤以袁绍势力最为强盛。公元199年, 袁绍为了扩张势力, 带兵十万攻打曹操。曹操为了抵御袁绍, 带三万兵马驻扎在官渡(位于今河南中牟东北)这个易守难攻的地区。两军隔河对峙, 相持甚久, 在这种情况下, 粮草最先耗尽的一方将输掉这场战争。为了保持粮草的稳定供应, 袁绍调集了万余辆运粮车，将后方的粮草源源不断地运往前线粮仓所在地乌巢（位于今河南延津）。曹操在机缘巧合之下了解到乌巢守军薄弱，于是决定偷袭乌巢，切断袁军后勤。曹操带着五千精兵，伪装成袁军，向乌巢进发，顺利包围了乌巢。等到乌巢的袁军反应过来时，曹军已点燃了袁军的粮仓。浓烟中袁军惊慌失措，乱了阵脚，不久便被曹军歼灭，袁军的粮草也荡

然无存。袁绍听说粮草被烧光，慌了手脚。不久，粮草被烧的消息在袁军中传开，袁军将士陷入恐慌之中。曹操趁机发动进攻。袁军此时已无战心，受到攻击后四处逃散。袁绍在亲兵的保护下突围而出，从此一蹶不振。

计谋解析

在锅底生火并加柴草可以让水沸腾，想让沸腾的水变凉则有两种方法：一是把开水舀起来再倒回去，这叫扬汤止沸；二是抽掉锅底的柴草，即釜底抽薪。扬汤止沸，水一时凉了，很快又会再沸；釜底抽薪则能使水彻底变凉。釜底抽薪之计的关键在于抓住主要矛盾。在战场上，将帅准确判断并抓住敌军的要害，予以控制，敌军就会自乱阵脚。

以官渡之战为例，当时双方进入消耗战的状态，对曹操而言，袁军力量的来源主要是粮草，因此曹操袭击乌巢，烧光了袁军的粮草，彻底改变了战局，为之后发动总攻奠定了基础。官渡之战之所以被视为釜底抽薪的代表，就在于曹操准确认识到粮草的战略作用，并果断地对敌方粮草加以摧毁，同时不失时机地发动猛攻，从而巧妙地取得战争的胜利。

计谋原典

不敌其力①，而消其势②，兑下乾上之象。

— 注释 —

①敌：攻打，攻击。力：锋芒。

②消：削弱，消减。势：气势。

— 译文 —

两军交战时，不要直接攻击敌人的锋芒，而要想办法削弱敌方的气势，用以柔克刚的办法制服敌人。

经典战例

齐景公逼走孔子

春秋时期，鲁国国君对孔子很器重，鲁国的国力一天比一天强大。齐景公畏惧鲁国的强盛，就对大夫黎弥说："鲁国的发展壮大对我国产生了极大的威胁，鲁国一旦成为天下的霸主，我国定会遭受侵害，怎么办才好呢？"

黎弥思忖了片刻说："用计策逼走孔子，鲁国定会恢复原来的弱小。"

齐景公问："孔子在鲁国颇受器重，如何才能将他逼走呢？"

黎弥就将自己的计策娓娓道来："常言道，饱暖思淫欲，饥寒起盗心。如今鲁国歌舞升平，鲁定公必起好色之念。假使挑选一批美人赠予他，令他终日声色犬马，孔子还愿意辅佐他吗？他们君臣还能像往常一样关系密切吗？把孔子气走，您就能高枕而卧了。"

齐景公拍手称快，让黎弥广选美女，教她们学习乐舞，传授她们魅惑君王的办法，还将众多宝马修饰

一番，一起送往鲁国，声称是为了让鲁定公高兴而特意提供的。

闻此消息，鲁国的重臣季斯立即更换常服，乘车前往南门观看。只见齐国美女正随着音乐翩翩起舞，莲步轻移间媚态横生，炫人耳目，令人神魂颠倒。

后来季斯被鲁定公召进宫，看到齐国的国书时，立马说："这是齐国的好意，您就接受吧。"鲁定公跟着季斯去看这些美女，也被迷得神魂颠倒。

回宫后，鲁定公立刻接受了齐国的礼物，并让季

斯向齐国使者致谢。自此之后，鲁定公沉湎于温柔富贵乡之中，不再理政。

孔子得知后忧愁不已。他多次劝说鲁定公要以国事为重，但没有一点成效。孔子发现自己不能在鲁国施展才干了，就带着弟子周游列国去了。就这样，齐景公轻轻松松地达到了自己的政治目的。

鲁国的昌盛与孔子的才能是分不开的，想要令鲁国衰弱，就要赶走孔子，齐国采用的便是"釜底抽薪"之计。

项羽兵败乌江

楚汉之争开始后，项羽与刘邦陷入漫长的拉锯战。由于采取了符合实际的内政外交方针，刘邦逐渐摆脱了战争初期的被动地位。

公元前203年，刘邦带领的汉军在广武（位于今河南荥阳东北）与项羽带领的楚军对峙，双方谁也奈何不了谁。刘邦无可奈何之际，张良出了一个主意，即假意求和，等项羽退军时进行追击。刘邦同意了。不久，双方达成约定，以荥阳东南的鸿沟为界，鸿沟以东分给楚，鸿沟以西分给汉。后世所说的"楚河汉界"便是这么来的。

项羽之所以会答应刘邦的求和，是因为项羽的军队也急需补给、休整。和约达成后，项羽便带领楚军回国。刘邦看到项羽中计，便尾随项羽准备进攻，同时通知韩信、彭越等人前来会合。

公元前202年，韩信被刘邦任命为总指挥，带领汉军在垓下（位于今安徽固镇东北、沱河南岸）驻扎，准备与项羽决战。为了保证万无一失，韩信在十个方向设了伏兵，之后让人到楚营门口大声叫骂。项羽大怒，带领楚军进攻，结果冲进了韩信设下的包围圈里。

当时包围圈里的楚军只有十万，韩信带领的汉军则有三十万之多。就形势而言，楚军败局已定。没想到，韩信接连发动多次进攻，却没能歼灭包围圈里的楚军。在项羽的带领下，楚军始终保持着过硬的战斗力。

韩信意识到，只要楚军的士气不低靡，楚军就难以被迅速歼灭。于是，韩信命令汉军在夜里唱起楚地的歌谣。被包围的楚军听到家乡的歌谣，生出思乡之情，以为家乡的人都加入了刘邦的阵营，不禁潸然泪下。楚营中响起一片哭泣之声。

项羽也听到汉军中传来的楚地歌谣，惊骇不已，以为汉军已经占领了楚地。他觉得大势已去，于是酒后唱起悲伤的歌。看到项羽没有了斗志，楚军彻底绝望了。韩信的这一"釜底抽薪"之计，抽掉了楚军大部分将士的斗志，导致楚军走向失败。

项羽不愿落入汉军的手中，于是带领一支骑兵突出重围，向南方逃去。为了迷惑追来的汉军，项羽将这支骑兵分成四部分，一部分跟随自己逃跑，另外三部分沿另外三条路逃跑，并约定所有人在乌江边会合。没想到，另外三部分骑兵都死于汉军的追击，只有项羽这部分成功逃到乌江边。项羽到达乌江时，汉军也快追到乌江了。

这时，前来接应项羽的乌江亭长把船停在江边，劝项羽赶快渡江去江东，并说："江东虽小，却也方圆千里，再加上江东数十万百姓，足以使您重建基业，您只要立刻渡江，肯定可以东山再起。"

老人的这番话触动了项羽。项羽不再急着逃跑，而是悲哀地笑了笑，说："是上天要亡我，我渡江也没什么用了。我当初和家乡的兄弟们渡江西进，现在兄弟们都死了，就算江东父老怜悯我而继续支持我，我

又有何颜面去见他们呢？"说完，项羽将马赠予亭长，转过身，迎着汉军冲了过去。项羽与汉军交战，独自击杀百余名汉军，力竭之后，自刎而死。刘邦取得了楚汉战争最终的胜利。

周亚夫平定七国之乱

西汉初年，汉高祖刘邦为了巩固天下，大力铲除异姓诸侯，分封同姓王，并赐给他们领地。到了汉景帝时期，这些刘姓诸侯王的势力严重威胁到了皇帝的地位。为了消除威胁，汉景帝采纳了御史大夫晁错的建议，削弱藩镇势力，以巩固中央集权。汉景帝首先削减的是赵王、胶西王、楚王这三王的封地。此举一出，就招来了其他诸侯王的不满。

在这些诸侯国中，吴国的势力最强大。吴王刘濞苦心经营封地四十多年，不断招兵买马，早就有了造反之心。公元前154年，吴王刘濞联合楚、赵、胶东、胶西、济南、淄川等诸侯国，以"诛晁错，清君侧"为名，发动叛乱。

削藩引起的激变出乎汉景帝的预料。由于七国叛乱来势汹汹，汉景帝无奈之下，只能杀了晁错，希望以此平息七国的怒火，从而化解这场纷争。但吴王刘濞等人一心要夺取帝位，并不打算撤兵。晁错的死没能阻止七王反叛的步伐，汉景帝只好命令周亚夫平定叛乱。

大将周亚夫避开吴楚联军的锋芒，从长安出发，率军绕道武关，经洛阳、淮阳，抵达战略要地昌邑（位于今山东巨野西南）。

这时，吴楚联军正在全力攻打梁国。梁王刘武数次请求周亚夫援助，周亚夫视而不见。吴楚联军以为周亚夫与梁王有了矛盾，大喜过望，一心攻打梁都睢阳。然而，睢阳城固若金汤，一时难以攻下。

原来，周亚夫深知吴楚联军士气旺盛，梁国虽不能持久对抗，但有一定的实力抵挡，所以就没有急着去帮助梁国，而是坚守昌邑。不过，他派出了一支轻装部队绕到吴楚军队的后方，切断了吴楚联军的运粮通道。吴楚联军补给不足饥肠辘辘，急于速战速决，屡次出击，汉军坚守不出。于是吴楚联军从东南角袭击汉营。可是周亚夫早有准备，他下令将士防备西北角，只派出少部分兵力迎击东南角的敌人。

不久，吴楚联军派出精兵从西北方向进行突袭，却遭到汉军精兵的严防死守，无法取胜。吴楚联军这时已经饿得东倒西歪，没有精力战斗，被迫撤退。周

亚夫乘胜追击，大败吴楚联军。最后吴、楚二王自杀，其他五国也先后被平定。至此七国之乱得以平定。

周亚夫用了不到三个月的时间，未经大的强攻苦战，以很小的代价便平定了声势浩大的吴楚七国之乱，这在很大程度上得益于他的"釜底抽薪"之计。他绕开敌军主力，置危城睢阳而不救、吴楚兵临昌邑而不战，避开了强敌的锋芒；他以奇兵断敌粮道，又坚守昌邑避免决战，养精蓄锐，拖疲叛军，这大大加强了自己而削弱了敌人的气势；然后乘机反攻，大获全胜。这不正是"不敌其力，而消其势"的妙用吗？

汉宣帝谋划除霍氏

骠骑将军霍去病同父异母的弟弟霍光个性稳重，处事严谨，被汉武帝重用。汉武帝弥留之际，任命霍光为大司马、大将军，令他和御史大夫桑弘羊、左将军上官桀、车骑将军金日磾一同受遗诏辅佐幼主汉昭帝执政。当时的汉昭帝只有8岁，朝中一切要务由霍光决定。汉昭帝驾崩后，因为他没有子嗣，所以霍光再次作为辅政大臣迎立了汉武帝的孙子——昌邑王刘贺为帝。但因为刘贺荒淫无道，所以仅仅二十七天后，霍光就上表皇太后，将其废掉。此时的霍光已然权倾朝野，权力凌驾于皇帝之上了。

之后，霍光同群臣商议决定从民间迎接汉武帝的曾孙刘病已继皇帝位，即汉宣帝刘询。

汉宣帝即位之初，霍光的妻子霍显为了进一步控制汉宣帝，便将自己的女儿送入宫中，汉宣帝不愿辜负元配妻子许平君，坚持立许平君为皇后。汉宣帝此举激怒了霍显，她设计害死了许皇后。

霍光极力掩盖这件事，所以此事一时间不被世人所知。霍光去世后，霍家愈发肆无忌惮，霍显、霍禹、

霍山、霍云等人骄奢淫逸、为所欲为，甚至欺君罔上。

御史大夫魏相看霍氏家族十分不顺眼，愤然之下上奏汉宣帝，请求他削弱霍家的权力和地位。实际上，汉宣帝对霍家也早已产生了疑心，但考虑到霍光立下的功劳，才尽可能地容忍。

魏相上奏正合汉宣帝之意，汉宣帝暗中与魏相商讨此事，决定用"釜底抽薪"之计除掉霍氏家族。

二人深知霍氏家族在朝中势力庞大，不能操之过急。汉宣帝先解除了霍光两个女婿东宫（长乐宫）、西宫（未央宫）卫尉的职务，夺走了他们掌管禁卫军的权力，又把霍光的外甥女婿和孙女婿从中郎将和骑都尉的职位上撤了下来，并收回官印，让自己的亲信代替他们，将兵权完全掌握在自己手里。之后，他将霍光的儿子霍禹提升为大司马，明升暗降，撤去了其右将军屯兵的实权。最后，他还改革了上书制度，下令朝中所有奏章可以直接呈皇帝审阅，不必经过尚书，这样就把霍山、霍云领尚书事的职务架空了。经过这一系列的动作，霍家的实权被彻底剥夺，朝中大权渐渐被汉宣帝掌握。

霍氏一家不管权势盛衰，始终不知收敛，直到招来弹劾。霍禹、霍山、霍云等急得坐立不安，无奈之下只得把遭到弹劾之事告诉了霍显。霍显听完大怒："肯定是魏相秘密挑唆，要置我家于死地。"霍禹说："魏相平日里清正廉洁，找不出什么过失。我家兄弟姻婿众多，难免言行不谨慎，容易被人污蔑。奇怪的是，京都中流传着我家毒死许皇后的说法，这是怎么回事啊？"事已至此，霍显只得把当年害死许皇后的实情和盘托出。霍禹等人哑然失色，一时不知如何是好。一家人思虑再三，竟想一不做二不休，干脆废掉汉宣帝。

他们没料到，自己密谋的事情在次日便被人揭发了。汉宣帝依然隐忍不发。眼见阴谋泄露，霍家更加惶恐，眼下只能抓紧时间筹谋，先下手为强，于是让女儿和孙女们通知各自的夫婿一起造反。此时，霍云的妻舅李云被抓，牵连到霍家，汉宣帝下诏免去霍山、霍云的官位。霍家的地位一落千丈，仅剩霍禹可以入朝办事。汉宣帝以及文武百官对待霍禹也不再客气，汉宣帝甚至拿很多事情当面质问霍禹。霍氏一家提心吊胆，十分煎熬。然而他们并不死心，还想使用诡计诱杀朝臣，废掉汉宣帝，让霍禹取而代之。然而，没等他们下手，阴谋又遭人揭发。汉宣帝忍无可忍，马上命人抓捕霍家的人。霍山、霍云和范明友收到消息后一一服毒自尽了，剩下的霍家人有的被砍头，有的被腰斩，无一逃过死亡的命运。霍家的远近亲戚，受此事株连的有上千家。

汉宣帝采取"釜底抽薪"的计策，抽掉了霍家子弟大部分的权力，从根本上削弱了他们的力量，最终将大权收归己有。

计谋运用

在运用釜底抽薪这个计策时，有两点要注意。

1. 要结合实际情况去判断敌人的"釜底之薪"是什么。如果在这个方面出现误判，不仅无法达到预期效果，还可能暴露自身的虚实，给敌人以可乘之机。

2. 尽量不要硬碰硬。釜底抽薪的核心在于从源头上削弱敌人的力量，以柔克刚，而不是与敌人打消耗战。

浑水摸鱼

原意是指在浑浊的水里趁鱼看不清时摸鱼。比喻趁着混乱时机或故意制造混乱以捞取不正当的利益。这个计策用在军事领域时，一般指趁敌人混乱无主的时候夺取胜利。

思维导图

原意是指在浑浊的水里趁鱼看不清时摸鱼，比喻趁着混乱时机或故意制造混乱以捞取不正当的利益 —○ **定义**

出自民间俗语 —○ **探源**

主动制造可乘之机，即把水搅浑，等情况变得复杂起来，便借机行事 —○ **解析**

浑摸

利用混乱局面，从中获利

以小的代价获得意想不到的利益 —○ **运用**

利用敌人的不足和疏漏来渡过难关、从中获利

水鱼

经典战例

刘秀虎口求食
- 刘秀伪装成王朗使者去驿站吃饭
- 刘秀酒足饭饱，离开驿站

刘备趁机占南郡
- 周瑜和曹仁打得热火朝天
- 刘备趁机占领南郡

王守仁平定宁王之乱
- 王守仁寄出假信离间宁王君臣的关系，制造混乱
- 王守仁平定叛乱

计谋故事

　　本计或许源自渔民归纳出的经验性俗语，经过经年累月的流传，后来渐渐应用到军事领域，表示一种策略。在平定契丹之战中，唐朝将领张守珪使用的就是这个计策。

　　唐玄宗执政时，北方契丹发动叛乱，屡次侵袭唐王朝边陲。公元733年，张守珪奉旨担任河北节度副使，到幽州驻守。契丹将领可突干多次攻打幽州都没能攻下。可突干决定探一探唐军的虚实，就派使者到幽州去，假装再次臣服唐朝。张守珪认为，如今契丹势头正盛，却摆出一副求和的面孔，一定有阴谋。他将计就计，对来使有礼有节，随后让王悔代表朝廷前往可突干营中宣抚，趁机打探契丹的消息。王悔在契丹营中受到了热情款待。

　　王悔在酒宴中认真揣摩契丹众将领的言行举止。他发现众将领对唐朝的看法并不统一。王悔从一个士兵口中知晓分掌兵权的李过折始终与可突干维持着表面的和谐，实际上谁也不服谁。于是，王悔专门去拜见李过折。

交谈过程中，王悔装作不知晓李过折与可突干有过节，特意当着李过折的面大力夸赞可突干的才干。李过折立刻火冒三丈，称可突干蓄意反唐，令契丹遭受战乱之苦，人民十分怨愤，还对王悔说可突干是假意求和，他已得到突厥的兵力援助，很快就要向幽州进军了。

王悔听后，给李过折分析局势，说唐王朝国富兵强，可突干反唐，必定失败，还劝说李过折离开可突干，归顺唐朝，建立功勋，一定会受到朝廷的重用。李过折被说动了，称自己想归顺唐朝。王悔回到幽州后，李过折便领本部兵马夜袭可突干中军大帐。可突干一点防备也没有，在营中被杀。可突干的部将涅礼

领兵与李过折鏖战，把李过折杀死了。张守珪一听到消息便统率军队突袭契丹军营，收编了李过折的人马，趁着契丹军一片混乱，对其展开猛烈攻击，最终大败契丹军，活捉了涅礼，平定了契丹叛乱。

计谋解析

浑水摸鱼在战争中往往意味着用很小的代价获得意想不到的利益，前提是敌方的情况已经混乱不堪，给了我方可乘之机。多数情况下，这种可乘之机并不能单靠等待，而应主动去制造。只要主动把"水"搅浑，等到情况开始复杂起来，就可借机行事。

计谋原典

乘其阴乱①，利其弱而无主。《随》，以向晦入宴息。

—— 注释 ——

①阴：内部。

—— 译文 ——

趁敌方内部陷入混乱的时候，利用敌方力量虚弱而且没有主事之人的时机，使敌方顺从我方。就像《周易·随卦》中的《象》辞说的，临近天黑就要进入休息状态。

经典战例

刘秀虎口求食

东汉光武帝刘秀是中国历史上有名的贤君，他攻取河北时，曾带兵与河北一带的枭雄王朗多次交战，最终成功将河北地区收入囊中。这其中还发生过一个有趣的故事。

起初刘秀实力弱小，自觉无力对抗当时号称"邯郸王"的王朗，于是急匆匆地带着亲信逃到蓟州。没想到，蓟州的部队已经决定站到王朗一边。刘秀得知这个情况后，只得匆匆带着亲信再次逃跑。

刘秀等人逃到饶阳时，已经忍饥挨饿很长时间，实在没力气跑了。情急之下，刘秀突然想到一个大胆的方法，那就是以王朗使者的名义去附近的驿站吃饭。

刘秀和亲信装扮一番之后来到驿站，声称是王朗派来的使者。驿站的官员被刘秀等人的阵势唬住了，急忙准备饭菜。看到饭菜，刘秀等人把一切都抛到脑后了，狼吞虎咽地吃起来。驿站的官员看到他们的吃相，生出疑心来。

为了探明刘秀等人的身份，驿站的官员敲起驿站的大鼓，又四处高喊，假装要迎接王朗。刘秀等人本来在大吃大喝，猛然听到王朗来了，惊得目瞪口呆，不知如何是好。刘秀吓得直接离开座位站了起来，但马上意识到必须伪装下去，否则立刻就会被抓捕。于是刘秀装出一副喜悦而激动的样子，说："竟然有幸见

到邯郸王，真是难得啊。"过了好一会儿，刘秀等人没见到王朗，才知道是驿站官吏故意在试探他们。

酒足饭饱之后，刘秀等人借故离开了驿站，不久后到达了安全的地区。而刘秀在王朗的地盘成功得到食物的故事则为人传颂，并作为浑水摸鱼的典型事例流传后世。

刘备趁机占南郡

公元208年，孙刘联军在赤壁大破曹军。为了防止孙权北进，曹操命将领曹仁屯守荆州南郡。此时，刘备和孙权都看中了南郡这个地方。因为赤壁之战大获全胜，吴军士气高涨，周瑜便领军攻打南郡。刘备也把军队驻扎到油江口，作壁上观。

周瑜声称无论付出什么代价都要夺得南郡。刘备说曹仁勇猛无畏，认为南郡不容易攻下，劝周瑜不要轻敌。周瑜向来自视甚高，听了刘备的话，非常不悦，张口就说："倘若我不能攻取南郡，便听任豫州（指的是刘备）去取。"此话正合刘备之意，刘备便开开心心地回去了。

意气风发的周瑜马上出兵对南郡发起进攻，然而曹仁早有防备，设下了埋伏。周瑜受了箭伤，只好下令撤兵。曹仁得知周瑜身中毒箭，满心欢喜，每天派人到周瑜的营帐前搦战。周瑜只是固守营帐，拒不出战。有一天，曹仁亲率大军来挑衅，周瑜率领数百名骑兵冲出营门与曹军激战。不多时，周瑜大叫一声，口吐鲜血落马。诸位将领竭力营救，才把他护送回营帐内。其实周瑜是假装受伤，他想借此迷惑曹仁。周瑜一回营就制造自己死于箭疮复发的假象。周瑜营中哀乐四起，将士们身上都戴着孝。得知此事，曹仁欣喜异常，打算趁着周瑜过世不久、东吴措手不及之时前去劫营，取得周瑜的首级。

这一夜，曹仁亲率精兵偷袭周瑜的营帐，却发现里面空无一人，这时才察觉中计，急忙下令退军，可是为时已晚。一声炮响后，周瑜的军队从四面八方冲杀过来。曹仁费尽全力才冲出包围圈，想返回南郡，又遭到东吴伏兵的阻击，不得已只好向北方逃去。

周瑜巧施计策打败了曹仁，兴高采烈地领军冲向南郡。然而，等他抵达城下后却看到城墙上插满了刘备的旗子。原来赵云已经按照诸葛亮的指示，在周瑜和曹仁激战时浑水摸鱼，不费吹灰之力便取得了南郡。周瑜苦心孤诣，终是竹篮打水一场空，气得昏倒在地。

王守仁平定宁王之乱

明朝的王守仁不仅在儒学方面颇有造诣，在军事谋略方面也是大师级的人物。宁王朱宸濠发动叛乱时，明军还没有整编就绪，若是宁王率军攻来，明军没有必胜的把握。王守仁为了离间宁王和手下的关系，就写了一封密信给宁王的心腹李士实和刘养正，在信中故意说二人想要归附朝廷，又故意将信的内容泄露给宁王。

事情果然如王守仁所料。此时李士实、刘养正二人正在劝宁王攻下南京，而宁王越来越怀疑这二人有异心。这一犹豫便耗费了十几天，当宁王察觉到中了王守仁的圈套时，对方已利用这十几天的时间召集了大批军队。

1519年，王守仁发布公告，列举宁王的罪行，并统领部队进攻宁王的根据地南昌。宁王正率兵攻打安庆，接到了报告，急忙领军乘船顺着长江回到南昌。两军的战船相遇于鄱阳湖上，各自列阵后，用土枪土炮展开了一番激战。

王守仁对双方的实力进行分析，认为这样下去不是长久之计。他灵机一动，命人在船上举起一块大木牌，上面有两行大字："宁王已擒，我军将士毋纵杀！"宁王的士兵看得明明白白。实际上，王守仁并未抓到宁王，而是以此搅乱敌方军心。果不其然，宁王的将士当真以为他们的主帅已被生擒，立刻军心瓦解，四散奔逃，溃不成军，宁王拦都拦不住。趁此机会，王守仁挥师追击，大获全胜。

战败后的宁王带领残余部队藏匿一宿，心知自己已是强弩之末，见一条渔船隐藏在芦苇丛中，便喊船夫到跟前，准备搭船神不知鬼不觉地逃走。船夫发现他是败退的宁王，就划船将他送去了王守仁的营寨。此时，王守仁才当真活捉了宁王。

王守仁在知晓宁王发动叛乱而己方兵力匮乏的情形下，采用浑水摸鱼的计策，寄出假的密信使宁王君臣离心，为己方争取备战时间。战争进展到白热化阶段，王守仁故技重演，制造假战报顺利地惑乱敌军军心，令敌军阵脚大乱，生擒了宁王，取得了战争的胜利，平定了叛乱。

宁王已擒
我军将士
纵杀

计谋运用

掌握此计应当领会以下几种含义。

1. 利用混乱局面，从中获利。在战争中，于乱中取利算是一种较为稳妥的办法。由于各方势力都把心思放在相互争夺上，来不及顾及最终的利益，各种短处也会随之暴露。这时候，己方就能轻而易举地从中获取诸多好处。混乱的情形十分难得，所以把握可乘之机很重要。

2. 以假乱真，浑水摸鱼。被搅浑的水能见度大大降低，水中的鱼难以分清方向、辨别真假。此时，将假的包装成真的，然后把假的与真的混在一起，进而利用敌方的"蔽而不察"，笼络对己方有利的势力，据为己有。

3. 滥竽充数。"浑水"的目的是遮掩，浑水摸鱼便是借助敌方的不足和疏漏来渡过难关、从中获利。

第二十一计

金蝉脱壳

金蝉脱壳意指蝉由幼虫变为成虫时脱壳而出。比喻用计脱身而又留下假象，使对方不能及时发现。此计在军事上指的是用谋略脱身，悄悄转移自身，进而保护自己、突袭敌人。

比喻用计脱身而又留下假象，使对方不能及时发现 ⊖ 定义

出自《史记·屈原贾生列传》 ⊖ 探源

"金蝉脱壳"是一种混淆视听的权宜之计。一般是在对己方非常不利的情形下，迫不得已用此计脱身，以便卷土重来 ⊖ 解析

金脱

"脱壳"切勿太早，应把握获胜的时机，尽量稳操胜券

⊖ 运用

"脱壳"切勿太晚，在必败无疑的情况下，多停留一刻，危险就会逼近一分，生还的可能性就会减少一分

蝉壳

经典战例

晋明帝扔马鞭脱身
- 晋明帝丢掉马鞭吸引追兵注意
- 晋明帝成功摆脱追兵

毕再遇"悬羊击鼓"
- 毕再遇"悬羊击鼓"迷惑敌军
- 宋军安全转移

王守仁巧脱险
- 王守仁制造投江自杀的假象，迷惑刺客
- 王守仁成功脱身

计谋故事

本计源于一种生物现象，即蝉在变为成虫时需要蜕掉原来的壳，比喻设计逃脱，让对方无法及时发现。本计的计名最早见于《史记·屈原贾生列传》："濯淖污泥之中，蝉蜕于浊秽，以浮游尘埃之外，不获世之滋垢，皭然泥而不滓者也。"

屈原名平，战国时期楚国贵族，曾担任楚国左徒和三闾大夫。他见闻广博，记忆力强，精通治国之道，擅长外交。屈原经常和楚怀王一起商议国事，制定各种政策法令，而且负责接待各国的宾客，处理楚国外交事务。楚怀王很信任他。

楚国有一个大夫，姓上官。他与屈原的官位相等，但他嫉妒屈原的才能。有一次，楚怀王让屈原制定法令，屈原刚开始起草还没有定稿，上官大夫就想占为己有，屈原不给他，他就在楚怀王面前诋毁屈原，说："大王让屈原制定法令，朝廷内外没有人不知道。但是每一项法令发出之后，屈原就夸耀自己的功劳。"楚怀王听了之后很生气，慢慢疏远了屈原。

　　屈原很痛心，因为楚怀王被那些流言蜚语蒙蔽了心智，不能听信忠言，明辨是非，任由那些邪恶的小人危害公正的人，刚正不阿的君子却不被朝廷重用，于是他写下了《离骚》。《离骚》语言简洁，内容含蓄，虽然文章中描写的都是细小的事物，但意义却精深博大，列举的事例虽然很简单，但含义十分深远。由于他有高尚的情操，所以文章中经常用香花、芳草打比方，由于他品行廉正，所以一直未屈服于奸邪势力。他独自远离污泥浊水，就像是一只破了壳的蝉蛹，从污浊中解脱出来，浮游在尘世之外，不被世俗的污垢所污染，保持皎洁的品质，出淤泥而不染。由此可以看出，屈原的品格十分高尚，可以与日月争辉。

计谋解析

　　"金蝉脱壳"是一种混淆视听的权宜之计。一般是在对己方非常不利的情形下，迫不得已用此计脱身，以便卷土重来。它的关键是在生死存亡之际，借助伪装、掩护及欺瞒的方式骗过敌方，制造出虚假的表象稳住敌方，暗中逃走。一般来说，这种转移和撤退是在非常危急的情势下进行的，稍有不测，便会招致毁灭性的灾难。所以，实施"金蝉脱壳"一计需要由处事灵活的将帅进行指挥，还需要使用极为隐秘或有迷惑性的手段。

计谋原典

　　存其形，完其势①；友不疑，敌不动。巽而止，《蛊》②。

— 注释 —

①存其形，完其势：保存阵地已有的战斗阵容，继续完备战斗的声势。

②巽而止，《蛊》：语出《易经·蛊卦》。蛊卦为巽下艮上。艮为山、为刚，为阳卦；巽为风、为柔，为阴卦。故"蛊"的卦象是"刚上柔下"，意即高山沉静，风行于山下，事可顺当。又，艮在上，为静；巽为下，为谦逊，故又是"谦虚沉静""弘大通泰"，是天下大治之象。此计引本卦《象》辞："巽而止，《蛊》。"其意是暗中谨慎地实行主力转移，稳住敌人；乘敌人未惊疑之际，

脱离险境。蛊，有顺的意思。

— 译文 —

保存阵地已有的战斗阵容，继续完备战斗的声势；使友军不怀疑，敌人也不敢贸然进犯。这是从《易经·蛊卦》"巽而止，《蛊》"一语中悟出的道理。

经典战例

晋明帝扔马鞭脱身

晋明帝司马绍即位后，内有王导执政，外有王敦掌兵，王家如日中天，因此当时有"王与马，共天下"的说法。

后来，大将军王敦想要夺权篡位，便开始兴兵造反，顺江东下，准备攻打建康。得知此事，晋明帝决心平定叛乱，于是亲率大军迎敌。两军在鄱阳湖畔相遇，屯营扎寨。晋明帝穿上便服，骑马前往王敦大营探查虚实。守营将士发现营外有个仪表不凡的人，感觉十分可疑，急忙上报主帅王敦。王敦听了士兵对那人外貌的描述，认定此人正是晋明帝，立刻派人过去抓捕。

当时晋明帝正在探查敌营情况，突然营门大开，有几个士兵骑马奔向自己。他明白自己已经暴露，赶紧策马返回，士兵们紧追不舍。

逃亡路上有一处柳林，柳林边的茶馆前有个老妪在卖水，几条岔路映入眼帘。晋明帝赶紧把手里的马鞭抛到老妪跟前，随后往林子后面逃去。老妪见遗落在地上的马鞭华丽无比，上面遍布金银、翡翠和宝石，就捡起来认真端详。后面的士兵赶来，发现晋明帝跑得没影了，就下马询问老妪。老妪正在端详那条华丽

的马鞭，士兵也被它吸引了，一下子把马鞭抢过来。士兵们从未见过这样名贵的马鞭，都争夺着观看，竟然忘记了自己还有抓捕皇帝的任务。

等到王敦领兵追过来，士兵们才猛然觉醒，想要策马追击，但为时已晚，晋明帝已经跑远了，无论如何也无法追上了。王敦气急败坏地把马鞭抢过来，冲着他们每个人好好地"招呼"了一番。

晋明帝灵机一动，用普通人没见过的华贵物件吸引追兵的注意力，为自己争取到了脱身的时间，从而成功脱险。

毕再遇"悬羊击鼓"

宋宁宗执政时，金兵多次侵犯中原。宋朝将领毕再遇和金军交战，得胜了几次。金兵又调集几万精兵，想和宋军决战。这时，宋军仅剩下几千人马，倘若和金军决战，一定会失败。毕再遇决定暂时撤退以保存实力。但是金兵已经大军压境，假如得知宋军撤退，必定会追击，那么宋军将会遭受惨重的损失。毕再遇正冥思苦想瞒过金兵、转移军队的良策，突然听到帐外响起马蹄声，那一瞬间，他有了主意。

他秘密做好退军部署，在当天深夜命令士兵把战鼓擂响。金军一听鼓响，以为宋军夜袭军营，连忙集结军队，做好迎战的准备，结果宋营那边战鼓震天却没有一个士兵出战。宋军一直击鼓，金兵被吵得彻夜难眠。金军的首领认为宋军是在施展疲兵之计，擂响战鼓是为了让金兵不能安稳就寝，从而消磨军队的士气。这样的情况持续了两个日夜。时间长了，金兵置若罔闻。直到第三日，宋营的鼓声渐渐变小了，金军首领觉得宋军已经疲乏不堪，便兵分几路形成包围之势，谨慎地逼近宋营，但宋营没有任何反应。金军首领命令士兵出击，闯进宋营后才发现这里已空无一人。

原来，毕再遇采用的是"金蝉脱壳"的计策。他让士兵把几十只羊的后腿捆绑在树上，在羊腿下面放上一面鼓。羊被倒悬着，前腿就会使劲地蹬踢，导致鼓声隆隆不断。毕再遇采用"悬羊击鼓"的办法蒙蔽了敌军，争取到两天的时间，使军队得以顺利转移。

王守仁巧脱险

明武宗年间，宦官刘瑾深受明武宗朱厚照的宠信，专权乱政，使整个朝堂乌烟瘴气。御史戴铣上书弹劾刘瑾，反遭刘瑾陷害，被贬为庶人，流放到了边疆。兵部主事王守仁上书为戴铣打抱不平，奏折却被刘瑾截获，王守仁被打了五十大板，又被贬到贵州龙场驿当驿丞。

龙场驿远离京城，人口也很少，十分偏僻。当王守仁快到钱塘时，他的仆人提醒道："大人，我发现有人跟踪我们，会不会是刘瑾派来的？"

王守仁摇摇头说："刘瑾是不会这么做的。"虽然王守仁表面上这么说，心里却警惕起来，他想："如果真的是刘瑾派来的，那么我要怎样才能脱身呢？"看着钱塘江滚滚的江水，他突然想出了一个好办法。

晚上，王守仁在旅店住下后，悄悄地写了一首诗，然后趁着天黑离开了旅店。第二天，仆人醒来，到处找不到王守仁，只在他的枕边发现了两句绝命诗："百年臣子悲何极，夜夜江涛泣子胥。"仆人一见这两行字，就知道王守仁肯定是去投江了，连忙跑到江边，看到江水上浮着冠履，捞起一看果然是王守仁的，顿时跪倒在地，号啕大哭。围观的百姓见了，纷纷叹息不已。

很快，王守仁投江自尽的消息传播开来，追杀王守仁的刺客听到这个消息后，认为王守仁真的自杀了，便认为任务已完成回去复命了。

其实，王守仁并没有跳江自杀。他离开旅店后，悄悄地来到江边，脱下自己的衣帽，制造出投江自杀的假象，然后换上便装逃走了。这就是王守仁的"金蝉脱壳"之计。

计谋运用

要想用好此计，选择恰当的时机十分重要。

1."脱壳"切勿太早，只要还有获胜的机会，就要准确把握时机，尽量稳操胜券。

2."脱壳"切勿太晚，在必败无疑的情况下，多停留一刻，危险就会逼近一分，生还的可能性就会减少一分。

综上所述，既需要脱离危险的环境，又不想被敌人死缠烂打，那么金蝉脱壳不失为一条妙计。倘若逃离时未被敌人发现，那么大概率上胜局已定，毕竟待敌人有所察觉时，已是无力回天了。在三十六计中，走为上计，而金蝉脱壳更是上计中的上计。